教育部、财政部"国培计划"生成性资源

攀枝花农村基础教育研究

主　编　张　勇

副主编　方　红　童　琳

编　委　魏　青　于苏滨　孙　宏　黄　灏

　　　　刘云颇　冯德雄　龙艳华　陈大伟

　　　　刘华锦　廖彩之　曹云飞　郑璐璐

西南交通大学出版社
·成　都·

图书在版编目（CIP）数据

攀枝花农村基础教育研究／张勇主编. —成都：
西南交通大学出版社，2015.5
ISBN 978-7-5643-3854-1

Ⅰ．①攀… Ⅱ．①张… Ⅲ．①乡村教育－基础教育－
研究－攀枝花市 Ⅳ．①G639.2

中国版本图书馆 CIP 数据核字（2015）第 077902 号

攀枝花农村基础教育研究

主编 张 勇

责 任 编 辑	吴 迪	
助 理 编 辑	梁 红	
封 面 设 计	何东琳设计工作室	
出 版 发 行	西南交通大学出版社 （四川省成都市金牛区交大路 146 号）	
发行部电话	028-87600564　028-87600533	
邮 政 编 码	610031	
网 址	http://www.xnjdcbs.com	
印 刷	四川煤田地质制图印刷厂	
成 品 尺 寸	185 mm × 260 mm	
印 张	13.25	
字 数	331 千	
版 次	2015 年 5 月第 1 版	
印 次	2015 年 5 月第 1 次	
书 号	ISBN 978-7-5643-3854-1	
定 价	45.00 元	

序　言

　　"中小学教师国家级培训计划"简称"国培计划"，是教育部、财政部于2010年开始实施的旨在提高中小学教师特别是农村教师队伍整体素质的重要举措。国培计划向西部倾斜，体现了扶持西部基础教育的国家意志。国培计划实施五年来取得了丰硕的成果，百万计的教师受益于国培计划，也产生了许多固化成果。经过调研发现这些成果更倾向于教学，较少直接反映西部农村教育现状及其政策研究。溯其原因，一是因为农村教师的研究经历、经验不足，对课题研究相对陌生；二是政策研究报告不易掌握尺度，担心判断不准和表述过头；三是学员分散，面对政策不一致，研究针对性不强。

　　笔者主持国培计划农村中小学骨干教师脱产置换培训三届，从以往学员来自于五六个地区，到2014年全部来自于攀枝花地区，学员的地区属性和关注方向趋同，也导致培训本身具有鲜明的地方色彩，讨论地区基础教育成为一个有益的、有效的探索，也是把培训和学员的切身实际紧密结合的手段。于是，在培训中我积极研究农村地区基础教育，思考如何才能让关注西部农村教育的这种理念传递到培训者的教育管理团队里，引导决策者重视农村教师视域下的农村基础教育。

　　首先，基础教育改革措施必须具有针对性。

　　农村教师是农村基础教育发展过程的亲历者和厉害关系直接作用者，其观点更加切合实际，其需求更加迫切和直接。过去许多农村教育政策往往轰轰烈烈开始，灰灰暗暗收场，比如撤销村小、分级办学分级管理、教育目标的"离农"等，一个重要的原因就是没有充分把握农村基础教育的真实需求和关切。如果把研究视角转移到农村教师自己的思考上，由他们来提炼农村基础教育的需求，提出基础教育改革的目标和任务，尽管可能有局限，但一定是紧密结合农村教育一线现实，据此形成的研究报告无疑是接地气的成果，具有非常高的参考价值。

　　其次，借鉴农村教师研究成果形成政策可以减少政策推行难度。

　　农村地区基础教育改革政策的制定通常是在中央教育政策的指向下决策者们经过一定的基层调研而研制出来的，一般经过试用并进行修订而完成。政策的实施只有切中农村教育的执行者和受益群体的迫切需求才能顺利推行并产生显著效用。如果在调研不够充分的基础上强推政策，难免得到"走走过场，出工不出力"的结果。像优势学校教师与农村学校教师交换或支教活动，许多地区都在搞类似的结对子，但是两三年后就发现推行难度非常大，多数优秀教师不愿意长期下到农村，优势学校为自身教学质量也不愿意过多参与，逐渐造成下乡支教越来越声微。如果农村基础教育问题本身就来自于农村教师提炼，解决思路和政策方案也是脱胎于农村教师的创造，作为政策的直接受益者，必然会充分考虑自身群体的诉求特点和政策接受度，推行阻力会较小。

　　最后，调动农村教师思考教育政策和教育过程是农村整体教育素质提升的有效手段。

农村教师相对容易限于被动工作中，缺少宏观思考的机会，改革创新的勇气不足。但是这个群体是具有丰富农村教育教学生活体验的，具有深厚的乡村情谊和责任心，具备朴实坦承的教育思考。只要提供机会，经过指导，一定会产生具有价值的成果。农村学校的教师们通过策划、调研、反思和写作，升华了教育思想，提高了研究能力，理清了教育思路，明确了教育责任，巩固了教育情谊，对于提升农村教育的内涵和底蕴，提高农村教师教学水平，扩展农村教育视野具有重要意义！

鉴于以上基本思考，我们选择了组织攀枝花50位农村小学教师共同研究攀枝花农村基础教育的现状、政策和未来这样一个较宏大的课题，我们确信这是一个于地区、于社会、于学校、于教师都有益的尝试。我们通过头脑风暴形成重点关注领域，研讨确定工作方案，50名骨干教师带着课题奔波于攀枝花农村学校、农村教育主管部门、成都市知名小学之间，调研取证，讨论定型，逐渐形成目前的研究成果。

看到老师们从生涩的教学研究者转变为深刻的教育思辨者，走上农村教育现状与政策研究的道路，超越自身的利益局限，展示他们的责任心、创造力和对故土的无限热爱，作为项目组织者，我无限感慨。这是研究的价值和最大的收获！现在，11个专题，洋洋洒洒30多万字的研究成果呈现在书案上，令人为之动容。希望读者也一同为我们可敬的乡村教师鼓掌，体味他们朴实的思考和坚定的呼声。

张 勇

2015年春于成都大学

目　录

专题 1

攀枝花农村基础教育师资配置研究

王斌[①]　鲜华[②]　张虎[③]　廖传文[④]　陈杰[⑤]
导师：张　勇[⑥]
（① 攀枝花市仁和区太平中小学；② 攀枝花市第十四小学；③ 攀枝花市第十小学；
④ 攀枝花市盐边县益民中心学校；⑤ 攀枝花市第二十三中小学校；⑥ 成都大学）

　　教育资源配置是指如何将有限的教育资源在各级各类教育之间、各地区之间和各学校之间进行分配，以期投入的教育资源能够得到充分有效的使用。当前，我国城乡教育资源配置的差异主要表现为生均教育经费的差异、教育环境及教学条件的差异、师资队伍师资水平及教学质量的差异等，其中最重要的是师资资源配置因素。城乡教育均衡发展既是现代教育的本质要求，也是社会主义教育制度的必然要求，关系到千家万户的切身利益，关系到社会的安定，关系到整个社会的协调发展。必须根据经济、社会发展的实际，制定出切合实际的政策体系和保障措施，优化城乡教育资源配置，促进城乡教育均衡发展。

　　攀枝花地处川南山区，农村基础教育相对落后，对其资源配置的情况进行比较研究有助于找到症结，提供有效的政策建议。本研究对攀枝花城镇农村小学抽样和成都市城市小学抽样调查为依据进行。

一、研究背景

　　从 20 世纪 90 年代中后期我国就开始提出了均衡发展，但是我们国家地区之间经济水平相差很大，尤其是城乡之间的差距更为突出，他们发展情况不同，使得我国经济发展面临着重大的挑战，国家战略从区域发展转变为区域间协调发展，同时，区域教育的发展不均衡问题也引起了教育界研究者的关注。教师资源是学校的第一资源，对一所学校的办学水平和教育质量都可以产生决定性影响。近些年来，各地方为了缩小义务教育师资的城乡差距方面进行了许多的探索，取得了一些成效。但是，城乡教师资源配置不均衡分布的状况还是比较明显。2014 年，攀枝花市农村小学一级职务教师的比例为 46%，二级职务教师的比例为 45.6%，分别比城市低 35 和高 36.6 个百分点。从攀枝花市的情况和本课题组的抽样调查看，农村教师资源在年龄结构、学历结构、职称结构、专业对口、教学水平等五个方面都存在较为明显的城乡差距。同时，在教师晋升机会、教师培训和专业发展机会、教师工资待遇、教师工作

　　＊ 王斌，课题组组长，负责课题研究报告的撰写和研究的总体规划；廖传文，负责课题中教师的职称差异的研究与比较分析，及相关资料的统计、收集整理；鲜华，负责课题中教师的学历差异的研究与比较分析，及相关资料的统计、收集整理；张虎，负责问卷调查，统计小数班 50 位学员所在学校的资料，并与成都市双林小学对比分析；陈杰，负责课题中教师的年龄、教龄差异的研究与对比分析。

和生活条件等四个方面，也存在较为明显的城乡差距。普遍存在着优秀教师资源向城区或向名校单向流动的趋势，从而导致城乡义务教育教师资源分布不均衡的状况，已成为制约城乡义务教育均衡发展的关键。城乡差距的存在，使得农村学校在配置教师时始终处于不利的地位。由此，本课题把促进城乡义务教育教师资源均衡配置的政策和制度创新作为主要的研究内容。2008年秋季开始，义务教育全免费在我国全面实现，在完成了义务教育全免费之后，怎样兼顾不同类型受教育人群的教育公平和追求义务教育均衡发展是我们面临的重要问题。目前，研究义务教育均衡发展已经成为理论研究和实践研究的热点，义务教育均衡发展也已经成了一个热门话题。

同时，由于各地生活水平的不断提高，人们期待教育和受教育的希望也有所提高：期待更公平的教育机会，通过知识来改变命运，获得丰富多彩的生活；期待孩子能够接受到最好的教育，早日成才；期待能有更多选择的机会，更加灵活的学习方式让我们接受继续教育；期待通过接受教育获得最广泛的知识，能够以书为友，与伟人谈话，从而获得多姿多彩的精神生活。提高学校教育质量，关键在于教师，这是因为教师是学校教育最重要的组成部分。只有教育资源均衡，教育才能真正地实现均衡发展，而义务教育阶段教育资源能否均衡发展的关键就在于农村教师的数量和质量。按照《国家中长期教育改革和发展规划纲要（2010—2020》要求，在2020年，小学教师要基本具备本科学历，义务教育阶段师资配置要达到城市和农村地区基本均衡，各地区教师的结构合理化、专业化，确保每个课堂都必须有合格的教师。

近年来，在政府、社会、学校和教师的共同努力下，在总体上义务教育阶段农村师资配置状况已经得到了较大改善，但是，我们也清醒地认识到义务教育阶段教师的数量和质量不均衡问题仍然十分突出。第一方面，教师数量分布不均衡。第二方面，教师学历水平、职称分布不均衡。第三方面，教师年龄结构、教龄结构、人员安排结构不均衡。第四方面，城市和农村，强校与弱校教师的收入水平显著不同。这就要求对全市现有教职工的现状进行研究，发现问题，分析原因，并在此基础上提出相应的措施和建议。

二、研究文献综述和现有认知基础

（一）师资配置研究基础

1. 实现师资均衡配置的政策研究

毕正宇（2005）指出教师作为学校中最重要的资源，要想实现教师资源的均衡配置必须从宏观上来把握，依赖于国家的政策和机制。① 在人事方面要加大力度进行改革，聘任教师的渠道要畅通；② 从宏观方面来看，在进行师资均衡配置时，要将计划和市场结合起来；③ 提高边远地区教师的工资和福利待遇；④ 对于偏远地区的危房等一定要及时改造；⑤ 农村和城市经济差距大，教育方面的差距更大，想要教育均衡，首先要促进农村和城市之间的经济均衡[1]。

李均（2008）提出了想要解决城市和农村之间教育资源配置不均衡的问题，必须要对现有的机制进行改革，同时，要在农村和城市建立统一的政策来对教育资源尤其是教师资源进行统一的安排和配置[2]。

2. 师资配置差异研究文献分析

有学者分析当今的中国，城市农村差距比较大，城市的老师学历和水平都明显比农村的老师的学历和水平高，而且城市女老师的比例比较大，老师负担的学生比较多即生师比高，而农村男老师比例相对于城市较高，同时，农村老师负担的学生比较少[3]。

教师资源的配置极度不均衡非常严重，发达城市和地区，教师的数量远远大于应该有的数量，有的已经严重超编；而偏远地区，不仅老师的数量少，质量也不高，有的地区严重缺乏美术、体育、音乐、计算机等具有专业特色的老师。而且发达城市和地区的老师具有高学历、高水平，知识更新速度快，能够与时俱进，与此相对应的是偏远城市和地区的教师学历和水平都比较低，教学方法单一，知识更新速度缓慢。在义务教育阶段中，同一地区农村教师资源配置低，集中表现为教育教学程度低、优秀教师比例偏少、年龄结构偏高或偏低，专业教师缺编现象严重、数量不足，教师在职培训机会少、优质教师资源"逆向流动"，城乡教师资源配置失衡使人才流失现象严重。

3. 解决师资配置不足的对策研究文献

相关学者对农村义务教育师资失衡问题采取了一系列的方案，具体表现在：① 加大农村义务教育的财政投资力度，提高教师工资待遇，享受国家补贴。② 国家要把义务教育方面作为教育投资的重心，特别要加大对中西部农村义务教育的投资力度。③ 教育体制改革，提高中等师范教育质量，为农村义务教育培养优秀教师。此外，关于农村，还要加大远程教育，加强教师继续教育和在职培训，同时要积极号召大学生下乡支教[4]。

此外，李善文（2009）还提出，要想实现师资均衡，必须从两个方面来进行努力，第一方面是要严把教师质量关，例如坚持有证才能上岗即必须有教师资格证才能上岗；第二个方面要对任教的教师不断地进行在职培训和继续教育[5]。

（二）课题组研究与认知基础

我们课题组基于"国培计划"小学数学班的长期从事基础教育的骨干教师团队多次集体研讨，确立了从三个方面进行研究：教师的年龄结构、学历结构和职称结构方面。通过实地考察，进行对比分析发现教师资源的年龄结构方面差异比较小，教师资源在学历和职称方面差异较大，并通过培训班教师访谈获得师资配置相关问题的基础认知。

1. 师资配置失衡的主要原因

"国培计划"小学数学班团队的教师提出，义务教育师资的不均衡发展的根本原因是社会经济发展的不平衡；"重点学校制度""城乡二元体制"制约着区域内师资配置均衡发展，教师资格准入证认定制度不健全。我市义务教育阶段教师队伍的结构失衡、农村教师缺编现象、优秀教师资源的流失、低学历等一些相关因素，决策的科学化和设施的制度化，在实践中存在很严重的"一刀切"现象，很多义务教育阶段的教师地位不高，工资收入低，教育经费不足，报账不好报，甚至于少量的教育经费也没有用在刀刃上。总之，导致师资配置失衡的原因非常多，但是与当地经济发展的状况，相关的政策以及贯彻实施相关的政策、制度的情况有着莫大的关系。

2. 师资配置失衡的措施和建议研究

针对如何改变师资配置不均衡，如何提高师资配置的均衡化，老师们提出了不同方法，例如提高边缘地区教师的收入，鼓励教师在各个学校间的流动，尤其是从重点学校到非重点学校，从城市到偏远地区，同时要关心教师的年龄结构和性别结构，对于需求强的专业、年龄、性别政策要有所倾斜。

国培班的老师提出解决我国义务教育教师资源不均衡发展的具体对策，具体说明如下：

（1）改革现行的教育体制，提高教师待遇。

（2）实施"轮岗制度"，按照一定的比例和年限相互轮流，如果教师在一所学校常年工作，达到了一定的年限就必须进行流动；如果优秀的老师下乡，要给予物质保障。

（3）帮助农村学校，实现教师资源区域均衡发展。

"国培计划"小学数学班研究团队对义务教育阶段教师师资配置不均衡发展做了相关研究，提出相应的建议完善了一些相关法律法规，他们的研究成果意义较大。与此同时，虽然义务教育师资均衡配置已经受到理论研究者的关注，但相关研究成果依然很薄弱，主要渗透在教育均衡发展的研究成果之中。这些研究成果，对于推进义务教育师资配置均衡化具有一定的借鉴意义，但是相关理论制度需要在因地制宜的前提下，做进一步改进，做到人性化一点，使教师的上进心增强。

三、师资配置研究概况

"国培计划"小学数学班师资配置研究团队经过组内分工，五位组员分成五组，分别对抽样学校的在职教师和国培学员任教情况进行调查，得到了较全面的数据。此次调查对攀枝花市 6 所学校和成都市双林小学的在职教师情况抽样调查，对国培班的所有学员任教调查共发出问卷 50 份。调查发现有七成以上的人认为教师的数量、教师质量和教师结构差异导致师资配置不均衡。

（一）研究目的

（1）调查研究确定攀枝花市市内农村教师师资配置的不合理方面；

（2）本文通过研究四川省攀枝花市义务教育阶段师资现状，发现义务教育阶段师资配置均衡现状中出现的问题，分析导致不均衡问题的原因，因地制宜地提出一些措施和建议，从而为真正落实四川省攀枝花市义务教育阶段师资配置均衡尽绵薄之力。

（3）希望以此能促进四川省攀枝花市教育制度的完善，加快四川省攀枝花市义务教育阶段均衡的脚步不落后。

（二）研究内容

《关于学习贯彻习近平总书记教师节重要讲话精神》中说道："教育要发展，教师是关键。习近平总书记教师节讲话重点论述了做党和人民满意的好教师要有理想信念、道德情操、扎实学识和仁爱之心，讲话内涵丰富、思想深邃，语重心长、情真意切，充分体现了党中央对广大教师的亲切关怀和对教师成长的殷切期望，是新时期教师教育工作的纲领性文献，是进一步加强教师工作的行动指南。学习好、贯彻好、落实好讲话精神，对于全面提升教师队伍质量和水平，落实立德树人根本任务，深化教育领域综合改革，加快推进教育现代化，具有重大而深远的意义。"论文深入贯彻习近平总书记的讲话，在教育民主化思想、教育平等思想、教育均衡发展四阶段论、资源分配理论、人力资源理论的指导下，从四川省攀枝花市义务教育资源配置情况出发，了解攀枝花市教育研究现状以及相关的概念和理论，利用义务教育阶段评价的指标设置具有针对性问题的问卷，发放、收集问卷，然后整理获得的数据，同时也抽样调查了攀枝花市的其中 6 所小学和成都市的双林小学的教师的相关数据，对全部数据进行整理分析，了解四川省攀枝花市义务教育阶段师资配置背景情况，对四川省攀枝花市城乡之间义务教育阶段师资配置和成都市的双林小学之间义务教育阶段师资配置从教师年龄、教师学历的对口化和教师职称三个方面进行对比分析，从而发现四川省攀枝花市义务教育阶段师资配置方面的问题主要是义务教育阶段城乡之间的师资配置不均衡，从政府方面、学校方面、社会方面、教师方面找到原因，并提出相应的对策。

（三）研究方法

本课题主要采用问卷调查法、统计分析法、比较法、数据分析法和文献资料法。

1. 文献检索法

在研究初期，对自己收集到的文献、相关理论和相关数据进行整理。一方面，了解国内外的研究成果，为本文提供理论依据。另一方面，用于了解本领域的研究情况，从而对概念进行合理的解释。

2. 问卷法和访谈法

在对已有文献进行分析后，设计调查问卷，主要针对四川省攀枝花市内的不同地区的小学教师。进行问卷调查，试图了解目前城市与农村之间教师资源分配的现状、出现的问题、有无特殊原因及应对的措施等。同时，对教师们做进一步的访谈，以确保问卷收集回来的数据的真实性、可靠性和全面性。

3. 统计分析法

统计分析法是指对相关资料上的数据以及问卷得到的数据进行处理，从而进行比较和分析的方法。

4. 比较法

从样本地区教师年龄、学历、职称、在校学生数、师生比、人员安排结构、教龄等角度，对四川省攀枝花市内五个区域的义务教育阶段师资配置现状进行比较，找出问题，分析不均衡的原因，从而因地制宜地提出实用的措施及建议。

（四）相关概念

1. 义务教育

义务教育，在中国指的是九年义务教育，它是指适龄儿童必须接受九年义务教育，这既是一项权利，也是一项义务，是法律规定的必须参加的教育。我们国家根据国情，将义务教育的时间长度设置为九年，是恰当的[6]。接受义务教育是免费的，是全国普及的也是每个适龄儿童必须参加的，即强制性的。

2. 教师资源与配置

教师资源主要包括四类：第一类是专门任教的老师；第二类是对学校某方面进行管理的老师；第三类是提供后勤保障的服务人员，例如宿舍楼管、维修工等；第四类是辅助教学的老师[7]。

在《汉语大辞典》中，对"配置"做了详细的解释，概括为"配备布置"。书面含义就是根据需要对某物进行布置，其大多数适用于军事部署，而在《论持久战》中却说到"这并不是说要放弃一切重要的军事地点，对于这些地点，只要有利，就应配置阵地战。"这是对环境进行装饰，在某处所安排陈列各种物件[8]。有学者认为资源配置是资源的分配，简单地说，资源配置就是资源的分配情况[9]。而学者帕累托认为资源配置就是各部门和个人之间的配置都已经达到某种状态，资源的重新配置不改变任何人的情况和处境，最佳的资源配置是：① 对生产者来说，在生产者之间投入任何两种生产要素都拥有相等边际技术替代率；② 对消费者来说，在消费者之间商品的最佳组合就是任何两种商品都拥有相等的边际替代率；③ 在各生产者之间生产要素配置和在各消费者之间商品配置都达到最适度的条件是任何两种商品，每个消费者的边际替代率相等于每个生产者的边际转换率[10]。所谓的师资配置，就是在现行的条件和情况下，对老师的分配和安置[11]。我国现在主要是由政府借助法律和权力实现对教师的分配和安置，它在实践中表现出强制性、等级性和偏向性三大特征[12]。随着国际经济形势的发展与变化，这种教师配置模式发挥了不可替代的作用。然而，如今它的弊端日益显现，尤其是义务教育阶段教师资源配置的偏向造成了教师在发达地域与欠发达地域、城镇学校与乡镇学校、重点学科与非重点学科之间形成了巨大落差，导致了城市教师超编与农村教师短编的情况比较严重。

3. 教育均衡

教育均衡，是让接受教育者和教育机构享受相对平等的教育资源，为了更好地均匀分配在教育机构和教育群体之间的教育资源，以求达到教育供给与需求之间的均衡，最终分配到人对教育资源的使用上。从个人观点来看，教育均衡指受教育者拥有均等的权利和机会，学生能否在业余方面享受到平均水平的音体美的教育；作为学校这一方来说，认为教育均衡就是指教学设备、教育经费等方面是否能达到标准；作为社会这一方来说，认为教育均衡主要是指各地区学校培养出来的学生在质量和数量上是否达到了标准；作为学生这一方来说，他们认为教育均衡就是指该学校的教学资源、教师资源、设备、升学率等是否达到了标准程度。

4. 师资配置

师资配置，其实就是在教育公平理论、教育平等思想的理论指导下，依据国家相关的法律法规，在对各个不同地区的实际情况进行实地考察和了解后，了解教师的数量、教师的质量以及教师的结构方面，因地制宜地提出相应的对策和措施，对措施和对策实施的可行性和

6

具体情况进行充分考虑，最终实现教师资源的优化配置。从经济学角度来看，教师资源配置拥有资源配置的特征，因此，师资的配置均衡可以从某一角度体现为资源的一种均衡。值得一提的是，"平均"并不是"均衡"，师资均衡配置也自然不是师资平均配置。教育资源在各个教育机构、各种不同的教育人均中不断地分配和安置是为了每个地区都能达到供需平衡，实现人人都能得到平等享受优秀的教育资源的机会。师资均衡，从某一角度来看是相对动态均衡，因此，想要实现资源配置均衡，不是低水平把高水平拉下来，不要盲目地消灭差距而走上了绝对平均化之路[13]。

5. 农村教师

"农村"，《现代汉语词典》解释为"以从事农业为主的人聚居的地方。"阮爱民（2001）认为，农村主要是一个地域概念，与城市概念相对应[14]。高耀明（1999）认为，农村是指行政区划意义上的县（市）、乡（镇）和村。国家统计局对市镇人口的定义是："① 设区的市的区人口和不设区的市的街道人口；② 市或县的镇所辖居委会人口。上述以外的人口被定义为乡村人口。""农村居民是指居住在农村地区的人口，而不仅仅指从事农业劳动人口。"[15]笔者在研究中采用国家统计局对农村的定义，将农村界定为广大的乡（镇）和村等行政区域。

四、攀枝花市师资配置现状的调查

（一）调查目的、调查对象、调查方法、数据来源和评价指标

1. 调查目的

通过设计调查评价指标，做出问卷，发放问卷，回收问卷，通过对问卷的数据资料里的具体数据进行整理，从而对四川省攀枝花市城乡之间和成都市双林小学之间进行综合评价比较，从而发现四川省攀枝花市义务教育师资均衡配置方面的问题，找到深层次的原因，提供一些针对性对策，以期能促进四川省攀枝花市农村义务教育阶段师资均衡配置。

2. 调查对象

四川省攀枝花市是全国唯一以花命名的地级以上城市，是四川攀西地区最大的城市，也是四川南部地区最富裕的城市，还是四川省重点打造的四座大城市之一，原名渡口市，因市内遍植木棉（攀枝花）而得名攀枝花，是典型的资源开发型城市、工业城市、移民城市、山地城市。2005 年荣获"中国优秀旅游城市"称号，2008 年荣获"国家卫生城市""中国钒钛之都"称号。攀枝花市分为三区两县，有东区、西区、仁和区、盐边县和米易县。根据经济和教育综合排名，按城镇学校、乡镇学校和成都市的学校分别选择了例如攀枝花市和成都市等，然后在每个区选取较有代表性的城区学校和农村学校、重点学校和薄弱学校，例如攀枝花市十小、攀枝花市十四小、攀枝花市太平中小学校、攀枝花市四小、盐边县共和小学、盐边县益民乡中心小学校、成都市双林小学等，本文将代表城市的学校放在一起进行对比分析，从而发现问题。

3. 数据来源

本文主要采用问卷调查法、访谈法和文献检索法来获取研究所需要的数据，数据来源主要分为三部分：一是对调查对象进行数据获取调查，获得教师的年龄、学历、职称、教龄、教师性别和教师所教学科等方面的具体数据；二是对在校学生数、专任教师数等进行调查；在调查期间，调查问卷通过学校查找，国培班小数班的成员，纸质传发，回收率100%。此次调查问卷发放了50份，其中，有效问卷45份，有效率为90%。

4. 师资配置均衡评价指标

教育资源配置的评价指标主要有三方面：（1）教师的师生比和在校学生数；（2）教师的学历和职称；（3）教师的年龄结构、教龄结构和人员安排结构。

（二）攀枝花市师资配置现状分析

1. 生师比的情况比较分析

生师比指的是某学年内平均每个教师所教的学生数。这个指标根据教师总数和学生总数大小之间的关系来测量人力资源的投入。通常应该用国家规定的生师比标准来测量生师比的水平。《国务院办公厅转发中央编办关于制定中小学教职工编制标准意见的通知》（2001年74号文）规定了教师配置标准：城市初中1：13.5（7.4%），县城初中1：16（6.3%），农村初中1：18（5.6%），城市小学师生比1：19（5.3%），县城小学1：21（4.8%），农村小学1：23（4.3%）。

生师比高，表明每个教师负担的学生多，学生与老师的接触相对较少；生师比低，表明每个教师负担的学生少，学生与老师的接触相对较多，这样最终可能使学生的学习效果更好。在老师付出一定的情况下，老师对学生的关注越来越多，学生也能够享受更好的教育资源。同时师生比也受到各地生源多少和学校发展地位等影响，生源多而学校扩张迅速，师生比会偏低。

攀枝花市抽样学校6个，共计4 710名学生，连校长在内仅331名教职工，师生比是1：14.3（7%）。相比较，以成都市双林小学校为例，学生共有2 459人，任课教师108人，师生比只有1：22.8（4.4%），如表1和图1所示。

表1　2014年攀枝花市小学师生抽样

序号	学校	教师总人数	学生数	师生比
1	攀枝花市太平中小学校	41	539	8%
2	攀枝花市四小	61	869	7%
3	攀枝花市十四小	40	596	7%
4	盐边县益民乡中心校	58	684	8%
5	攀枝花市十小	80	1 502	5%
6	盐边县共和小学	51	520	10%
7	总计	331	4 710	7%
8	成都市双林小学	108	2 459	4%

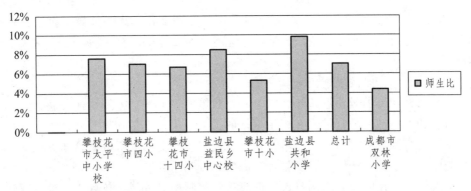

图1 2014年攀枝花市小学与成都双林小学师生比图

（1）师生比数据及成因分析。

从以上分析可以清楚看到攀枝花市小学师生比明显高于以成都市双林小学为代表的成都市小学，也整体高于国家配置标准，表面属于超编。根据前面分析，师生比高的学校具备更加优势的师资数量关系，更有条件实施个性化教学且工作相对轻松。不过通过调查发现，攀枝花市教师感知上却没有明显轻松，教学效果也并不比成都市小学的好。通过访谈和学员们交流，我们认为造成此种状况的主要原因如下：

第一，攀枝花市人口密度较小，分布不均。

取样中有城市小学和乡镇中心校，相对省会城市，人口密度小一些。学生生源较少，所以呈现师资数量相对宽裕。加上部分学生流失到外地上学，也加剧了超编现象。成都市城市小学教学资源紧张，学位紧缺，需求过大，使得教育局不得不提高学位标准，而各个小学超过学位标准接纳转校生，造成师生比偏低。

第二，攀枝花市小学对一线任课教师要求虚高造成部分教师工作量较大。

学校要求教师成为教育专家，创造性地上课，艺术化地上课，并能适应各种学科任课要求，脱离教师本身的水平基础和学科基础，即便教师教的学生不多，准备工作量却很大。教学缺少足够的资源，一是课程资源相对成都的小学较少，二是现代化设备较少。成都市双林小学教师周课时尽管都达到14节左右，但教师除了上班时间紧张外，课余时间似乎并不像攀枝花的教师那样忙，源于学校对教学有统一的要求、统一的教案、统一的课件资源、统一的作业，教师只需按照要求去做。因此他们的教学工作比起攀枝花市小学的教师要省力得多。再加上成都的小学大都教学设备先进，有各种电化教学手段，可以利用计算机授课。所以他们的师生比虽高，但负担并不明显重于攀枝花市的小学。

第三，相对生源水平而言，教材太深，考试太难。

这个问题差不多已成为教育界的共识，教育行政管理部门也采取了不少积极措施，努力使难度降下来。譬如新编小学教材内容的深度同以前相比有所下降，但有些教材的衔接性不强，尚需进一步改进。《文汇报》上曾有一篇关于中德两国中学生学习问题的文章介绍，我国学生只需花10分钟学习的内容，德国人要花整整一节课时间。如北京××学校和美国一所学校交换中学生，美国学生来中国照例降一级，许多学生还跟不上，而我们的学生到美国去不用留级且都成为他们的优等生（引自××学校校长的报告）。然而我们不能忽视这样一个事实：中国学生的动手能力比起西方学生来还有一定的差距。再加上高难度的考试使许多教师不得不竭尽全力，夜以继日地工作。以一个小学主科教师为例，每周上课16节，准备 2 个教案，每个教案至少花 2 课时，每节课的个别辅导、集中辅导、批改作业一般也要花等量时间，这样周工作量可达 32 课时，这还没涉及补课、教研活动、班主任工作和其他集体活动。

（2）师生比状态带来的发展机遇。

一方面，攀枝花市的教育近几年在国家利好政策的带动下，得到快速发展，但其学校数量和教师数量的增加却并没有带来在校生规模的扩大，生源不足和生源质量不高在一定程度上制约着本市教育的发展。另一面，攀枝花教育发展空间更大。所以应该加大招生力度，扩大在校生规模，减小师生比例，实现教育资源的充分利用。

就目前来说，学校的师生比例过大，造成教师编制相对过剩，教育资源没有得到充分的使用，人浮于事的情况时有发生，很多教师不能充分发挥其能力。由于具备小班化教学条件，可以改革教学管理模式，提高教师培养学生的积极性，提高教育水平，实现更加科学的教育模式。

师资条件充裕，可以加强各学校师资队伍建设和结构调整，大力增加教师培训学习数量比例，提高教师水平，重点培育一批优秀的骨干教师。

2. 教师质量的基本情况调查

（1）教师学历情况比较。

从对攀枝花市五个区域内的部分小学的 331 位教师进行问卷调查结果来看，教师的第一学历中：中专毕业有 179 人、大专毕业有 77 人、本科毕业有 55 人，初中、职中、高中毕业的有 20 人。相比较于成都双林小学，攀枝花学校的教师学历水平差距非常大（见图 2）。过去 20 年里，攀枝花市针对教师学历这一指标开展了中专学历的教师提升学历工作，深造大专或大专以上；近几年，从教师学历这一指标来看，攀枝花市教师的学历水平得到了提高，尤其是最终学历提高比较明显，教师的质量呈现明显上升的趋势。

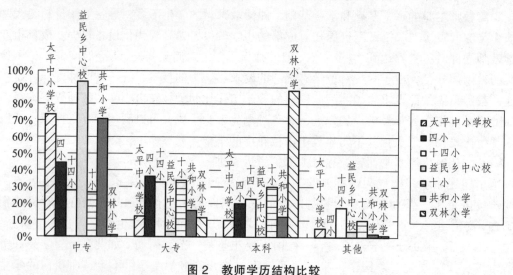

图 2　教师学历结构比较

（2）教师职称结构比较。

调查问卷中对四川省攀枝花市的部分小学的 331 名中小学教师进行了调查，二级教师 154

人，高级教师 155 人，其他 22 人。从调查结果（见图 3）来看，我省的小学教师职称结构就总体而言，高级职称教师比例偏低，而且高级职称教师在分布上也很不均衡，重点学校显著多于非重点学校。教师资源配置不均衡，使得四川省攀枝花市择校风盛行，农村部分条件不好的学校优秀老师就想办法往城市好的学校走，导致师资不均衡。

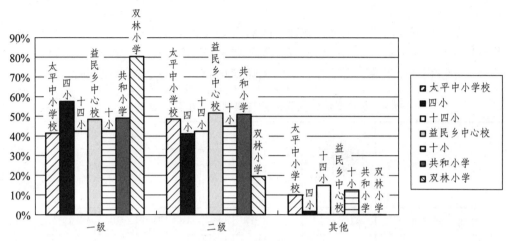

图 3　教师职称结构比较

（3）教师结构的对比分析。

第一，年龄结构的对比分析。

通过调查发现，就年龄结构这一项而言，四川省攀枝花市教师年龄结构与成都双林小学年龄结构存在较大差异，小学 35 岁以下的教师占教师总数的比例均值为 40%，小学在 35 岁到 45 岁的教师占到教师总数的比例均值为 25%，小学 45 岁以上的教师占到教师总数的比例均值为 35%（见图 4）。从上述分析中可以看出攀枝花市义务教育阶段学校教师的年龄结构与成都市城市学校相对比存在差异。

攀枝花学校与成都学校的年龄结构对比特点是青年教师比例高于成都小学，而中年教师比例明显低于成都，教师老龄化程度高于成都。

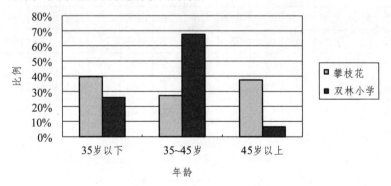

图 4　攀枝花抽样小学与双林小学教师年龄结构比较

第二，专任教师结构的对比分析。

按照《国务院办公厅转发中央编办关于制定中小学教职工编制标准意见的通知》（2001年 74 号文），一般来说，专任教师占教职工的比例，小学一般不低于 91%，成都小学多数达到或者接近这个比例。攀枝花市专任教师比为 80% 左右。教育资源方面的配置与当地的经济发展有极大的关系，各个地区之间有差距很大程度上也是由于当地经济发展的原因。所以四川省攀枝花市部分地区的专任教师比例与成都专任教师比例的平均水平还有一定的距离，还需要提高。

第三，专业广义对口率比较。

目前小学教学发展的趋势是全科教师，我们把专业对口率定义为广义的专业对口率，也就是是否毕业于教育专业。从问卷的调查结果来看（见表2、表3），攀枝花市学校教师存在一定比例的非教育专业来源，而双林小学的教师 100% 来自于教育类专业方向。

表2 攀枝花小学抽样数据与成都双林小学数据对比 1

序号	学校	教师总人数	性别				年龄					
			男	比率	女	比率	35岁以下人数	比率	35~45岁人数	比率	45岁以上人数	比率
1	攀枝花太平中小学校	41	23	56%	18	44%	16	39%	20	49%	5	12%
2	攀枝花市四小	61	16	26%	45	74%	33	54%	13	21%	15	25%
3	攀枝花市十四小	40	9	23%	32	77%	20	50%	9	23%	11	28%
4	盐边县益民乡中心校	58	29	50%	29	50%	3	5%	22	38%	33	57%
5	攀枝花市十小	80	19	24%	61	76%	45	56%	9	11%	26	33%
6	盐边县共和小学	51	38	75%	13	25%	17	33%	11	22%	23	45%
7	成都市双林小学	108	28	26%	80	74%	28	26%	73	68%	7	6%

表3 攀枝花小学抽样数据与成都双林小学数据对比 2

序号	学历								职称						专业	
	中专	比率	大专	比率	本科	比率	其他	比率	一级	比率	二级	比率	其他	比率	教育	非教育
1	30	73%	5	12%	4	10%	2	5%	17	41%	20	49%	4	10%	39	2
2	27	44%	22	36%	12	20%	0	0%	35	57%	25	41%	1	2%	61	0
3	11	28%	13	33%	9	23%	7	18%	17	43%	17	43%	6	15%	30	10
4	54	93%	2	3%	0	0%	2	3%	28	48%	30	52%	0	0%	56	2
5	21	26%	27	34%	24	30%	8	10%	34	43%	36	45%	10	13%	72	8
6	36	71%	8	16%	6	12%	1	2%	25	49%	26	51%	0	0%	48	3
7	1	1%	12	11%	95	88%	0	0%	87	81%	21	19%	0	0%	108	

五、攀枝花市师资配置不均衡的问题表现与原因分析

通过研究发现，四川省攀枝花市城市区域内相对比较均衡，虽然与省内其他城市还有差

距，但这同当地的经济发展有很大的关系，因此不再将其作为研究的重点，攀枝花市师资配置不均衡的主要问题还是城乡之间的不均衡。

（一）教师结构问题突出

1. 城乡之间教师分布方面，师资配置分布存在较大差异

目前，攀枝花市教师配置存在地区分布不合理的现象。市区内教师相对集中，而贫困和偏远的农村学校的教师较缺乏。城市教师的岗位基本上是饱和的，有的地区甚至出现超编的公办教师，偏远的农村地区缺乏小学教师，特别是贫困地区严重缺乏美术、音乐、体育等教师。从城市和农村学校教师的学历来看，城镇学校教师的学历普遍较高，而农村学校的教师的学历相对较低，在偏远的农村地区，低学历、低职称现象非常普遍，思想陈旧，知识结构单一。

2. 教师年龄结构方面，义务教育阶段教师老龄化问题突出

以攀枝花市几个学校为例，总人数 332 人，全市农村小学 35 岁以下的教师 134 人仅占教职工总数的 40%，35 至 45 岁的教师 84 人占 25%，45 岁以上的教师 114 人占 35%。从上述分析中我们可以发现，攀枝花市农村义务教育阶段学校教师的年龄结构相对比较均衡，但老龄化问题较为突出。相对于成都而言中年骨干教师比例较低。这是两地教育发展状态不同、教师职位竞争差异造成的。成都双林小学教师编制控制较严格，进入学校编制不易，导致中年教师比例较大。

3. 学科结构方面，义务教育学科不配套问题突出

小学阶段语文、数学两学科的教师较多，而缺乏全职小学外语、信息技术、艺术、音乐、体育和其他学科的教师。此外，还存在很多学科的教师所学专业与任教学科不相符的情况。在对攀枝花市乡镇和农村的小学教师进行问卷调查时发现，91%的教师认为本校缺少相应科目的专职教师。

（二）教师质量问题突出

义务教育阶段城乡教师的职称差了一个档次。2014 年，农村小学教师小学一级占的比重小，仅达到 47%。城市成都市双林小学教师小学一级占的比重很大，达到 81%。此外，在教师职称方面农村小学教师二级职称的比例为 46%，还有 7%的还未评。城市成都市双林小学二级教师比例为 19%。

1. 职称指标下达有限

事业单位人员，尤其是全额拨款的农村学校职称指标一直偏紧。每年职称指标都是由省下达到市，市到县，县到乡镇，乡镇再到学校，这样往往会在县和乡镇指标下达时呈现"锅底效应"（靠近"中央"的指标往往较多，如驻城学校、驻乡镇学校指标往往高于其他农村学校；重点学校高于一般学校；中心学校高于村小学校）。这样一来，学历、水平相当的教师能否晋级以及提早晋级，就决定于本人是在城镇学校、重点学校、中心学校，还是在农村学校、

一般学校、村小学校。众所周知，教师的职称评定直接影响到教师的切身利益，与教师的各项待遇密切相关。位于城镇和重点学校的教师各方面工作条件、待遇较好，这给在地理位置偏远、艰苦环境工作的农村教师造成了心理上的极大不平衡。迫使大家想尽一切办法往城镇、重点学校、中心学校挤，严重影响了农村教育的师资稳定和教育教学质量的全面提高，加剧了校际师资发展的不平衡。一旦一个学校中高级职称满员，就要等这批教师退休或调走后，下一个老师才有名额，有很多老师40多岁连小高或中一都没评上，工作20多年工资不到2 000元，结果导致农村学校教师丧失工作积极性和热情，容易产生消极怠工的思想。

2. 论资排辈现象严重

在职称评审过程中，工龄或教龄占有举足轻重的地位，不考虑工作能力如何，论资排辈熬年限的实例仍旧存在。职称应该是教师知识水平、工作能力、工作业绩的综合体现。小学教师的职称有四个档次：高级、一级、二级和三级。但实际上三级为自动授予，故参评只有三档。职称评审以考试形式实施（初级职称只考教育学和心理学；中级职称考相关专业、计算机和外语；高级职称必须考外语，其外语考试水平等级比中级职称高）。通过考试，促进小学教师提高职称专业化水平。但在实际操作中，已形成了一条不成文的规则，即"年老者先上，年轻者要让"，有的人尽管自身素质不高，业务水平不强，工作业绩不佳，靠着年龄资历的优势，照样评上了高一级职称。这样，使得一些能力成绩俱佳的后来新手、骨干的中间力量"落选"，严重挫伤了他们的工作积极性。这种现象易使青年教师认为评职称主要是看年龄、搞关系，从而使其进取心减退，工作热情降低，形成一种熬时间的心理，极不利于青年教师的健康成长。

3. 教师工资以职称取酬

由于学校中、高级职称有名额限制，特别是高级职称的评定，达到条件的教师远远多于限制的名额，造成资历、学历、能力、工作量、成果差不多的教师之间（尤其农村义务教育的教师）收入差距过大，而且严重影响退休待遇。办好学校，要靠90%以上的教师。以教师职称高低定工资，不仅不能真正地调动广大教师的积极性，而且一些教师因职称原因收入差距过大，严重影响工作积极性。教师也是人，也存在心理失衡问题。在失衡心理的驱使下，师资流失严重，一些原来要好的教师，甚至因此反目成仇。因为职称取酬的收入差距，有着太多的人为色彩，由此造成的不公平感最为强烈。因此，通过工资改革"限高、稳中、托低"，取消中、小学教师职称工资，建立效率与公平辩证统一的收入分配体制，势在必行。

六、攀枝花市基础教育师资均衡配置的对策

教育均衡发展是一个系统工程，教师资源配置也需要系统化思维来解决其均衡问题。

（一）政府层面的对策

1. 加大投入，切实保障师资队伍建设经费

在培训教师经费的投入方面，县市人民政府应将师资队伍建设的支出列入公共财政的支

出的重要部分，加大财政投入。小学教师的继续教育和在职教师的培训经费应以财政拨款为主，并在地方教育费里专项列支。小学教师的培训经费将逐步向农村学校教师倾斜，多种渠道筹措，强有力地保障学校教师的继续教育及在职培训经费，以达到教师的教育教学水平逐一提高的目的。

2. 加强领导，为学校均衡分配师资提供保障

进一步加强全省领导干部对教育发展特别是师资发展的责任，切实将师资均衡发展作为均衡发展的主要领域，为义务教育学校均衡分配师资提供有力的保障。健全目标管理的责任制度，将义务教育学校的师资配备情况及教师培训的经费投入指标作为评价领导干部教育工作的实绩重要内容，逐渐缩小城乡学校的师资力量差距，推进义务教育学校的师资力量均衡配置。

3. 健全教师培养和在职培训机制

目前，我国各地边远农村地区教师师资力量紧缺，导致教育水平严重落后，切实解决教师来源问题，需要参照国家实施免费示范生等政策，各级政府及教育主管部门统筹安排，制订计划，需要注意的是在保证教师数量的同时更要保证教师的质量。定期对教师的课程研究成果进行检测，因为学校老师的学术水平的高低关系到是否能提高并更新整体的知识结构。对于在教育领域内取得一定成绩成果的教育工作者应该给予适当奖励。

4. 健全教师聘用机制

（1）科学核定小学教师编制，实行动态编制管理。

就目前的状况而言，改善义务阶段学校的布局情况，记录在校学生数量的变化情况，动态化管理教职工编制数等这些现象迫在眉睫，根据义务教育发展的规划，按照省定教职工与学生比例参数（小学，1：21.6）的编制标准，由编制部门核准中小学教职工编制总人数，随后再由各地区分布，依据教师需求量及招聘计划，自行组织招聘教师。另外，还要积极响应国家政策，依据配比配备小学学前班教师；在达到一定规模的寄宿制学校，按一定配比配备专任生活教师。

（2）严把小学教师"入口关"。

在招聘教师的方式选择上，需要了解教师的职业特点，并结合当前高校毕业生整体素质，通过对教育方面的理论、法律知识、道德操守等方面严格把关，重点是对教育学术方面的能力的考查，从而保证教师队伍整体素质。除此之外，还要考虑在校任职年限聘任要求，才能留住人才。

（3）扩大新教师来源渠道。

鼓励、吸引优秀人才从教和长期从教要充分利用国家和各级政府关于农村义务教育工作制定的政策优势，不仅可以吸收到来自各地的优秀的教育专业预备人才，同时可为那些已经从事农村教育，并取得显著效果的教育人才提供破格招聘或晋升的机会。

5. 重视贫困地方经济的建设，借助于科学技术来发展经济

因为经济的发展，尤其是科学技术的运用，贫困地区人们的生活状态得到了一定的改善，

开阔了视野,了解了外边的世界,外出务工的人也会通过各种渠道认识到自己家乡的发展现状,认识到教育的重要性,认识到科学知识的价值,认识到教师的作用,间接地提高了教师的地位。

6. 因地制宜,研究教师编制标准

首先,将不同的学校和不同的学科区别对待。对于部分地区,提高生师比,也可采用班师比替代。紧缺学科的师资可用计划单列或者增加指标的途径解决,确保开齐、开足和开好课程。

其次,照顾年老体弱的教师。执行编制政策时,要根据教职工年龄结构和身体的健康状况,充分考虑到年老体弱教师的编制比例。

再次,考虑小班化教学。小班化教学是趋势。例如,欧美很多国家已实施小班化教学。我国的北京、上海等地区也在实行和试点。实践也证明,小班化教学对学生个性的发展更有利,所以核定编制时,应该考虑到小学的小班化教学。最后,因地制宜,重新研究制定适合当地的教师编制标准,从而适应教育事业的需要。让每个教师都有发展的机会。

7. 提高教龄工资

要大大提高教龄工资,这既是对过去低工资的弥补,又肯定了老教师的经验及贡献,鼓励老师安心从教。

(二)学校管理方面的建议

1. 对教师进行激励

首先,大力开展"当地杰出校长""市优秀教师""教坛新星"和"市骨干教师"等活动。根据"提高标准,严格评估,发挥性能、优化结构,敢于创新"的原则,充分发挥每位校长、班主任、骨干教师先锋模范作用。

其次,建立和完善合情合理的教师绩效考核体系。完善教师教育情况档案,以此作为对教师的师德师风、教育水平衡量的标尺。坚持优绩多得,同时尊重公平的原则,进而强化中小学教师收入分配水平,从而带动教师的工作和创造活力的积极性。

2. 提倡教师合理流动

一是积极鼓励城镇教师进行"下乡"支教活动,积极开展在农村中小学教育交流,取长补短,优劣互补。提倡城市教师在合同期满后到农村支教,然后再与原单位续聘合同。在评定教师职称时,同等条件下,有一年以上在农村学校的教育经验者优先晋升。

二是建议有条件的地区建立农村学校教师专项资金补助机制,特别是在边远农村学校支教的老师有专门的补助。在教师下乡支教期间,教师在原单位的工资、人事等关系事宜保留。

三是建立各小学的校长以及老师合理流动交换的定期轮换制度。积极推进城镇与农村的教师、特教教师、全国优秀教师到农村学校或者城镇学校进行轮岗交流,将每位老师自身的实践经历跟大家一起分享,做到优中更优,劣中变优。

3. 改革收入分配机制,缩小职称收入差距

职称跟工资挂钩而脱离具体工作,必然产生不公平。我们国家的收入分配原则是以按劳分配为主,那么就应该实实在在按照工作情况进行绩效工资核定。

4. 探索全员轮岗机制，每位老师都必须去农村支教

综合考虑学校发展、教师成长和职称评定，结合教师志愿和各项规章制度，科学化、人性化、合理地安排支教时间和人员。

5. 职称评定改革

职称评定改革体现教师教学水平、研究水平和教学贡献，研究水平不应只孤立地看论文发表的情况，鼓励有价值和经过实践的教育教学研究。

（三）教师自我发展方面的建议

1. 教师自身要转变观念，响应国家号召，支持偏远地区教育发展

农村基础教育薄弱，要想在农村推广素质教育，就要让新鲜血液到基层去，到现场去。教师以及师范生自身要转变观念，响应国家号召，支持偏远地区教育发展，在实践的过程中，不仅有利于教师与师范生培养，也利于小学教师培训的深入开展，对缩小农村和城市教师差距，实现教育均衡都起到了重要作用。

2. 努力学习，提高自身素质、学历和水平

"与时俱进"同样也要应用到教育当中。当今社会发展突飞猛进，教师的教育不能墨守成规、按部就班，老师要主动汲取更多的新鲜"营养"来面对日新月异的变化，特别是边远农村地区的老师尤其应该拓宽自己的眼界，转变自身的观念，提高自身的素质，更新自身的知识框架、方法，这样对提高农村教师个人教育水平乃至整体的教育水平至关重要。

3. 发挥自身的"正能量"，影响和带动身边的人

小学教师要达到大学专科毕业，需要不断地储备知识量，增强各方面的能力。除了这些，教师要在行动上、言语上，在工作过程中，体现出教师应有的素质。这样不仅能给学生树立榜样，改变学生不良的行为习惯，而且对家长们而言也是一种激励。"支教"的教师可以影响、带动身边的教师朋友一起下乡支教，为提高农村教育水平献出自己的一份力。

七、结　论

通过文献检索、问卷调查以及访谈法实地考察了解了四川省攀枝花市义务教育阶段师资均衡情况，从教师的数量、教师的质量、教师的结构三个方面，对攀枝花市与成都优质小学进行了城乡教育的比较和研究，找出当前师资均衡配置方面的问题主要是城乡不均衡。城乡方面表现出来的不均衡方面有结构性矛盾突出、资源配置不合理、教师来源渠道不畅、师资经费不足、激励机制缺乏以及农村小学教师素质偏低。针对以上原因要解决好攀枝花市教育师资不均衡问题，首先，政府方面要根据我省的实际情况，加强领导、加大投入、健全机制，不断提升农村小学教师的整体水平和学历；其次，社会方面要重视地方经济建设和因地制宜地研究教师编制标准；最后，学校方面要激励教师，提倡教师合理流动，教师自身要转变观念，提高自身素质和水平，支持偏远地区教育发展以及发挥自己的"正能量"。与此同时，要确保农村学校教师的各项待遇与城镇学校教师大体相当，在职称评定等方面向农村学校教师

倾斜，逐步缩小攀枝花市城乡之间师资力量的差距，使得四川省攀枝花市的师资均衡发展取得更大成绩。

参考文献

[1] 毕正宇. 论基础教育师资配置均衡化的宏观调控政策[J]. 当代教育论坛，2005（2）.

[2] 李均. 我国教师资源配置结构性失衡现象考察[J]. 深圳大学学报，2008（1）.

[3] 周彬. 中国城乡教师均衡配置的实证分析[J]. 教育理论与实践，2009（3）.

[4] 余艳琴，黄尚海. 关于农村义务教育师资问题的实证研究[J]. 教育理论与实践，2005.

[5] 李善文. 区域义务教育师资均衡配置对策探究[J]. 桂林师范高等专科学校学报，2009.

[6] 中华人民共和国义务教育法[Z]. 北京：法制出版社，2006.

[7] 国家教育发展研究中心专题组. 实现基础教育均衡发展的现状分析及对策选择[J]. 人民教育，2002.

[8] 吴廷熙. 教育资源建设之思考[J]. 教学与管理，1999.

[9] 李小红，邓友超. 论基础教育阶段教育资源的均衡配置[J]. 教育科学，2003.

[10] 徐文. 义务教育资源配置的产权分析[J]. 教育与经济，2003（2）.

[11] 毕正宇. 基础教育师资配置均衡化：教育公平的必然要求[J]. 安阳工学院学报，2005（3）：140-143.

[12] 韩盐明，李春桥. 教师资源配置的现行模式与改造[J]. 教育与经济，1997（1）：21-24.

[13] 于友发. 县域义务教育均衡发展研究[D]. 济南：山东师范大学，2005.

[14] 阮爱民. WTO对农村教育的影响及回应策略[J]. 高等农业教育，2001（10）：11.

[15] 王萍萍. 农民收入与农业生产结构调整[J]. 战略与管理，2001（1）：87.

专题 2

攀枝花与成都基础教育综合比较研究

吕生国[①]　黄斌[②]

导师：张勇[③]

（①　四川攀枝花盐边县国胜小学；②　四川攀枝花仁和区布德小学；③　成都大学）

一、引　言

教育一般包括家庭教育、学校教育和社会教育。假如将教育比喻成一个滑轮的话，则最里面的是家庭教育，是整个教育的轴心；中间一层是学校教育，是承接轴心和外环的铁球；外环是社会教育，是滑轮正常运转的关键。由此可以看出，作为承接内外的关键节点，学校教育在学生成长历程中起着不可或缺的作用。其中基础教育在青少年初期就显得尤为重要。本文详细论阐了成都与攀枝花基础教育的异同，本文主要采用文献法，辅以调查法等，以成都和攀枝花两地区基础教育为研究的切入点，在查阅大量相关文献资料的基础上，对四川省攀枝花市仁和区布德中小学、盐边县国胜小学和成都市个别学校进行实地调查，获得了小学基础教育差异的一手资料，尤其是对调查现目前两地区的教育水平的差异有较为重要的作用。

二、资源配置研究

（一）师资配置问题研究与比较分析

教师资源均衡配置是义务教育均衡发展的关键，可以从师资数量和质量两个维度来考查。调查结果显示，我国中小学教师资源配置数量上的失衡主要表现在城乡小学之间，县镇和城市的师班比大大高于农村是失衡的具体表现。在优质教师配置问题上，呈现出城市高于县镇、县镇高于农村的状态。如成都市区学校的教师全是大专及以上专业毕业，且在岗教师的平均年龄在 35 岁左右，而攀枝花农村学校教师学历参差不齐，在岗教师平均年龄偏大，山区学校这么多年很少进年轻教师，学校老师平均年龄在 40 岁以上，教师工作积极性、主动性不够，教学方法陈旧，课堂缺乏生机与活力，教学氛围不够活跃，教育教学质量很难得到提高，城乡教育公平和教育均衡发展很难实现。另外，部分农村教师的学历结构和知识结构偏低，有少量教师根本就无法走上讲台，这些都严重影响了农村教育质量。

农村教师整体素质不高，学历结构不合理。由于受自然条件、经济待遇、地理环境和社会关注度等多种因素的影响，农村学校教师普遍素质不高，而且人员不够。因此，中小学教师资源均衡配置在数量上应重点考虑农村小学，在优质教师配置上要向农村初中和小学倾斜[1]。

（二）硬件资源配置比较研究

在硬件资源上，农村学校更是无法与成都的学校相比，一些农村学校仅有的少数高端教学设备也只用于"展示"，用于开会使用或是对外有公开课时临时使用，而且大部分教师不会及时地使用，从而导致硬件设备的"闲置"。这是造成城乡教育差距的又一原因。

（三）信息技术使用情况分析

在当今信息飞速发展的时代，教育信息的使用也是其中的一个重要组成部分，而城乡教育系统对信息的使用存在的主要差别是硬件（硬件上的情况前面已阐述）和领导的重视程度，如某些领导对于形式的过度追求，只讲表面，造成了先进资源的浪费。如现今某些乡村学校仍旧要求教师手写教案，导致教师忙于赶写教案而无力接受更先进、实用的教学资源，进行教学研究。

三、学生学习差异分析与对策研究

（一）生源情况比较

成都基础教育学校生源多且充足，吸引了不少外地学子。而攀枝花是一个人口不足150万的移民城市，生源相对少，且良莠不齐。

对策：攀枝花应当加大政府投入和外来招商力度，增加教育硬件投入，如配齐教学需要的现代多媒体设备，如多功能语音室、音乐室、美术室，改善学校环境。同时，引进高层次人才，让人才来得了，留得住。

（二）学生压力方面的比较

1. 学业压力与心理压力的因素

现代信息社会，科技与人才竞争不断升温，中小学生的身体素质已得到了明显的提高，然而他们的心理压力仍旧较大，心理健康问题亟须大家关注。连那些看似无忧无虑的小学生，也有不少过早地背上了思想包袱，产生心理压力，由此导致失眠、神经衰弱，出现抑郁、自卑、烦躁等不良心理，从而引起记忆力减退，注意力分散，学习效率不高，学业成绩下降；有的甚至精神委靡不振，神思恍惚[2] [3]。

2. 对策

只有从社会层面、政府层面和家庭层面等方面共同努力，才能真正实现减负[4]。

（1）通过家访等活动，了解学生的家庭情况，对独生子女、父母离异子女等学生进行专门调查研究，建立档案。

（2）举办家长学校，定期向家长介绍当前家教的形式、特点及对策，普及心理卫生知识，提高家长的心理素质。

在社会学校结合方面，可以采取教育走向社会，社会参与教育的做法：

（1）在街道居委会、社区或文化馆等地方建立校外教育基地。

（2）向街道居委会、派出所、交警支队、医院等单位聘请先进工作者、优秀指战员、离退休干部等担任校外辅导员，提高学生的心理素质。

（三）学生学习习惯比较分析与对策

相同点：成都和攀枝花市区的小学生基础都较好，有良好的学习习惯，课前准备，提前预习，自主能力很强，课堂积极活跃，书写漂亮，作业基本很少有错误。

不同点：在农村方面，攀枝花小学差距明显。学生有许多不良的习惯，如不按时交作业，书写潦草，作业马虎错误多，爱面子不懂也不问。课堂上思想不集中，爱开小差。自习课目标不明确，东翻西翻，学习效果低下等。

原因：这类学生的家长对学生要求不甚严格，对不良习惯习以为常，不及时纠正，一些家长自身的不良习气也影响着学生，如打牌、抽烟、喝酒。小学生模仿力强，容易养成不良习惯。

对策：家庭方面，制定家规，宽容而不纵容，以身作则，言传身教，在错误中教育孩子。激发孩子兴趣，将其注意力转移到学习上来。学生方面，自己加强纪律的约束，严格要求自己，时时提醒自己，向榜样学习，向优生看齐。教师方面，课堂上及时纠错，纠正学生不良的学习习惯[5]。

（四）学习效果比较

相同点：无论是成都还是攀枝花，城里孩子的见闻远远多于农村孩子，这就造成了乡村孩子的认知能力、理解能力以及个人综合能力和城里孩子的"脱钩"，表现在语文的阅读面窄、理解力差；数学知识的运用能力弱；农村的学生相对更容易流失，不稳定，多数综合素质较低。

不同点：成都小学生基本上学习效果好，作业错误较少，书写优美，优生多，强调德智体全面发展。而攀枝花很大一部分小学生，特别是农村学校的小学生学习效率不高，书写凌乱，优生少，注重应试教育，强调智力发展，忽视体育、美育发展，很多农村小学基本上没有专职的音乐和美术教师。

四、教师教学差异分析

（一）课堂教学模式比较研究[6]

相同点：随着我国城乡一体化发展进程的加快，农村在政治、经济、文化等领域都在发生着日新月异的变化，教育也在城乡一体化的进程当中不断发生着改变。成都和攀枝花两地区，在课堂教学模式方面，都进行大力改革，倡导自学，勤于动手，乐于探究。

不同点：在农村基层学校，仍有许多教学模式属于传统式教学，一支粉笔、一块黑板仍是主要教学工具。教师工作热情与个人责任意识及职业倦怠相关；学生学习基础薄弱；学生学习兴趣与习惯有待提高；师生互动机会多但效果不理想。这都是由于传统教学模式不够新颖，仍有待于改进方法，改变模式。

（二）教研和校本研修比较分析

成都方面：无论是农村，还是城市，在教研和校本研修方面都注重扎实肯干，脚踏实地同课异构，多次磨课，常有校校交流，去外省或国外培训、研修、交流的机会比较多，而且本校每周都有公开课，并长期举行全国公开课、观摩课。例如成都金堂县立足于课程改革，有效推广"533"教学模式，结合教材教法相关内容，确定全年学校研修主题，年级组、教研组研修主题，充分发动教师，依靠年级组、教研组、备课组的力量，开展形式多样、内容丰富多彩、切实有效的培训、教研、科研等校本研修活动[7]。

攀枝花方面：目前，一些农村中小学校本研修活动中仍存在着许多误区：教学反思只是教师对自己教学失误的反省、检讨；校本研修只是以"学科"为单位的研修；校本教研只是课题研究；校本教研只是教师的研究；校本教研只是学校"单干"，等等。虽然大部分学校领导重视此项工作，率先垂范，认真组织教师自修反思，合作交流，积极参与研修，但仍有一部分学校领导没充分认识到校本研修过程中专业引领对于教师专业发展的重要性，草率地将工作布置下去，结果仍然是"穿新鞋走老路"，学校的资料都是一些流于形式的记录，缺乏开展活动的系统性，缺乏经验总结和理论的提升以及规律的探索，同时发现有部分学校领导，对开展校本研修的必要性认识模糊，以教师年龄结构偏大为借口，常常对开展校本研修工作敷衍了事，尽管各项活动也开展了，但教师消极应对，只有活动的载体，没有活动的实效[8]。

（三）教师专业化与学历结构分析

农村教职工总体超编与部分学科专业教师不足的结构性矛盾比较突出，教师老龄化倾向严重，教师学历结构不合理。由于受自然条件、经济待遇、地理环境和社会关注度等多种因素的影响，农村学校教师普遍素质不高，而且人员不够，有时不得不聘用临时工完成教学工作。常常有语数教师教音体美等课程的情况。而城区学校的教师都较专业化，学历结构也较为合理。

（四）农村与城市教师培训、提升和发展动力比较分析

通过研究发现农村小学教师专业发展的内在动力不足，主要表现为专业发展认知缺失；专业发展情意淡化；专业发展意志薄弱、知行脱节现象较为严重。过高的社会期望与现实发展政策之间的矛盾阻碍了农村教师的专业发展；学校方面存在学校管理权威化，学校发展标准功利化，发展过程形式化问题；教师方面源于教师发展自觉意识缺失，自我教育不足，自我效能感低。农村教师培训机会少，一旦走上工作岗位，教师接受再教育和再培训的机会就很少。如今，虽然国家每年都有"国培"计划和"省培"计划，

但效果还不十分明显。再加上农村教师很大程度上存在职业倦怠现象，教师求学意识不强，效果不好。农村普通教师的提升和发展动力不足，这也是农村教师普遍缺乏动力的原因之一。而作为城区教师，无论是提升、培训机会，还是发展动力都要比农村教师足得多。

五、学校管理模式比较分析

（一）学校管理结构差异

成都是省会城市，多数基础教育学校管理者和教师常接受先进的管理理念，管理模式规范。相对而言，攀枝花地处山区，农村学校居多，当前的农村义务教育学校内部管理体制依然存在很多问题，主要表现在以下几个方面：

1. 教师岗位聘任制和岗位负责制尚未完善

一是教师岗位聘任制还不完善，监督机制欠缺。二是教师岗位负责制尚未完善，激励和竞争机制不足。不少学校缺乏管理激励机制，仍然存在"干多干少、干好干坏一个样"的现象。

2. 内部分配制度不合理，挫伤教师的工作积极性

以县为主体制下，义务教育学校的教师工资有了基本保障，但各地工资标准不均衡，有些地区工资标准并未随其他行业的涨幅而做相应的调整。教师的奖金所占教师收入比例小或几乎没有奖金，导致一些教师工作积极性不高甚至乱收费。这种工资分配的怪现象不仅无法调动教师的工作积极性和创造性，甚至会挫伤广大教师的积极性。更重要的是，历史遗留的拖欠教师工资问题仍悬而未决。工资上划到县以前，乡镇拖欠教师的工资，县级部门不愿出资，乡镇和县相互推诿责任，都不采取积极措施去解决问题。

3. 内部管理机构设置缺乏活力

农村虽然实施以县为主的政策，但是并没有触动学校内部管理机构的科层制设置范式，仍然保留着"上级决策，下级执行；一人指挥，众人行动；统一任务，逐级演绎；套路相似，结构雷同"的运行机制，学校内部缺乏自下而上的主动参与性和自主决策权。

（二）管理理念与模式差异

成都和攀枝花实施基础教育的学校中，每个学校有其管理理念与特色。其中成都学校普遍具有特色，相反攀枝花特色学校较少。例如成都电子科大附小主张让每个孩子动起来，人人有奖状，人人是管理干部，每天运动一小时大课间活动；泡桐树小学主张阅读氛围强烈的泡桐树文化；棕北小学的绿色校园文化等都具有鲜明的特色。管理理念方面，两地区各有千秋。但现目前有相当多的学校，还存在学校管理以刚性管理为主，凭借制度制约、纪律监督、

奖惩规则等手段进行的以外界约束力为主的管理。它缺少"人本性""情感性"和"权变性"。只有刚柔相济，人本化管理，恰当运用刚性理念，且以人本化为背景，才能实现学校管理的最优化。

（三）教师评价机制比较分析

两城市在教师评价机制方面基本相同，成都实行教师校长轮岗交流制度。攀枝花也将逐步同步实行交流。教师评价机制中仍有一些问题，如：相关利益主体对评价机制的重要性认识不够；教育行政部门主导，评价过程缺乏民主参与；交流教师评价机制的制定和实施缺乏理论指导；缺乏科学合理的评价管理；交流教师评价机制本身不完善等[9]。

对策：其一，建立促进交流教师发展的评价目的观；其二，优化交流教师评价机制具体内容，这包括评价模式与方法多样化、评价主体多元化重视交流教师的自我评价、评价内容应重视"交流成效"的评价、评价标准体现差异化和层次性等四个方面；其三，促进交流教师评价机制有效发挥作用，具体而言需要做到注重"协商与回应"建立民主参与制度、发挥评价活动的激励性、开展科学有效的评价过程管理以及重视评价结果的正确使用和反馈。

六、家长在教育中的作用比较分析

（一）家长对教育的认识偏差研究

相同点：无论是成都还是攀枝花，都有部分家长把学习成绩当成一切表现的指针，认为孩子越用功越好，一切面向高考，将来出人头地，有个好工作。把孩子当作炫耀比较的对象，想鼓励孩子上进却不得法，常常说，"你看人家孩子多用功，成绩多好，人家又得了什么奖"。不尊重孩子的隐私和权利。很多父母把自己未实现的心愿寄托在孩子身上，一直逼孩子往自己以为是正确的路上走。认为孩子不应该做家务事，应该把时间拿来学习。这实际上扼杀了孩子的天性，剥夺了孩子的快乐。还有很多父母抱着传统的观念，认为子女是属于父母的，这完全是错误的观念。

不同点：城区学校的家长的教育意识明显强于农村学校的家长。城区家长常为子女检查作业，布置预习，与子女一起完成作业，安排各种暑假活动，充实课余活动等，这是部分农村家庭无法实现的。

（二）家长教育能力对比研究

城区学校的家长素质相对高，受教育程度高，在教育子女方面注重让子女运用礼貌用语，注重子女知识的获取，注重子女营养的汲取。在这些方面，农村学校的家长心有余而力不足。在教育子女成长方面，城区学校的家长意识较强，随时关注子女的学习与生活以及心理变化，而农村地区的家长更多地关注子女生活方面的问题，大多家长无能力对子女进行家庭辅导，完全依赖学校的教育。

七、结　论

本文详细地分析比较了成都和攀枝花两地区基础教育的现状与差距，从攀枝花与成都基础教育学校的资源配置、学生学习差异、教师教学差异、学校管理模式、家长在教育中的作用等方面进行了比较分析，并对此提出了解决对策，对未来了解成攀两地区的基础教育有较大参考价值。

八、致　谢

在此要感谢我的导师，成都大学师范学院张勇副院长和班主任刘华锦老师，是你们的细心指导和关怀，使我能够顺利地完成论文。在我的论文的研究工作中无不倾注着老师们辛勤的汗水和心血。老师严谨治学的态度和无私奉献的精神使我深受启发。从尊敬的导师身上，我不仅学到了扎实、宽广的专业知识，也懂得了不少做人的道理。在此我要向我的导师致以最衷心的感谢和深深的敬意。

参考文献

[1] 孙彦霞. 我国中小学教师资源配置问题的研究[D]. 福州：福建师范大学，2008.

[2] 肖汉仕. 中小学生心理压力成因与对策[J]. 湖南教育，1992（12）.

[3] 余欣欣，郑雪. 离异家庭小学生心理压力状况调查[J]. 中国特殊教育，2007（06）.

[4] 李亚娟. 学校教育负担论[D]. 天津师范大学，2008.

[5] 陈香秀. 小学生不良习惯成因研究[EB/OL]. http：//blog.sina.com.

[6] 邹天鸿. 课堂教学模式比较研究[D]. 长春：东北师范大学，2014.

[7] 张主春. 校本培训实施指南[M]. 北京：首都师范大学出版社，2004.

[8] 张华，杨晓艳. 中小学教育科学研究的问题与对策[J]. 成都教育学院学报，2005（9）.

[9] 李宜江，柳丽娜. 城乡教师交流政策制定与执行的若干问题[J]. 安徽师范大学学报：人文社会科学版，2011（5）.

·附录 1·

调查提纲

调查对象：国培小数班学员

调查目的：1. 从攀枝花市 6 所学校的在职教师情况抽样得出师资配置不均衡；

　　　　　2. 收集各位学员在所在学校的任教情况。

问题：1. 农村教师初始学历偏低的现象严重；

　　　2. 农村教师职称评聘困难导致教师职业倦怠；

　　　3. 农村专职教师太少，教师所教学科繁杂；

　　　4. 农村学校的师生比例不合理。

·附录2·

城乡师资配置的研究与分析
——关于攀枝花市农村学校师资配置问卷调查

序号	学校	姓名	性别	年龄	教龄	第一学历	专业	现任教科目年限（填年限）										周课时	备注
								数学	语文	英语	科学	品德	计算机	音乐	美术	体育	其他		

（表标题：2014 中西部农村骨干教师"国培计划"小学数学学员任教情况调查表）

·附录3·（研究日记）

小组的形成……我花了一个晚上的时间制定了我们小组内部研究性学习步骤，并在中午与张虎、廖传文、鲜华、陈杰同学共同制定了组内纪律，复印了五份，组员人手一份，作为活动大纲。接下来选题。（2014 年 9 月 7 日）

……个人调查……然后制定活动方案，拟定个人调查内容，每人负责收集抽样的几所学校的在职教师情况数据。（2014 年 9 月 11 日）

……活动中的感想……这些天我体会到了一些平常得不到的感受。我们的组员并不只是因为这个研究性学习才聚到一起的，我们是真正的朋友，不论是学习还是生活。一开始我怀疑每个人是否都有责任心，但现在想来确实没有必要，经验往往不是衡量一个人的品质的唯一标准，虽然之前在组织其他小组成员进行活动时我往往把人想得太自私，但我觉得我们是一个真正的团队。

……尾声……国培即将结束，眼看这次小组研究性学习的任务就要完成了，我心里十分激动……在这次活动中，我学到了很多，也收获了很多。我收获了同学朋友之间最纯洁的友谊，收获了朋友之间的关心与爱护。我懂得了"团结就是力量"；我学会了如何与自己认识或不认识的人交流和相处；我也学会了如何去最好地表达自己的想法；我更学会了如何应对学习生活乃至社会上出现的困难与阻碍……（王斌）……第一次做课题，真的让我又拥有了好多好多的第一次。回首过去的两个月，除了奉献，除了收获，更让我看见了成长的足迹（王斌）

>>>学生反思<<<

在研究性学习过程中，我们遇到了很多困难，比如组员积极性不强，方案设计不合理，社会调查遇到重重阻碍，等等。但最终我们还是完成了研究，这里少不了老师的指导和成员之间的相互支持。

一开始，我们之间就研究课题的选定产生了很大的分歧，每个组员都坚持认为自己的最好，僵持不下，于是我们通过筛选的方式来选定，每个组员提出自己认为可以研究的两个课题，集中起来，通过讨论对每个问题的价值性、普遍性、深刻程度进行定位，最终选出最好的课题。

在调查中，我们又遇到了许多意料不到的问题，由于事先没有准备好，临场时就不知所措。比如未准备好应对学校不给信息的措施、问卷的问题太专业等，导致我们只能在活动中被动地应付这些问题。我们总结了教训，如在调查前必须事先预料可能发生的特殊情况，并准备好应对措施。于是第二次收集活动，我们进行得很顺利。

在设计问卷时我们就考虑了统计是否方便的问题，因此我们的问卷设计得很成功，分类设问、集中统计、综合分析，给我们带来了很大的方便。

在我们提出问题的解决方案时，我们采取的是让每个组员提出自己的方案，汇总之后进行修改。由于组员间能力的差异，完成这项步骤用了很多的时间，于是我们及时改变策略，通过分组，将能力均衡，于是很快就完成了

在研究性学习中，我们不仅培养了发现问题、分析问题、解决问题的能力，培养了与人交流、演讲与表达、分工合作、讨论问题、结合理论与实践的能力，实践过程中，我们还建立了深厚的友谊发现彼此身上的闪光点并互相学习，营造了积极向上、团结友爱、谦让、富有创造性的讨论和学习气氛，积累了宝贵的经验，发现了自身的不足，也培养了吃苦耐劳、虚心学习的精神。

专题 3

农村学校生源问题的分析及对策

——以金江中小学、攀枝花钒钛产业园区两所学校生源为例

赖忠琼[①]　曹春敏[②]　毛远英[③]　代飞[④]　刘永剑[⑤]

导师：冯德雄[⑥]

（①③金江中小学；②攀枝花市特殊教育学校；④米易县第二小学；

⑤米易县白坡彝族乡中心校；⑥成都大学）

一、研究基本概况

（一）研究背景

目前，在大力推进义务教育均衡发展和城乡一体化的背景下，我市农村中小学与城市学校之间的差距正逐步缩小，农村学校的面貌日新月异，城乡教师实现同工同酬，农村教师的工资待遇得到充分保障，农村教师的工作积极性逐步提高。但是在农村学校也存在不少的问题，诸如：农村教师的教育教学能力和水平有待提高，农村社会对教育的重视程度有待提高，农村社会"读书无用论"有所泛滥。随着"科教兴国"战略的实施，我国的农村中小学发展迅速，"普九""两免一补"等惠民政策着实让农民受益，然而农村教育结构单一，学生素质参差不齐，应试教育盛行不止，长此以往，必将影响全民素质的提高，制约国家经济的发展。我们以金江中小学、攀枝花钒钛产业园区两所学校生源为例，就农村学校生源问题进行分析，并就这一问题寻找对策。

（二）理论依据

导致农村学校学生流失原因可分为教育外部原因即学校教育以外的因素（包括家庭影响）和内部原因（学校教育自身的因素）。解决学生流失问题是一项复杂且系统的工程，既需要教育克服自身的种种弊端，也需要全社会的关注与参与，需要动员全社会的力量来解决。

（三）研究过程

家庭和学校是少年儿童成长过程中的两个最重要的场所，对少年儿童的影响最大也最为直接。家庭教育最大的优势就是家长能够真实地了解学生自然人的角色，对孩子不同阶段的

---

* "研究基本概况""选择学校教育的基本情况调查分析"完成人：赖忠琼、毛远英；"调查结论和工作建议"完成人：赖忠琼；"农村学校生源调查引发的思考"完成人：曹春敏；代飞、刘永剑完成数据检查工作。

成长经历、身体状况、心理状态等有清晰的了解。在家里，孩子会把很多不愿意在学校表现出来的情绪、习惯等表现出来，有时甚至与在校时判若两人。2007年3月我们确立了"城市普通小学关于家校合作，提高教育质量的理论与实践"课题。为进一步明确课题研究的方向，选准研究的突破口，我们本着以学生为本，深入学生家庭、学生生活实际了解学生成长环境和谐情况的目的，设计了学生调查问卷和家长调查问卷。我们对两所小学和两所中学的校长、老师和学生进行了调查。

二、选样学校教育的基本情况调查分析

（一）调查问卷的设计

本次调查问卷由学校行政、德育处和课题研究组合作设计，采用的是结构型问卷形式，从学生家庭的三个方面共设计了22道题目，其中有4道开放题，保证了问卷设计的科学性。本次调查问卷设计的三个方面分别是：学生家庭教育环境的基本情况（1~6小题），学生家庭经济收入基本状况（7~10小题），学生家庭教育方式、方法（12~22小题）。具体调查问卷略。

（二）问卷的发放和回收

本次家庭教育情况调查，我们选取金江中小学、攀枝花钒钛产业园区两所学校生源为调查对象，共发放调查问卷372份，实际回收问卷359份，占总数的96.5%，可以作为研究结论依据的有355份。

（三）问卷调查分析

1. 学生家庭教育环境

从表中我们可以看到，我校生源主要是本地农民子女以及外来进城务工农民的子女，他们中有70%以上是和父母住在一起，有6%~7%和自己父亲或母亲住在一起，有12%~16%的孩子和自己的爷爷奶奶住在一起，还有2%~4%的孩子寄住在其他人家里。学生父母的文化程度都较低，有75%的家长是高中文化程度以下，其中还有20%的家长是小学文化程度。这些家长中只有12%的有固定的工作，有10%左右的家长是父亲或者母亲有工作，高达70%的家长根本就没有固定的工作。由此可见我校学生家长的整体文化程度偏低，素质较差，他们既没有多少文化知识，也没有多少时间来陪伴孩子，更谈不上科学地管理自己的孩子。

2. 学生家庭经济年收入状况

从7~10题我们重点了解了学生家庭的经济收入情况，从上表中我们可以看到有41%的学生家庭经济年收入在10 000~20 000，有22%的学生家庭经济年收入在10 000元以下，只有10%的学生家庭经济年收入在20 000元以上，还有13%的学生家庭经济年收入居然在5 000元以下。经济收入直接影响孩子的居住环境和学习环境，父母自己建房和买房的学生有34%，

有50%的学生都是住在租借的房子里学习，从这些数据我们看到了我校学生的家庭经济状况不理想，学生家长要为生计寻找工作，维持基本的生活，实在没有多少心思放在孩子的教育管理上。

3. 学生家庭教育的方式和方法

从 12～20 小题中我们看到了由于家长的素质低带来的教育弊病，他们和孩子在一起的时间少，有31%的家长没有时间和孩子在一起，家庭教育完全是一片空白。家长和孩子们在一起时，有65%的家长更多地关注孩子的学习情况，很少有人关注孩子的学习习惯和生活习惯，关心孩子的意志品质形成的家长更是少之又少，只占了10%。他们对孩子的教育方法单一，常利用打骂和惩罚，总认为打骂的作用较大，面对如此的教育效果，家长很少和老师交流沟通，有20%的家长从来都不主动和老师联系，更不会到学校和老师讨论交流孩子的教育问题。还有69%的家长只是偶尔和老师交流孩子的教育情况。对孩子的成绩和对孩子的期望这两个问题，很多家长都说不上来，由此可见，他们对孩子的未来没有进行详细的规划，目的不明确。

在接受调查的老师、学生中，有85%的人对当前仍旧施行的应试教育强烈不满，感觉压力非常大。可以看出，应试教育制约着教师和学生步入新课程改革的轨道。应试教育的思想深深地禁锢着教师，影响教师的教学行为和学生的学习行为。然而家长和社会过分看重学生的成绩和学校的教学结果，导致县镇教育部门对学校和老师们定指标、下任务，根据期末统考、会考的成绩来对学校和老师进行考核，排名次，考得不好的学校的校长和老师会受到通报批评，影响奖金发放、评模、晋级等。在这种评价模式的影响下，老师们每天对学生进行题海战术，只求自己的学生在考试时考得高分！在笔者所在村子的小学，只要期末会考、统考的班级，不论老师学生，一概加班加点，他们大部分人早上七点半就到学校，直至晚上七点才能回到家，而学生还有作业要做，老师们还有家务，恶性循环，最终的受害者还是学生。再者，学生们每天面对的是所谓"日日清，周周清，月月清"的三清教学方法，他们每天不仅要完成应有的作业，还得为完成三清的目标，去死记硬背那些乏味的课本知识，这种情况下，学校就成了个"读死书"的场所，学生的思维能力、观察能力限于一个狭窄的范围内，得不到充分的锻炼，导致部分学生高分低能，无法适应社会的发展。

4. 学校的教育教学观念落后

农村教师普遍存在年龄偏大，知识结构老化，知识面狭窄的问题。通过了解，这几所学校的老师平均年龄在 40 岁，而超过 45 岁的有三分之一，他们对新课程的接受比较困难，旧的教学观念根深蒂固。农村中小学的教师队伍中缺少教学能手、学科带头人等优秀教师，而一些刚毕业分配来的年轻老师，在锻炼一两年后马上被较大的学校挖走，农村学校成了新教师的"练兵场"。在这种情况下，面对目前的教育改革，老师们显得力不从心。试想，这样的一支队伍承担着培养新型人才的艰巨任务，谈何容易！而为了缓解老师的压力，学校不得不聘请代课教师，然而最终结果就是教学质量无法得到提高。

5. 农村学生生活环境较差，影响教育发展

在调查中我了解到，在学生的生活环境中存在着诸多因素影响农村教育的发展。
首先，由于钒钛产业园区的建立，大量边远山区的孩子涌入园区附近的学校，学生素质

参差不齐，教师在课堂上的教学启而不发，大多使用"填鸭式"的教学方法对学生进行教育；部分农村的优秀学生流失到城市重点中小学，一些学生厌学情绪严重，甚至辍学。

其次，农村家庭教育的不到位也是一个不利因素，现在的学生大多是独生子女，在家里是"皇帝"，常以自我为中心，因而在学校里，表现得自由散漫，不遵守学校的制度，不尊重老师。有一位中学老师说道，她曾经管教一个学生时，学生不但不领情，反过来还骂老师，对这样的学生，老师们的确很头疼；

再次，村子里兴起的网吧，也是影响学生上进的不利因素。许多中小学生，一放学就扎进网吧，打游戏、聊天，连午饭都顾不上吃，急得家长到处寻人；一些染上网瘾的学生经常逃学、旷课，甚至夜不归宿，老师的说服教育不起作用，家长的话也听不进去，长此以往，只好退学回家。

三、调查结论和工作建议

（一）调查结论

实践中发现老师们最大的困惑是：家庭教育存在的缺陷给学校教育的推进带来了阻力。基于这个原因金江中小学校创建了本课题，通过本次问卷调查的统计分析，我们将当前我校学生家庭教育情况汇总如下：

（1）由于学校处于外来人口倒入区，学生家长从事的职业层次低、不稳定；家长受教育水平低，基于这些不利因素，学生在家庭中很难接受科学的、系统的家庭教育，这就需要学校根据不同家境、不同特点的孩子为家长提供有针对性、系统性的家庭教育指导菜单。但是随着孩子年龄的增长，在家庭教育中会出现不同阶段的育儿问题，这还需要教师在指导家庭教育的过程中不断地、有的放矢地为家长提供"动态菜单"式的服务。

（2）我校地处城乡结合部，外来民工子弟的孩子占63%，家境贫困的孩子比较多。因此，关注弱势群体及本地区受教育孩子的家庭教育工作是提高学校教育效能的保障，也是学校工作的一个重要方面，只有了解弱势群体原住居民家庭和外来流动人口家庭教育之需，针对不同学生，通过"个性化"家庭教育指导菜单，为其提供多元化咨询、辅导，并且使这种指导在动态生成中，有系统地不断发展和提高，使学校的家庭教育指导更有针对性，效益更明显。

（3）由于家长文化程度较低，多数家长"重智育轻德育"的家庭教育观念比较严重，家长的教育方式方法单一，学生承担着过重的学习压力，而在兴趣、特长、智力等方面却得不到应有的充分发展。同时，权威型的家庭教育方式依然存在，学生在极端教育方式的影响下，道德价值观、个性心理等方面极易受到扭曲。

因此，为了能满足每个孩子的发展需要，学校教师所提供的家庭教育指导的服务不仅是有针对性的，而且会根据孩子不同年龄、不同阶段的表现不断地、有系统地为家长提供动态生成的指导菜单，使家长的家庭教育成效明显。

（二）今后工作建议

针对以上问题，为进一步优化家庭教育环境，提高家庭教育质量，提高学生主体性道德素质，增强学校家庭教育指导工作的实效性，我们对今后工作做出以下设想：

1. 开辟多种渠道，夯实"家长学校"的管理

发挥家委会作用。根据学校"家校合作"文化建设的需要对家委会作用予以重新定位与思考，完善和改进家委会管理章程和运行机制，充分开发家长有效教育资源。利用家委会"资源开发组"，通过家长沙龙、社区资源开发、家长资源开发将学校、家长和社区的资源进行整合，发挥家委会在目前学校教育中的功能和作用，正面引导家长在培养孩子良好道德修养中的作用。同时精心挑选"家长学校"的上课教师。落实"家长学校"的上课时间。以中高段为主，举行 1～2 次，每次上课时间不少于 2 小时，并有计划、有层次地开展活动。每次课后，均安排班主任、任课老师与家长见面，交流教育子女的信息，使学校教育与家庭教育同步协调。

2. 采用"动态式"菜单，为家长提供个性化家庭指导

（1）成立家长教师会，通过"资源管理组"（提供家庭教育指导方法和程序）、"督察组"（班主任和任课教师进行家庭教育指导的反馈和改进）和"课题研究组"（班主任家庭教育课程化，形成校本教材）的三合一，学校对家长的家庭教育实行动态跟踪指导，教师根据学生不同阶段的表现不断地、有系统地改变指导内容，保证为每个家庭提供的内容是动态生成的。

（2）关注特殊学生和留守儿童的教育问题，通过学生行为习惯追踪卡中行为习惯培养的内容，教师根据不同学生的反馈资料制定个性化改进指导方法，并为其家长提供家庭教育行为改进指导菜单。

3. 建立特色班级的管理系统，为家长和老师的合作提供一定的模式

学校设立特色班级，让一部分班级的老师、家长合作，开展一系列的家庭教育和学校教育的综合性的服务活动，为班级家校合作教育提供一种研究模式。

4. 学校德育处开展丰富多彩的活动，给学生一个家校合作的活动展示空间

为了让学生和家长亲近，让师生关系和谐，学校德育处开展多彩的教育活动，活动中让家长发挥自身的感染力，教师发挥自身的指导作用，为孩子的进步搭建一个展示平台。

家庭是学生的第一所学校，也是学生一生的学校，它的教育质量直接影响着学生一生的发展。我校的"城市普通小学关于家校合作，提高教育质量的理论与实践研究"的课题的目标就是为不同家境、不同特点的孩子的家长提供有针对性的个别化指导，这种指导是动态生成，不断发展和提高的。只有真正把家庭行为习惯的培养与有目标的学校行为习惯的培养结合起来，才能有效提高学校教育的针对性和实效性。

四、农村学校生源调查引发的思考

（一）学生流失的原因

1. 外部原因

（1）农村经济发展水平的制约。农村经济整体水平低下，农民收入不高，经济原因是导致学生失学的第一因素。

（2）家庭环境的影响。家庭是社会的细胞，是学生赖以生存和依附的经济实体，是与社

会发生交换、收入、支出关系的最基本的经济单位，家庭成员（主要是家长）的教育价值观对儿童是否受教育和受多大程度教育起支配和决定作用。

（3）务工潮流的干扰。由于国家允许并鼓励个体劳动的存在和发展，特别是私营经济的发展对务工人员数量需求加大，再加上读书回报周期过长的影响及教育自身的原因，使得一些初中生甚至小学生纷纷进入务工行列。

（4）人口压力。一般农村家庭平均有2.3个孩子，家庭规模大，子女多，要同时供养几个学龄儿童，往往造成家庭经济负担过重，一般家庭难以承受，从而影响子女的入学。

2. 教育自身的原因

（1）农村教育投入不足，办学条件差。虽然国家已经加大了教育投入力度，农村学校的基础设施已有了改善，但不同地区的办学条件有所不同，如我校到现在还没有一所像样的校舍，没有一台学生电脑。

（2）应试教育的种种弊端。片面追求升学率作为一种办学倾向已偏离了我国基础教育是提高全民素质教育这一正确轨道。以学生的考试成绩来衡量该教师的工作能力并且与工资挂钩是极为不公平的。然而，在现实教育过程中，以分数论英雄的观念仍然根深蒂固。虽然"减负"工作已经有了很大的进步，但现实中小学生的作业量仍有待减轻。

（3）单一的课程体系。目前，大多中小学校的课程设置多以升学为主要目标，因此课程缺乏多样性、灵活性和实用性。

生源流失问题不仅造成了本来就十分有限的教育资源的极大浪费，而且还严重影响了我国教育发展战略目标的实现，阻滞了社会现代化的进程，因此我们必须采取有力措施尽快解决这一问题。

（二）解决学生流失问题的对策

1. 坚持科教兴国战略

人类社会进入"地球村"时代后，国与国、地区与地区之间的距离拉近了，各种竞争变成了面对面的军事竞争、经济竞争、科技竞争、教育竞争……各类竞争的实质是综合国力的竞争，从根本上说，就是教育的竞争。联合国教科文组织发表的《世界科学报告》指出，发达国家与发展中国家的差距是"知识差距"。强大的科技实力是国家经济发展的重要保证，而强大的经济实力是以深厚的教育积累为基础的。作为一个农业大国，提高农村基础教育的整体水平是实现科教兴国的重中之重。实践证明教育积累是以教育投入为基础，投入越多，回报就越丰厚；反之则越少。

2. 加大农村教育投入力度，改善办学条件

我国普及农村基础教育中遇到的最大困难，就是教育经费严重不足，教育经费的分配结构不尽合理。近几年来国家加大了投入力度，但我国部分农村地区的基础教育设施仍有待进一步完善。

3. 重点关注农村欠发达地区和弱势人群

教育发展具有不平衡性，这是一个客观存在的现实，就地区而言，西部比东部、中部严

重；就城乡而言，农村比城镇严重；所以要实行倾斜政策，向不发达的农村倾斜，同时向弱势人群倾斜，向女童倾斜。所以，宣传、贯彻《中华人民共和国义务教育法》，破除旧的传统习俗；优化社会环境，综合治理；家长培训，双向交流，优化家庭环境；实行倾斜政策，为适龄学童提供经济补助的确是有益的做法。

4. 提高认识，依法治教

（1）提高全体农民对义务教育的认识。义务教育是国家用法律形式规定对一定年龄儿童实施的某种程度的学校教育。义务教育具有强制性和灵活性，由于义务教育不同于以往的教育，其义务性和强迫性是以往的教育所没有的，因此在农村要加强人们对其认识和理解的宣传教育。

（2）依法治教。义务教育是建立在法律基础上的强迫教育。事实说明，仅仅依靠说服教育是难以保证义务教育的实施的。因此，在义务教育过程中，必须善于运用法律的手段来保障义务教育的实施。我国自 1986 年颁布了《义务教育法实施细则》，并且各地区也颁布了相应的实施细则。应该说，从立法角度看，我们的义务教育立法体系还是比较完整的。但在实施过程中，有法不依、违法不究的现象时有出现。因此，强化法制观念，加强执法，严格杜绝有法不依、执法不严、违法不究的现象是社会各界有识之士义不容辞的责任与义务。

5. 大力推广素质教育

（1）继续加大推广素质教育的力度。素质教育是以培养提高全体公民基本素质为根本目的的教育体制或教学模式，是属于全面发展教育和个性教育和谐统一的现代教育的范畴。素质教育是一种以遵循人的身心发展规律为前提、主张全面发展的教育，追求教育的长期效益，不片面追求升学率，而且具有实践性。

（2）从根本上治理"片追"现象，大幅度地提高初中升学率。比如改革或取消小学升初中的考试，尽管这项工作还有不尽如人意之处，但有调查显示，这一举措对于调动初中和小学办学的积极性，促使各级教育行政部门及学校端正办学思想，克服片面追求升学率的倾向，全面提高农村基础教育质量都起了积极的作用。

（3）深化教育改革，改革单一的课程体系。减轻学生负担，课程是教育体制或教育模式的核心，任何一种教育思想、目标的实现，都必须通过相应的教育体系。因此，农村教育体系要由应试教育走向素质教育，就必须对在应试教育模式下形成的单一的课程体系进行调整和改革。我校从 2009 年 12 月开始办起了"乱弹"兴趣班，受到社会各界好评，学生也陆续回来了。

6. 动员全社会力量

学生流失问题不仅仅是教育问题，从某种程度上讲它是影响面极宽的社会问题。应当加大对农村基础教育中的失学问题的宣传力度，以唤起全社会的危机感、使命感，使其得到全社会更广泛的关注，从而为流失学生提供良好的社会条件。

参考文献

[1] 马治国. 农村学校管理改进方案：基于"农村学校生源流失的原因及对策"问题的思考[J].

新一代：下半月，2014（1）.

[2] 史南城. 农村薄弱学校生源流失的原因、危害及其对策[J]. 小学教学研究，2012（3）.

[3] 孙云晓，张梅玲.儿童教育就是培养好习惯[M]. 北京：北京出版社，2004.

[4] 马克银. 小学生倾听习惯及培养[J]. 新课程研究：基础教育，2007（6）.

[5] 关旸，冯凯. 关于"指导学生倾听"的几点想法[J]. 教育教学论坛，2012（26）.

[6] 孙云晓. 习惯决定孩子的命运[M]. 北京：新世纪出版社，2008.

专题 4

成都、攀枝花小学学校管理理念与模式差异分析

简连付[①]　罗登发[②]　唐小红[③]　杨开付[④]　杨 晋[⑤]
导师：方 红[⑥]
（① 盐边县城第一小学；② 盐边县桐子林镇中心校；③ 盐边县渔门小学；
④ 盐边县共和乡中小学校；⑤ 盐边县国胜小学；⑥ 成都大学）

一、研究概况

（一）研究背景

在经济高速发展，社会对基础教育寄予了更多期望的年代，人们在创造社会财富的同时，既享受着现代社会发展带来的幸福生活，也难免受到社会中一些不良风气的侵蚀和物质的诱惑。社会在高速转型中的各种社会压力也通过构成社会的细胞 ——家庭而传递到学校来，主要表现为：

1. 学校管理面临升学压力大

社会各界对小学的期望很高，小学是基础教育的重要起始阶段，担负培养小学生全面发展之重任。然而，重压之下，学校受到各级管理部门的升学考核指标的约束，需要面对学校考试、区域的调研考试和其他一些排名考试，使得学校管理层面临着巨大的升学考核压力。

2. 社会转型、经济发展冲击着教师职业信仰和道德底线

在教师队伍中，一些人难免受到享乐主义、拜金主义风气影响，导致教师为人师表的崇高理念受到挑战，教师甘于奉献的职业操守受到冲击，出现了一些不良的表现：个别教师思想政治观念淡薄，理想信念弱化。有的教师信奉"理想理想，有钱就想，前途前途，有钱就图"，把金钱利益作为自己的理想追求，在物质诱惑面前失去了信念。还有少数教师为人师表意识淡薄，行为规范不严。少数教师言行不慎，在课堂上或公共场所发表一些不利于学生健康成长的言论；有的教师不注意仪表，穿着随便，举止粗俗，满口脏话，行为放纵，为师不尊；有的教师上课自由散漫，讲课随心所欲，动不动发牢骚、讲怪话；有的教师缺乏自尊自爱，思想消极颓废，沉溺于社会上一些低俗之风不能自拔。也还有少数教师理论知识不深，实践经验欠缺。有的教师缺乏进取精神，不注重获取新知识，不钻研业务，不深入实践，精力投入不足，只满足于一般工作，得过且过，

甚至不安心本职工作。

3. 学生思想行为、学习动力受到家庭与社会多重影响

在社会快速发展转型的时代，家庭的期望直接寄托在孩子身上。小学生尚处于发育成长的阶段，世界观尚未完全形成，却承载着父母和其他家庭成员的巨大期望，受到学校升学排位的成绩压力，也难免受到其他同学的影响。

上述这些现象变化，对小学学校的管理和发展提出新的要求和挑战，学校的管理如何适应当前社会转型与发展，如何提升学校的办学质量，成为学校、家长和全社会共同关注的问题，同时也是我们提出研究学校管理模式地区差异分析课题的研究背景。

（二）课题提出

上述提到的研究背景变化，给小学学校如何提高学校管理水平，如何规范学校办学行为和教师教育教学行为，如何通过提升学校管理理念和改进优化学校的管理模式，提出了现实而紧迫的问题研究。为此，我们来自攀枝花地区学校的一线教师，利用 2014 年四川省农村小学骨干教师国培项目的宝贵时机，在完成国培学习的同时，有机会到成都市城区一些重点小学进行影子跟岗，亲身感受这类学校的管理模式和管理制度的实施，亲自体验这些学校校园文化对学校建设发展的影响，对比我们自己所在的攀枝花地区小学学校，就有了切身的感受和理解，这就是我们开展课题研究的内容范围和研究基础。

（三）研究意义和研究方法

通过本课题研究，我们期望能够有效帮助攀枝花地区学校弄清发展中存在的问题，找到与先进地区和学校之间的差距，通过对学校的管理理念和模式的更新，有效促进教师专业水平的提升，促进学生素质的全面发展，促进学校的可持续发展。通过开展课题研究，认真梳理成都市和攀枝花地区小学的"学校管理理念与模式差异分析"，有利于认清学校管理模式与管理理念发展的深层问题，找到学校管理发展的方向，从而对有效促进攀枝花地区的学校管理模式与管理理念更新提供有益参考与建议。

我们的研究主要采用文献法、个案对比法和抽样调查法。

（四）研究预期成果

通过本课题研究，预期将形成关于成都与攀枝花两市小学学校在管理理念、管理模式之间的差异分析，找出有关：

学校管理理念、管理模式与教师专业发展关系的影响因素；

学校管理理念、管理模式与学生素质全面发展的影响因素；

学校管理理念、管理模式与学校办学效益与可持续发展的影响因素。

从而形成本课题研究论文，给出有效帮助攀枝花地区学校改进学校管理理念、管理模式的建议，以及如何改进学校管理理念和管理模式的操作措施。

二、管理理念、管理模式对教师发展的影响分析

（一）学校管理理念与模式影响着教师的敬业精神

"以人为本"的教师观的学校管理理念和模式将有效激发教师敬业精神。教师的敬业精神是教师工作的原动力，良好的教师敬业精神将有效促进学校教育的发展，促进学生的发展，受益于学生，受益于社会。教育家朱熹认为："敬业者，专心致志事其业"。教师的敬业精神是教师爱业、勤业、乐业、精业、创业的总和。然而，要使教师们"爱业、勤业、乐业、精业、创业"内因在教师本人，外因在于学校的管理理念和管理模式。通过对攀枝花地区的部分小学调查发现，不少教师看不到自我发展的希望和自我实现的希望，感觉不到教育工作的成就感和幸福感。主要原因在其本人，次要原因在管理者。通过调查我们发现：百分之九十的学校在开学前的动员会上学习的是学校的各项制度，安排各项工作，有的甚至公布教师绩效考核的奖金，或将上期个别教师在工作中的不足也放在了会上喋喋不休，而忽略激发教师职业情感的培育。在攀枝花地区，尤其是农村地区，这应该是新教师来校的第一堂课，是其对这一学校的第一印象，更是对教育工作的第一直观感受。这样的管理模式，这样的会，给新教师留下的印象是：教育就是框架，教育就是金钱，教育就是责备，就没看到教育是一种职业，一种信念，一项事业。在内因"不思进取"和外因"没有及时给予职业情操的培养"及周边不良同事三者的共同作用下，产生职业懈怠和倦怠不是不可能的事。久而久之，教育就可能成为新教师谋生的手段，甚至他会成为一名"撞钟和尚"式的教师。

对比我们在国培影子跟岗阶段实践学校之一——成都市双林小学，这是一所以"为人德馨、为学才馨"为校训的学校，其德馨即品德高尚，含情真、意善、心美等内涵；其才馨即才能出众，指智体、行知、科艺、文武等方面能力出类拔萃。双林小学实施"双馨教育"，培育"双馨"学子，实现"双馨"教师的同步发展。在全国范围内率先试行"班主任准入制"，"让最好的老师当班主任，让班主任成为最好的老师"，使得班主任岗位成为教师专业化发展的绿色通道。学校聚集师资力量开发特色课程，并为孩子搭建了"全国领先、西部一流"的双馨科技馆，开发"好玩"课程，为孩子搭建"全国领先、西部一流"的双馨科技馆，占地1 000余平方米，打造了以民族音乐欣赏和科创体验为特色支柱的"双馨教育课程体系"，提出了"六年双林积淀，让优秀成为习惯"的课程建设目标，从而培养活泼、灵动并具有现代素养的"双馨"学子。学校的民乐、科创等特色教育，在国际国内屡获好评的同时，也极大地满足了孩子个性发展的需求，已成为学校的金色名片。"全国艺术花学校""成都市最美校园"等殊荣的获得，使双林小学日渐领跑成都市成华教育，成为影响成都教育的示范教育先进单位。从该校的校训可以清楚体会到该校的办学理念与管理模式，"德馨"二字给了全体师生足够的发展空间，体现着管理者以人为本的思想理念，成都市双林小学的管理理念与管理模式给我们来自攀枝花一线教师以深刻印象和触动。

（二）学校管理理念与模式关系着教师的专业发展

"以人为本"的教师观的学校管理理念和模式，就是学校在管理过程中以教师为出发点和中心，围绕着激发和调动教师工作的主动性、积极性、创造性展开的管理，以实现教师个人与学校教育教学共同发展，教师个人与学生共同发展的一系列管理活动。"以人为本"的教师

观，学校的管理者和教师是共同进步的朋友，教师和学生是一起学习的伙伴，教师和管理者在此过程收获的是成就感和愉悦，学生在学习中收获了知识，看到了希望。以人为本，让教师感到的是教有所为。这将充分激发教师工作的原动力，使之不断去学习，不断去反思，自觉形成"爱业、勤业、乐业、精业、创业"的品质。然而，学校如果仅仅是为了完成教学任务，应付升学率，而忽略学校的长期发展，疏于有效管理，或者沿用简单僵硬的管理模式，势必影响着广大教师的心理行为，抑制着教师为教育付出的崇高使命感和责任感，就会使教师产生职业倦怠感，为此，我们对本次国培学员中43所学校的教师进行了抽样调查，发现百分之百的教师在刚参加工作时信心百倍，干劲十足，但工作一段时间后就会产生职业懈怠，部分教师在工作三至五年后便会产生职业倦怠，个别教师甚至在工作不到一年就有职业倦怠感。究其原因是多方面的，但教师无法看到自我发展希望，感觉不到教育的工作的成就感和幸福感，是导致教师产生职业倦怠的一个重要原因。

对比我们在成都市影子跟岗的几所学校，由于学校将教师们视为学校发展的核心力量，把"学生是流动的，教师是稳定的"的学校常态理解为"铁打的营盘，流水的兵"，就有了给各个年龄阶段的教师制定的职业规划，以及对其的职业关怀，特别是青年教师有各种具体成长规划，有专门的名师引导，有各种成长的平台，使得广大青年教师不是简单地将每天教书育人作为职业，而是理解为自己毕生的事业，学校发展，学生成才，教师就会有职业成就感和归属感，形成了爱岗敬业、快乐工作的良好精神面貌和工作热情，并且转化为工作的动力，教师自身的发展与学校的发展密不可分。

综上我们认为，学校的管理理念和模式与教师个人专业发展和成长有着密切的关系。

（三）学校管理理念与模式关系着学校对教师的综合评价

教师评价，是指通过教师素质以及教师在教育教学工作中的行为表现状况的测量，评价教师的素质和教育教学效果，为进一步提高教师的素质水平和教育教学效果提供切实可行的建议。现代的科学的教师评价观认为，教师评价的最终目的是为了发展教师即为教师素质的提高和教育教学工作的改进。奖励和处罚教师，不是教师评价的根本目的，甚至也不是主要目的。在教师评价中，强调通过评价促进教师发展的目标，这是发展性教师评价的根本宗旨。科学的教师评价能够帮助教师发现其以往工作中存在的问题，找出其业务素质和业务水平上的薄弱之处，并在分析原因的基础上，总结成功的经验和失败的教训，提出新的促进专业发展的意见和建议，以促进逐步提高自身素质和业务水平，推动教师改进教学、提高教育教学质量。

为了实现对教师的有效管理，学校领导必须充分掌握每个教师的情况，包括教师的基本素质和专业素质，教师在教育教学过程中的行为表现，以及教育教学的实际效果等。只有这样，校长才能制定出适合本校实际的教师队伍建设目标和学校教师发展策略，才能对教师因人指导和因人要求，以实现学校教师队伍的整体发展。因此，教师评价是帮助校长实现学校管理目标的重要手段。学校的对老师评价应该是多元的，应该把过程评价和结果评价相结合，在过程评价中帮助教师改进教学方法，找出教师业务能力的不足。在结果评价中帮助教师总结经验，查找不足。上级评价、学生评价和家长评价相结合，这样方能显示评价的客观性和真实性，从而评价就是教师自我完善和自我发展的过程。通过这次调查我们发现攀枝花部分学校的管理者在每周例会上学习上级文件时，连自己都尚未领会文件精神，只能照本宣科；

有的总结近期工作时批评多表扬少，甚至把个人情绪带到会上。久而久之，让教师们感到自己做了工作与没做工作得到的都是领导的责骂。教师们感觉不到工作的幸福感，导致教师们工作责任心不强，甚至对教育工作产生厌倦。经调查学员们发现，他们大都有这样的认识：制度墙上贴，遵守靠自觉，信念要激发，职业精神最重要，谁都应该为自己的错误买单，人都会为自己的过失而内疚。而要让教师们有这样的觉悟，靠的是管理者的理念、模式和智慧。教师的敬业精神不是"压"出来的，而是"激发"出来的。有职业操守的教师可以丢弃金钱，但绝不放弃脸面。没有职业情感的教师眼里只有金钱。智慧的领导让教师们弃金钱顾颜面，愚昧的领导带出的教师为了年终绩效而忙碌。

我们在影子跟岗期间，看到双林小学、茶店子小学、电子科大附小等学校，学校对教师的评价正面的多、鼓励的多、引导的多。工作时间较长的中老年教师有着强烈的自豪感和归属感，认为自己的成长是和学校的成长一起的，自己所获得的荣誉和学校密不可分；青年教师认为学校能够给自己发展提供平台和机会，校园文化给自己带来愉悦，学校的各种奖励措施给自己发展以不断激励，学校领导对年轻教师每一个进步都予以充分的肯定，对成长的困惑给予及时的指导和帮助，所以青年教师呈现的精神面貌是积极的，充满阳光的，这种充满正能量的心态又有效地反作用在对学生的培养中，形成良性的互动。我们在跟岗过程中也深深地感受到这种精神面貌。双林小学曹秦蓉校长经常说这样一句话："学校中教师是铁打的营盘，学生是流水的兵。"一个学校要培养优秀的学生，就应当有一支优秀的教师队伍，教师的职业特征决定着每一个教师都十分看重学生、领导和同事对自己的评价，所以学校管理理念的不同，对教师职业的评价导向不同，对教师的人文关怀体现不同，将直接影响教师队伍的建设，从而影响学校的可持续发展。双林小学凭借自身独有的"缩短青年教师成才周期"战略，短短二十余年，先后涌现出60余名国家级和省市区名师，30多位管理骨干。学校现有特级校长1名，特级教师3名，全国优秀班主任4名，省、市、区名优骨干教师占全校70%以上，是成都市"校长培训基地"、成华区"人才开发实验单位"，被业界誉为"成都教育名师的摇篮""成华教育的黄埔军校"。

三、管理理念和模式对学生全面发展的影响分析

（一）学校管理理念与模式影响着学生学习能力的培养

学校的管理是通过教师的管理直接影响学生的过程，其最终目的是为使学生成为人格健康、品德高尚、全面发展的社会主义事业的建设者和接班人服务。一所学校的管理理念和管理模式直接决定着学校办学方向，直接影响着培养什么样的人的问题。基础教育阶段的学生处于身心发展的关键时期，是学生形成正确人生观、价值观、道德观的关键时期，学校的管理理念和管理模式从各个方面直接或间接地影响着学生的全面发展。

我们在双林小学、建设路小学、成华实验小学、电子科大附小、茶店子小学等看到的是孩子们充满自信的笑脸，即或是偶尔迟到进教室，或者"犯了"一些小错误，也全然没有惧怕老师批评，担心同学嘲笑的表情，这种现象在攀枝花地区的小学是很难看到的，小学生们在学校很少有灿烂的笑脸，因为老师很少有，很多时候都被各种管理指标和区域学校考核评比弄得压力重重，老师一天身心疲惫，学生怎么能够露出笑脸？孩子特有的创造天性被逐渐

地压抑或磨掉了，这使得我们国培学员深感震撼，值得我们反思，促使我们思考如何改进现状，如何让我们学校的学生真正"解放"出来，快乐地学习，快乐地成长。

（二）学校管理理念与模式影响着学生心理健康的发展

树立"以人为本"的学生观，构建服务型的学校管理理念和模式有利于培养向上、向善，人格健全、品德高尚的社会主义建设者和接班人。以人为本的学生观就是，一切从学生实际出发，全面推进素质教育，培养德、智、体全面发展的建设者和接班人。学校管理中的"以人为本"的管理理念，就是要求管理者要充分重视在学校管理中人的因素，使学校中的师生们发挥主动性和创造性，在工作过程中有着良好的情感体验的同时，获得自身全面的发展，从而为培养学生健全的人格和健康的心理打基础。

（三）学校管理理念与模式影响着学生学业成绩的评价

"以人为本"的学生观的管理理念和管理模式，就是以学生为中心，努力调动学生学习积极性，促进学生全面发展。教学管理模式的建立应该立足于素质教育和新课改的要求，发展学生综合素质，保证学生性格、品德、心理的正常发展。学校的不同的管理理念和模式会导致教师对学生评价的差异，有时教师不当评价会挫败学生学习的积极性，甚至影响学生健全人格的形成。建立科学、全面的教学管理模式，不能仅局限在课堂教学方面，还要着眼于课堂之外教学活动的评价方面。

四、学校管理理念和模式对学校发展的影响分析

一所蓬勃发展、具有生机的学校，必先有先进的管理理念和先进的管理模式。团队成员的个人发展目标与团队的发展目标是一致的，教师们的敬业精神和工作的自觉性、主动性将自觉地服务于、服从于学校团队共同发展目标。对于个人的得失，在团队目标面前自然而然就显得微不足道了。学生在这样的环境中幸福快乐地成长，教师在学生发展中收获学生成功的喜悦。

例如，电子科大实验附小在学校管理模式方面独具特色，学校倡导"师生人人当干部"，走管理重心下移之路，培育服务、关爱文化，充分发挥师生参与管理的积极性和主动性，注重培养学生自治能力。在班级模式改革方面，学校打破传统的班级界限，实施"定班"与"走班"相结合的管理模式，将部分"选课权"还给学生，改变学生学习状态，努力让学生实现由"要我学"向"我要学"转变，促进学生个性化成长。

又例如，茶店子小学以"超越教化、润泽无痕"为核心办学理念，以"敬人教育"来指引学校工作。学校校训：敬人者，人恒敬之；在"敬人教育"的指引下，以教育智慧和人文情怀，唤起心灵的觉醒，开启师生生命的潜能。努力去实现"谦逊有礼，灵动聪慧，健劲美，阳光大气"的育人目标和"宁静儒雅，慧心仁爱，动感个性"的教师发展走向。该校实施项目制管理，通过项目制和中层干部项目员制调动教师积极性，激发教师潜能，实现学校可持续发展，目前"教育科研""敬人课堂""科技体育""阳光体育""校园电视台"等项目已经形成鲜明特色。

通过我们对影子跟岗的几所学校的分析归纳，得出的结论是：一所先进学校的管理者在

管理理念上至少应当具有两个意识，即服务意识与民主决策意识；实践三个引领，即人格魅力引领、教学业务引领和人文情怀引领。

（一）为师生服务的服务意识

不同的学校管理理念造就学校不同的管理模式。管理是一种服务，在这种服务的意识下学校这个团队会朝着积极向上、乐观健康、爱岗敬业的方向发展。教师在这样的环境中工作心情是舒畅、愉悦的，工作充满干劲。教师会为自己工作中的失误和不足感到内疚，会为自己的教学工作的成功感到幸福，会为自己教学的不足而反思，并主动地去学习，以提高自己的教育教学技能。教师会将自己的精力尽可能地投入到教育教学工作中，把教育看成是自己的事业。

传统的学校管理理念和模式，我们可以将学校校长定位于组织管理者、教学领导者、人际关系的促进者、冲突调解者和变革代理人等种种角色，而具有服务意识的校长固然不能排除这几种角色，但是"从服务于他人"这一维度来说，只有将其定位为服务者才能最为准确地表达出服务型校长的内涵。服务型校长首先将自己定位在一个学校服务者的角色，而不是管制型校长学校管理者的定位。当然，这也不是说服务型校长就不需要管理。服务型校长的服务者定位，要求校长要把自己的领导活动看作是为学校这个共同体的成员服务，服务于学校师生才是其领导的出发点和最终落脚点，通过服务进行管理，管理就是服务，而不能过于注重自己所谓的领导风格和领导类型。而强烈的、出自内心的服务动机是成为一个服务型校长的先决条件。服务型校长的服务动机是出于一种责任或义务，即"美好的东西使人们去做"。他们对学校怀有深厚的依恋，从内心深处喜欢在学校中从事的工作，并且能够从工作本身找到乐趣、归属感和成就感。对于他们而言，服务于学校其他成员的成长，实现学校共同体共有的价值观、理想和理念是自身不可推卸的责任，他们有义务服务于这个目标。

学校的管理服务于教师，将促进团队的和谐发展。在这一管理过程中，领导与同事之间是互相关爱和尊重的朋友，同事与同事之间是互相帮助和合作的亲密伙伴。在这种环境中工作，团队成员们的心情是愉悦的，工作是积极的，生活是幸福的。

学校的管理服务于学生，就是一切以学生为中心，从学生的实际出发，让学校的一切人力和物力都服务于、服从于这个"中心"，学生在这种和谐愉悦的环境中学习，就是在轻松而快乐地获取知识、发展能力，教师会竭尽全力地去激发学生的各方面潜能，促进学生的全面发展。

管理的引领作用，在于管理人员以博大的胸怀去包容团队成员所出现的失误和过错，并及时给予帮助，纠正他们错误的思想和教育教学方法。这种引领是让有失误和错误的团队成员经历认识错误、改正错误、达成共识的过程。管理的引领作用，绝不是简单粗暴的处理或处分，更不是压制、打压，而是给予关怀和帮助，给予希望，以实现个人与团队的共同协调发展为目的。让团队成员生活在希望中，看到自己有希望发展，最终促进学校的发展，学生的发展。

（二）谋划学校发展的民主决策意识

学校要发展，必须集中全体师生的智慧。重大发展决策必须经过充分调研，而不是仅仅是简单无条件执行上级指派的任务，这就需要学校管理者具有民主决策的意识，校长及其领导集体必须以学校发展的核心价值观和组织的共同愿景作思想保证。在共同体成员理解并内化了价值观和共同愿景后，赋予了个体更多的权力。这种权力和学校的共同愿景结合，具有目的感，使个体被赋予的权力和能力成为一种道德责任与义务，只要学校成员所作的决定符合学校共享的价值，那么他们就可以自由作决定，并承担相应的责任，使其能全力对学校共同体的愿景做出最大的贡献。学校管理者还必须以专业权威和道德权威为基础，在管理行为中表现出来的专业影响力和道德感染力是树立其威信的可靠来源。具有服务理念的校长关注团队的核心价值观，发展组织的共同愿景，团队成员也会因校长的感染对这个团队的价值观做出积极的反应。具有服务理念的校长在管理中主要通过自己的表率起示范作用，并采取必要的奖励来激励团队成员围绕组织的目标展开工作和学习。在这样的环境下校长使用说服手段，而不是强制他人接受自己的意见，也不必对团队成员的工作进行严格的监控或进行强制的行政命令。而传统的控制型校长更倾向于简单地利用职位的权力和制度的威严来达到目的，他更看重于直接监控的效力，希望学校中所发生的一切均在他的监控之下，并据此随时发出直接指令。

（三）学校校长的人格魅力引领

校长的一言一行对教师的影响很大。广大一线教师的眼睛都是雪亮的，有些校长没有以身作则，随意性很强，如可以迟到早退；有些校长在校园里吸烟，还有的校长亲此疏彼（如果是"自己人"，可以睁一只眼闭一只眼），反之，一查到底，总之办事不公，甚至有些校长不能抵挡各种诱惑，等等。作为校长应该以身作则，行事公正，以自己的良好形象感化教育教师们。

俗话说得好，"上梁不正下梁歪"。"其身正，不令而行，其身不正，虽令不从。"如果校长不能处事公正、以身作则，又谈何对学校、对老师进行引领呢？

管理成为一种引领就是要求领导者以身作则、公正严明、严于律己、洁身自好、做全校师生的楷模，并且把服务的理念贯彻到每个角落。管理不仅仅是一种模式，更是一种服务，一种理念，一种帮助，我相信通过这样的熏陶，很多人都会获益匪浅，更好地发挥，提高整体水平，促进孩子们健康快乐地成长。同时也只有这样，才能在教师面前树立威信，在各方面发挥模范带头作用，从而充分调动老师的工作热情、促进学校和谐可持续的发展。能办一所让家长放心、人民满意的学校是件不容易的事，所以，作为教育者的我们要更加用心去学习去提高。而管理者应该以先进管理理念和管理模式去做好每个细节。

（四）学校校长教学业务引领

管理理念和管理模式对教学业务的引领是非常关键的，科学的管理理念和管理模式能对教学业务起到促进作用，甚至事半功倍。如今，社会和家长越来越重视教育质量。在现实中，不少校长对学校的教学质量抓得很严，盯得很紧，经常去听教师们的课，并在课后挑出许多不足，甚至不经调查了解就开始批评一通，在他们的眼里只看到教师的不足，有时好像在鸡蛋里面挑骨头。久而久之，教师们对教育教学工作就产生了厌倦，对校长敬而远之，让沟通成了遥不可及的事情，这样何谈帮助呢？

一般来说，在教学业务上，校长应该比一般老师技高一筹。很多校长曾经都是学校的教学骨干，但是，自从当上校长之后，许多人就不站在教学第一线了。其实校长真的不能脱离教学一线，不仅要与一线老师并肩作战，更要了解一线老师的苦衷，提出合理性的教学意见，帮助教师改进不足，使教师真正得到发展，感受到领导的关怀。

通过跟岗阶段对曹秦蓉、康友邦、林文漪等成都市优秀校长的接触和访谈，我们对优秀校长有了直观感性的认识。他们不仅是教学业务的骨干，特级教师出身，而且具有培养年轻教师和干部的专业引领的经验，非常值得我们攀枝花地区的学校校长去跟岗学习。

（五）学校校长人文情怀引领

校长自身具有的人文情怀对于学校管理措施实施中的刚性与柔性有机结合，对于学校校园文化建设与内涵发展都极具意义，一个优秀的校长，一定具有宽阔的胸怀，良好的人文意识和精神，在日常工作中，在和学校师生朝夕相处的日子中，会对学校的师生形成无声的引领和示范。具有人文情怀素养的校长，对团队的发展具有号召力，也具有亲和力，这样的校长会为了共同体中每一位成员的成长而努力，致力于唤醒个体的自我意识，致力于发展成员的价值观和挖掘其内在价值，这样的校长将成为学校发展中的核心和中坚力量，也是师生心底的依靠。

想要拥有好的教师、好的团队、好的氛围，是离不开管理理念与模式的指导与帮助的，一所学校校风、学风的好坏，取决于该校校长的管理理念与模式是否先进。推动该学校全面可持续发展的关键在于校长要有高超的情商和先进的办学理念与模式，并能把自己先进的办学理念转化为全校师生的共同认知且付诸实践的行动。校长要经常用自己先进的办学理念与模式去影响全校教师的教育思想和工作状态，以此引领学校全面和谐可持续发展。同时要做到服务于人，帮助于人，关爱于人。

附录：本专题的相关研究成果

农村学校的管理实践思考

唐小红
（攀枝花市盐边县渔门小学）

摘　要　农村小学和城镇小学在师资力量、学校办学历史、学生学习的家庭支持以及学习资源环境等方面存在较大差距，作为农村小学校长，采用怎样的管理思路和策略，克服诸多不利影响，最大限度发掘农村小学自身特点与优势，是办好农村小学，使其发挥小学培养人的功能的决定性因素。本文拟就农村小学的有效管理，结合本次国培感悟和工作实践，提出有关的农村学校的管理实践思考，供本地区各类学校领导和同事们参考，并敬请斧正。

关键词　农村学校；管理实践；引领；帮助；人文关怀

目前，随着国家新课程改革的不断深入发展以及现代学校制度逐步落实，教育改革的重心必然会由城区向农村学校拓展，由城区学校带动农村学校，同时要促进农村学校教育的均衡化发展，全面提高农村学校的教育教学质量，这就促使农村学校不能安于现状，必须要在学校各个层面实施改革和创新。因此，在学校的管理方面，对农村学校的校长提出了更高、更严的管理要求，使其掌握先进的学校管理理念，敢于改变传统观念的束缚，大胆去尝试创新管理机制，能主动担负起学校的各项职责，才能带领全体教职员工推动学校高效、快速、健康地发展。结合九年来的工作经验，浅谈一下自己在农村学校管理上的一些见解与大家共同分享：

一、学校管理理念和模式对师生发展的影响

"思想有多远，路就能走多远"。认识决定发展的前瞻性，有什么样的理念就可能有什么样的教育。一个校长留给学校最重要的两样东西是：培养一支优秀的教师队伍和培养一种好的校园文化。俗话说："火车跑得快，全靠车头带"，在决策的执行中，校长和学校中层以上领导是全体师生行动的楷模。工作布置不相互推诿，遇到难题总是群策群力，尊重教职工，平等待人，集思广益。并且学校领导应能够带头进入一线上课，更多地了解师生的实际需求和学校的实际发展状况，才能更好地推动学校的快速发展。例如：在跟岗的双林小学，学校领导班子都在一线坚持上课，并且有的领导还担任了两个班的语文或数学科目教学任务，这在科研上也起到了带头引领示范的作用。而在很多的乡村学校，领导班子成员并不担任重要学科的教学工作。如我所在的农村学校，除了校长外，还有两个副校长、总务主任、德育主任等重要领导都不承担重要学科的教学工作。

一所学校的领导班子，既是教师的贴心人，更是教师的表率，要求老师们做到的，班子成员更应做好，没有要求老师们做的，班子成员也应主动做好表率示范作用。班子成员要有先于别人的想法，要有敢为人先的决策，同时还要有敢于承担责任的胸怀，应坚决杜绝事不关己、高高挂起的作风。学校是校长、教师和学生们共同生活、学习、成长的家园，无论是校长发展，还是教师发展，抑或是学生发展，都应以学校为基本阵地。通过先进办学理念的引领，构建出自己的办学目标、办学模式，形成自己独特的办学特色和学校文化，更好地为学校师生、当地群众服好务，健康引领学校做到可持续发展。

二、学校管理理念和模式与学校发展的关系

1. 学校管理注重抓实抓好教育教学中心工作

教学工作既是学校的生命线，又是学校的中心工作。学校必须坚持各项工作都要以教育教学为中心的指导思想，引导要求学校各部门工作都要为教育教学工作服好务。在此基础上，在教育教学过程中，做到从学生实际情况出发研究问题、处理问题、解决问题，并结合学校实际情况提出"事事有人做，事事抓落实"的总体工作思路，推进学校精细化管理，重点通过领导班子的细致分工，理顺学校的工作关系，建设带动好学校领导班子，加强学校团队的建设，统筹安排好学校各项教育教学工作，让每一项工作都切实落到实处，让每一项工作都能得到扎实开展。

2. 学校管理理念和模式制约着学校的发展

农村学校的管理者在一起谈论工作的时候,特别是教师会上经常会对某个老师或班主任进行评价,优秀的教师自不必说,但更多的时候,从管理者言谈中流露出来的是某个班主任工作不扎实、管理水平不佳、教学效率不优等,或是某个老师工作纪律涣散、同事关系紧张、工作作风松散等。很明显,在管理者的眼中,后面这类教师是问题教师,是阻碍工作开展的教师,是影响学校发展的教师。这类教师不是管理者喜欢的教师。我则想探索这类教师形成的规律,更准确地说,这类教师的形成与管理者有没有一定的关系呢? 我想,其中肯定有一定的因果使然。

没有哪个教师天生想成为问题教师! 当问题教师的问题得不到及时的发现和有效解决的时候,问题便会越积越多,越变越大,越来越严重。

问题教师"问题"的发现和解决人是谁? 不是教师本人,而是学校管理者。问题教师很难意识到自身问题的存在,甚至还会为自身存在的一些问题而沾沾自喜,如果管理者不及时去帮助他们发现问题和解决问题,或者帮助的方法不对,问题就会真的来临。比如:在一所农村学校,经常会听到领导批评某某老师的教学水平差,或者教学成绩不理想。但很少有领导主动帮助老师找出问题和解决问题,一味地批评只会导致领导与老师之间的间隙越来越深。

在某农村学校,有一次校长带着县教育局领导听完一个彝族老师的课,当着全校的老师说这位老师的课上得一塌糊涂,一点优点也没有。严重打击了这位老师的自尊心,使得这位老师在第二学期就主动辞去了在第一线的教学工作,申请去管理住校生。这对于一个老师来说是一件多么残忍的事! 但是我们想想这位在教学一线工作了十多年的老师难道真的一点优点都没有吗? 他任教的班级是否与其他班级的情况有所不同? 培训时,我将这件事与跟岗学校的领导交流后,他给出了这样的建议:我会让领导轮流去听这位老师的课,然后和他一起探讨这节课怎样上效果会更好。还会安排这位老师去听听其他老师的课,让他自己感觉到差距,及时去调整教学的方法,有效提高教学质量。

作为学校管理者,帮助老师不断地解决问题,是提升教师素养的有效途径;作为学校管理者,为教师做好服务是增进情感、提升队伍凝聚力的最佳方法。管理者付出的是智慧或力量,收获的则是成长、发展、成功,更大的成功!

浅谈教师道德如何影响班级管理

罗登发

(盐边县桐子林镇中心校)

摘 要 师德是教师的职业道德,师德对于学生群体成长的重要性怎么强调都不过分。本文通过对师德诸多要素中如情绪调节、教师语言表达的幽默感、教师与学生的平等对话与倾听、师爱的平等体现、准确评价学生等诸多方面进行分析,并讨论这些要素对班级管理和建设的影响,以期努力归纳出教师道德对班级管理的影响因素,从而对教师同行提供有价值的信息。

关键词 教师道德;情绪;幽默感;班级管理;爱;评价

在素质教育改革的今天，如何发挥学生的主体作用和教师的主导作用；如何调动学生的积极主动性；如何更好地进行创新教育，对我们教师都提出了新的要求。作为一名新时期的教育工作者，与学生建立一种良好的师生关系相当重要，会起到事半功倍的作用。下面就教师如何与学生建立良好的师生关系，浅谈自己的几点经验。

一、教师要能控制和管理自己的情绪

师生良好的情绪状态对课堂教学具有促进作用，而不良情绪则对课堂教学有极大的破坏作用。新课程标准所营造的和谐、平等与互动的育人环境有利于产生积极的正向情感，符合师生双方沟通的意向。

教师也是凡人，在生活上有太多的喜、怒、哀、乐的情感，教师工作复杂而劳累，有时实在令人难以挤出一丝笑容来面对学生，也常因为个人的状况而难以掌控自己的情绪，在盛怒或烦躁之下，极易发生冲突。有烦恼，要能自我缓解；有愤怒，要能在恰当的时机，以恰当的方式表现发泄；也会失去耐性，但能意识和控制 …… 教师了解且尊重自己的情感，要能以正确的行为标准来规范自己的言行。事实上，拥有一个好心情走进课堂，常常会从中找到自己和学生的可取之处；试着每天提醒自己带着好心情来到学校，相信和谐、融洽、轻松的师生关系会感染大家，学生会更加热爱学习。

二、教师要保持弹性，富有幽默感

苏霍姆林斯基说："如果教师缺乏幽默感，就会筑起一道师生互不理解的高墙：教师不理解儿童，儿童也不理解教师。意识到儿童不理解你，就会使你生气，教师生起这种气来，就往往无法摆脱。亲爱的同行，相信我，侵蚀学校生气勃勃的肌体，毒害学生集体生活的冲突，多半正是这种互不理解引起的。"可见幽默感在处理师生关系中的重要性。

中外教育调查显示，富有幽默感的教师是未来最受学生欢迎的教师类型之一。这证明，富有幽默感已成为教师不可缺少的必备素质之一。幽默不仅是教师人格魅力的展示，而且是教师教育机智与创新能力的具体体现。而且，它也是融合师生关系的润滑剂。

教师这一职业，面对的是正处于青春期蓬勃向上的年轻生命，他们热情活泼、精力充沛、头脑活跃、富有创意、思想敏锐，加之，他们在人际沟通方面经验不多，因此在繁重的学习压力下，他们渴望轻松、安全、积极和释放，希望消除教师这个职业所带来的神秘感、隔膜感和压力感，从而在师生之间形成良好的沟通和互动，时常带给自己安全、温暖、乐观、蓬勃的如沐春风的感受。因此，在这种情况下，幽默自然就变得非常必要了。幽默的确是一种神奇的力量，它在师生沟通方面的独特作用，能带给师生关系建设性的培养和促进，从而使我们的班级、年级和学校变得和谐而有情趣，蓬勃而有朝气。在这样的氛围之下，有什么样的教育奇迹不能创造？

三、教师的爱要平等

新课程标准确立的以教师为主导、以学生为主体的平等、合作式的新型师生关系，强调的是教师与学生之间不能是教训与被教训，灌输是平等的、对话式的、充满爱心的双向交流关系。通过对话，教师和学生要达到一种主体间的双向理解，教师不再是凌驾于学生之上的唯一权威，师生双方都是主体，双方一起探究世界、探究知识。

爱的平等就是要用爱心去对待每一个学生，尊重每一个学生的差异性和创造性。随着新课程标准的运行，教师的角色要由传统意义上知识的传授者和学生的管理者转变为学生发展的促进者、帮助者，要让学生真正成为学习的主人，成为个体发展的主人。而这所有的一切必须以"爱"为前提。教师要在学生中树立威信，但这种威信不是靠外在的管制与压迫，而是源于教师的人格、学识和智慧，从而受到学生的尊敬与向往。

身为教师我们通常能够很大方地给学习成绩好、表现优异的学生积极的爱、支持与鼓励；对学习成绩不理想及令人头痛的学生常常是挑剔和指责；对于表现平平的学生则把他们放在无须多加照顾的位置。事实上，被爱是每个人最基本的需求，对每个学生来说，他们都希望得到正向的爱与关怀。学生是未成年人，但是在人的基本权利和人格上，和成年人是一样的，是同等的。他们的自尊心很脆弱，经受不住刺激，渴望老师和同学对自己"以诚相待"，不歧视，不讽刺，不打击，不揭短。学生的权利是否能够享受得到，他们的人格是否能够得到尊重，教师至关重要。

正如巴特尔说的；"教师的爱是滴滴甘露，即使枯萎的心灵也能苏醒；教师的爱是融融春风，即使冰冻了的感情也会消融。"作为老师，要舍得对每一个学生进行情感投入，寄予合理的期待，给予其平等的关爱、温暖，以便发挥每位学生的最大潜能。因此，公正就成为教师必备的职业道德，具体的表现就是公平对待每一位学生。

四、教师对学生评价要前后一致

对待学生的行为是否一致是非常重要的，昨天可以接受学生的这类行为，到了今天，却因同样的行为而处罚学生，这样前后不一致的态度，会给学生一个错误的信息，通常被学生视为恶劣的行径，将会严重破坏师生间和谐的关系。因此，教师必须了解学生哪些行为是可以被接受的，哪些行为是想要立即阻止的，然后，进一步观察学生这些行为的实际表现。

五、教师要学会倾听

有效的沟通存在于聆听后能解读传送者所想要传达的信息。人人都有自尊，人人都需要被尊重，学生也不例外。他们十分在乎外界对他们的评价和接纳。在教育教学中尊重学生自我意识发展的最佳途径之一就是倾听他们的声音，赞赏他们的成长，体会他们的喜怒哀乐。

马卡连柯说过："尽量多地要求一个人，也要尽可能地尊重一个人。"对学生而言，你的倾听相对于他来说就是受到了一种厚爱和尊重，这对小学生树立正确的人生观和价值观都大有好处。因此作为教师要试着接受学生的观点，做个细心的听众，以诚挚的态度，仔细聆听学生所提的问题，适时地给予关怀。

六、教师要尊重、信任学生

师生在面对冲突时，要提醒自己以相互尊重的态度维护彼此的面子，不要跟学生争得面红耳赤，更不要公开指责学生，强迫学生接受自己的观点。面对冲突，需要的是一份彼此尊重差异的心情和寻找两者兼顾的方法。正如苏霍姆林斯基说的："儿童信任你，因为你是教师、导师和人性的榜样。你必须严格地、坚决地关心儿童，毫不妥协地反对我们的教育工作中那种对儿童漠不关心、冷酷无情的现象。"

尊重学生是基础，信任学生是表现。有尊重才能信任，信任是尊重的表现。推心置腹，以诚相待，充分信任学生，是师爱的具体表现。当学生感到教师对他们的信任时，他们便涌起一种自豪感和喜悦，便会对老师产生强烈的信任，从而促进师生关系的和谐。在教育实践中，对于品行端正、学业上进的学生，或者对于那些犯错误，成绩不理想的学生，教师都应当给予他们充分的信任。当他们取得成绩时，教师要及时给予肯定，鼓励他们再接再厉，把更重要的任务交给他们。

新课程标准实施的目的是体现"以人的发展为本"的课程改革理念，它提供了师生共同发展的平台，在师生平等相待的情境中，师生共同面对的就不仅仅是知识和教材，而是更为广泛的现实生活。因此，和谐关系所代表的意义，即学生信任、尊重教师，教师同样热爱学生。

总之，适当的沟通是一种成就，我们应面向新时代，努力创建民主、平等和促进个性发展的师生关系，真正使师生关系焕发出迷人的光彩。优化师生关系，重建温馨感人的师生情谊，是提升教育教学效果的重要保障。

参考文献

[1] 严璟. 我国学校文化管理研究综述[J]. 文教资料，2009（14）.

[2] 高智琛. 高校实验室文化管理刍议[J]. 中国现代教育装备，2011（3）.

[3] 叶海英，王德清. 校本管理本土化的理性思考[J]. 教学与管理，2006（4）.

[4] 张相学. 校本管理：中小学管理革新的理念与策略[J]. 教育探索，2005（10）.

[5] 李继星. 现代学校制度初论[J]. 教育研究，2003（12）.

[6] 尹后庆，余利惠，朱世锋等. 继往开来，深化发展——关于深化上海民办中小学管理改革的几点意见[J]. 教育发展研究，2000（12）.

[7] 胥阳. 新时期高校教学管理改革理论与实践探索探究[J]. 都市家教：下半月，2013.

[8] 张胜华. 班主任工作要细致入微[J]. 陕西教育：行政版，2007（11）.

[9] 刘红云，孟庆茂，张雷. 班主任教师班级管理效能感对学生学习态度及其与学业效能间关系的影响[J]. 心理发展与教育，2005（2）.

[10] 周琪英，钟金根. 创设优化班集体管理情境的探讨[J]. 湖南师范学院学报，2001（S1）.

[11] 唐恩群，屠容生. 师生沟通的艺术[M]. 北京：教育科学出版社，2005.

[12] [美]PHILIP S.Hall, NANCY D.HALL. 如何教育叛逆生[M]. 林玲，译. 北京：中国轻工

业出版社，2011.

[13]　[美]MARY LOU FULLER, GLENNOLSEN. 家庭与学校的联系[M]. 谭军华，等，译. 北京：中国轻工业出版社，2008.

[14]　上海市教育学会. 素质教育大参考（数学）[M]. 上海：上海教育出版社，2007.

[15]　罗增儒，李文铭. 小学数学教学论[M]. 西安：陕西师范大学出版社，2003.

专题 5

城乡小学课堂教学模式比较研究
——基于攀枝花乡村与成都市区小学课堂教学模式的比较

杨银成①　陈红华②　王开娅③　苏晴④　张玉⑤
导师：刘云颀⑥

（① 米易县湾丘彝族乡中心学校；② 米易县白马镇中心学校；③ 米易县撒莲镇中心学校；④ 米易县得石镇中心学校；⑤ 米易县攀莲镇中心学校；⑥ 成都大学师范学院）

一、研究基本概况

（一）研究背景

近年来，在各级政府的关怀下，农村孩子受教育的权利已得到了基本保障，但由于长期以来形成的二元教育格局，致使城乡教育在设备设施、师资力量、资金投入、教学模式、管理方法等诸多方面存在着不均衡现象，进而造成了城乡学生之间享受平等教育的权利和机会上的较大差距。教育公平是社会公平的基础，城乡教育均衡发展是教育公平的基石，推进城乡义务教育均衡发展是缩小城乡差距，加快城乡一体化发展的重要前提。在大力推行素质教育的新形势下，教育公平问题已经成为全社会广泛关注的热点。城乡教育的不均衡发展所带来的社会矛盾、社会不安定因素已逐渐显现，引起了"择校热"和"进城热"，导致这一现象的根源就在于城乡教育发展不均衡。只有全面了解农村教育的现状，才能不断推进城乡教育的均衡发展。

攀枝花乡村学校与成都小学的教学成绩存在着明显的差异，探其原因，除了地域、经济、人口素质等基本原因外，与其课堂教学模式也有着巨大的关系。教学模式是运用系统方法对教学过程从理论与实践的结合上所作的纲要性描述。它的主要任务是形成一种学习环境，以最适宜的方式促进学习者的发展。但是没有一种模式是为完成所有类型的学习或者是为适用于所有学习风格而设计的。而当前，教学模式正从单一性向综合性发展；从以"教"为主向重"学"的方向发展；从经验归纳型向理论演绎型发展。作为一个优秀教师，不能只会运用一种教学模式，而应从培养学生终身发展能力的初衷出发，灵活运用多种多样的教学模式，才会取得较好的教学效果。我们必须在学习先进模式的基础上，结合自身实际，深入学习，

---

* 刘云颀，成都大学师范学院讲师；"研究基本概况"由杨银成、陈红华完成；"攀枝花乡村学校课堂教学模式"由王开娅、杨银成完成；"成都市区小学课堂教学模式"由杨银成、陈红华、张玉完成；"成都市区小学与攀枝花乡村学校教学案例比较"由苏晴、张玉完成；"对构建攀枝花乡村学校课堂教学模式的启示"由杨银成、苏晴、王开娅完成；"课题研究成果"由杨银成、王开娅、陈红华完成。

选择、借鉴、创新性使用，并辅之以其他因素，才能有所用，不然会劳心劳力，适得其反。先进的教学模式是一个老师成长为优秀教师的前提，也是保障学生学业成就的基础，同时也是一个学校提升学校质量和影响的根本。

2014 年，本研究小组成员有幸参加了 2014 国培计划成都大学小学数学研修班，给了我们开展"城乡小学课堂教学模式比较研究"的机遇，为城乡教育均衡发展做出自己的贡献。

（二）研究内容

（1）攀枝花乡村学校课堂教学模式研究分析。
（2）成都课堂教学模式研究分析。
（3）成都与攀枝花乡村学校课堂教学模式比较与启示。

（三）研究目的、意义

学校教育是教育改革的主题，课堂教学是学校教育的主阵地。因此，本课题的目的和意义在于：

（1）科学、有效地改变或者寻找一个或多个适合攀枝花乡村学校和攀枝花乡村学校学生实际的课堂教学模式，让孩子们喜爱学习，释放激情，让课堂教学不留下"遗憾"，以期提高攀枝花乡村学校课堂教学效率。

（2）促进农村地区新课程改革步伐，推进城乡教育均衡发展。

（四）研究方法

资料查阅：通过网络、图书、期刊、单位资料、文件及向相关的同学或者老师询问等方法搜集与课题相关的各项资料及文献。

调查研究：通过对成都市区小学及攀枝花乡村小学的抽样调查，以具有代表性的学校为分析单位，通过问卷、访谈等方法了解调查对象的教学模式相关情况，加以分析、研究。

比较分析：根据实际参与和查阅资料、文献等方法对成都及攀枝花乡村抽样学校课堂教学模式的目标、体系、教材、教法、课程等进行比较分析，对两地教学模式进行深入分析研究，并得出两地课堂教学模式的优劣，作出科学的判定和结论。

举例说明：对成都和攀枝花乡村学校抽样调查，对两地各学校的课堂教学模式案例进行比较分析，列举实际案例进行论证。

（五）研究过程

2014 年 7 月 20 日到 2014 年 7 月 30 日，选题、准备阶段。

本阶段主要完成对课题的选择，成立课题研究小组，并对相关情况进行初步了解。

2014 年 8 月 1 日到 2014 年 9 月 30 日，实施研究阶段。

深入成都及攀枝花乡村相关学校，进行实际研究工作，包括到实地调查走访、参与教学、参与教研、查阅相关资料等。

2014 年 9 月 30 日到 2014 年 11 月 10 日，交流总结阶段。

课题小组总结、交流并形成研究报告及研究成果。

二、攀枝花乡村学校课堂教学模式

攀枝花市位于中国西南边陲，川、滇交界部，北距成都 749 km，南至昆明 351 km，西连丽江，东接昭通。始建于 1965 年 3 月，是中国西部最大的移民城市，攀枝花是四川省除成都外唯一的劳动力输入城市，流动人口高达 30 万。由于地域位置边远、建市较晚、流动人口众多、师资力量欠缺、教育理念落后等原因，攀枝花市的教育相对突飞猛进的经济发展，存在着无法同步前进甚至滞后的客观事实。攀枝花乡村学校的课堂教学模式更多的稳步于传统的教育模式，注重课堂教学的复习导入、讲授新课、巩固练习、检查反馈等传统模式。虽说，攀枝花市人也在不断地进行教育教学改革和尝试，但都是基于传统模式的修葺和改善。传统模式的广泛和长期使用，从很大程度上，抑制了攀枝花乡村学校教育的创新思想和发展进度。概而言之，攀枝花乡村学校课堂教学模式具有以下主要特征：

（一）基于传统教育的课堂教学模式 —— 注重学生智力发展，专注教师教学能力，强调应试指标的唯一性

1. 知识第一，注重学生智力培养

攀枝花乡村学校很多教师还很难改变自己的教育教学观念，还在强调着以教师为中心、教科书为中心、课堂教学为中心的传统教育教学观念，主张教师是教学的权威，注重系统知识的学习，以完成知识传授为主要任务。教学内容是系统的科学知识并组织为分科教材，教学按"明了""联系""系统""方法"的步骤进行，在相应阶段采用提示、分析、综合等教学方法。知识教学的目标指导着教学的各环节，每一步骤都渗透着对教学目标的分步实施，感受知识。理解知识，巩固知识，运用知识，每一步都为知识传授这一目标服务，老师把学生看成是接纳知识的容器。

2. 以教师为中心，专注教师教的能力

凯洛夫认为，教学应该以教师为中心，教材为中心，主张教师是教学的权威。攀枝花乡村学校教学模式的基本 —— 传统教学模式强调师道教的作用，讲究教师在课堂教学中的权威。所以，攀枝花乡村学校教学以教学活动为中心，教师是教学活动的主导者，是知识的传授者，而学生是知识的接受者。由于过分强调教师在课堂教学中的作用，传统教学在方法上是灌输和强制的，是一种非主体参与的教学方式。这种教学方式中学生以接受知识为主，虽然也可与教师进行交流，但大多是单向的，双向交流并不占主导地位，学生只是机械地记忆老师传授的"金科玉律"，不去考虑自己的想法、不发表自己的意见，长此以往，学生的发散思维就会受到影响，其主观能动性就会降低。

3. 分数至上，强调应试指标的唯一性

不管是县区排名、校际评比，还是年级比对，攀枝花乡村学校的教育都存在着过分强调应试指标是考核师生的唯一性。导致师生只重视对已有知识的机械掌握，导致老师机械地教，

学生机械地学的异常现象，缺乏创造和创新意识。大部分学生在学习中，主要采用了对知识的强制性记忆，甚至能达到顺背和倒背都如流的境界，因而也就没有创造和创新的意识。这种把知识的接受多少以及掌握程度作为衡量学生成绩的唯一标准，而忽视了学生其他素质的培养，使攀枝花市教育界出现了"两热"现象，即"报班热"——报名参加校外各种辅导班，以期提高自己的学习成绩；"择校热"——远离家乡，交纳高额费用，到所谓的好学校就读，以期取得较高的分数。不可否认，应试指标这种考核方式在中国的教育史上，甚至到今天都还起着不可忽视的作用，但这种"千人一卷"的考核方式很难考出学生的真正水平，不利于调动学生学习的积极性、主动性和参与意识，更不利于培养学生分析问题、解决问题的能力。

（二）攀枝花乡村学校具有民族特色的教学模式

攀枝花共有 42 个民族，其中汉族占全市人口的 87%，41 个少数民族中人口最多的彝族占 9%，其次是傈僳族、苗族、纳西族、满族、藏族、羌族、回族、蒙古族、土家族、侗族、瑶族、俄罗斯族、鄂伦春族、锡伯族、哈尼族、独龙族、布依族、白族、壮族、仡佬族、傣族等。攀枝花这种多民族融合杂居的现状，特别是攀枝花市的乡村地区、学生，特别是小学低年级阶段的学生，由于受到母语的影响，汉语接受能力、表达能力都存在着很大的困难。因此，在攀枝花，特别是盐边、米易和仁和三个地区，就决定了双语教学——少数民族语言+汉语的课堂教学模式存在的必要性和重要性。攀枝花的双语教学，一般以汉语为主导，少数民族语言为辅助教学的模式为主，全部课程都使用全国通用的教材并用汉语文授课，少数民族语言只以辅助课堂教学的形式存在。在这样的情况下，攀枝花的双语教学就必须把实施双语教学的学校或者班级和课堂与周围的社会语言文化生态环境联系起来。双语教学成了少数民族乡镇小学，特别是低年级阶段课堂教学的主要途径。普及和巩固少数民族基础教育的目标和城乡教育均衡发展的大形势决定了攀枝花乡村地区小学阶段的双语教学将是今后一段时期内攀枝花少数民族教学工作的重点。双语教学成了提高攀枝花少数民族教育质量和水平的突破口，成了课堂教学的质量和水平发展的一个重要因素，成了普及汉语程度的一个重要标准。

（三）正在努力改革的课堂教学模式——创新教学模式，全面落实新课程改革

课堂教学模式作为实施教学的一种方法体系，是理论与实践的结晶，形成与创新教学模式并不是说形成就形成，说发展就发展的，攀枝花乡村教育人采用了"走出地方，寻求'真经'；引进名师，引领发展"的教师新型培养模式，逐步让攀枝花乡村学校教师不断改变理念，掌握先进模式及教学方法，在学习与实践，实践与学习的反复中，形成适合攀枝花乡村学校的新型教育教学模式，打破以学科为中心，以书本为中心、以教师为中心的传统教育模式，倡导以学生为中心的教学，注重学生的个体差异，教会学生学习的策略和方法，坚持先试行，后铺开，多鼓励，优胜劣汰的原则，坚决执行教育法规和学校的有关规章制度，严格按教学规律教学，不加重学生课业负担，确保课堂教学改革在规范化、制度化、科学化的轨道上健康地向纵深推进，促进新课改的和谐发展。

三、成都市区小学课堂教学模式

成都市，四川省省会，位于中国华西地区东部，公路、铁路、航空四通八达，地势平坦、河网纵横、物产丰富，自古就有"天府之国"的美誉，并由此催生了繁荣商贸业和文化业，是中国西南地区经济、科技、文化、教育中心之一。由于受地域环境、经济发展、人口素质、师资力量等各方面的影响，成都的教育教学也得到了长足的发展，在不断地发展和改革中，成都的教育教学取得了辉煌的成果。经过多年的发展形成了各具特色、各有效果的新型课堂教学模式和教学活动，提倡以"学生为本"的教育教学，提倡以"自主、探究、合作"为主的创新课堂教学模式。创新课堂教学模式全面发展，大力地提高成都课堂教育教学效率，有效地促进了新课程改革，强力了地推进了素质教育。概而言之，成都市区小学课堂教学模式具有以下主要特征：

成都课堂教学模式相比攀枝花乡村学校的传统、单一的教学模式，成都课堂教学模式就显得更有创新性，更符合当今教学的发展理念。成都各学校的课堂教学模式吸取传统教学模式的精华，结合国内外先进的课堂教学模式，形成各具特色，灵活性强，适应性强，便于操作的各种科学、先进的课堂教学模式，而归根到底其模式主要以"探究式"为主，如：杜郎口教学模式、小学情知教学模式、推反转式教学模式、"问题—引导"教学模式、"走班制"课堂教学模式等。不管是哪种模式，成都的课堂教学模式都做到了以"学生为本"，把空间和时间还给学生，而教师则成了学习的引导者、辅助者或者参与者，积极地形成了学生自主、独立、合作、探究的学习习惯和能力。

成都课堂教学模式具有以下共同特点：

1. 注重营造学习空间，让学生能够自主学习

营造学习空间一是教师要做到"少讲精讲，少讲多练"，古人说，读书百遍，其义自见，任何精彩的讲解离开了练习，就无所谓效果。二是教师给学生创造自主探究的机会，使其能通过自己的努力和亲身的体验，主动获取知识和信息，并能应用知识或信息去解决问题，完成任务。因此，在课堂教学中，教师要避免一味地为学生"扫清障碍""化解难点""加深印象""夯实基础"，而要为他们动手、动口、动脑提供足够的素材、时间和空间，为他们自我表现和相互之间的交流提供多种多样的机会，让他们多种感官并用，"在一波未平，一波又起"的情感波澜中，积极地参与，主动地发展。

2. 注重学法指导，让学生善于学习

小学教育是基础教育，课程具有基础性和启蒙性，新课程标准的基本理念之一是让学生逐步形成终身学习的意识和能力，这也是探究式学习的重要目标。学法指导在小学课堂教学中的作用非常重要，它可以培养学生良好的学习习惯。古语有云："授之以鱼，不如授之以渔！"成都各学校课堂教学模式注重授学生以渔，教师通过各种方法，在教学中有计划、分层次地不断渗透，努力培养学生的观察、记录、分类、数据处理、猜想假设、分析归纳、类比推理、模型化等学习能力和方法，为学生终身发展打下坚实的基础。

3. 注重优化教学方法，将探究式学习落到实处

成都教育人认为，探究式学习不仅是一种学习方式，更重要的是体现了一种教学理念。

而教学理念将影响整个教学模式和方法，因此，教学方法的优化是将探究式学习落到实处的重要环节。在实际教学中，成都教师把探究的理念渗透、引入到每一堂课。他们采用了灵活多变的教学方法，运用对话、讨论、辩论等方式，加强学生学习方法的培养，让学生在不断地探究式实验中创新和成长。他们注重提问，注重精讲，注重倾听，注重回答。随时随地、每时每刻都在有针对性、及时有效地对教学方法进行优化。

4. 注重营造和谐氛围，让学生敢于学习

成都教师注重课堂氛围的营造，他们认为学生只有在没有精神压力、没有心理负担而心情舒畅、情绪饱满的情况下，大脑皮层容易形成兴奋中心，思维最活跃，实践能力最强。所以，教师在课堂教学中要彻底改变以自我为教学中心的观念，要把自己当作教学活动的"组织者""引导者"和"参与者"，与学生在平等的位置上交流意见；要营造一种活泼、积极、主动的教学氛围，师生之间相互尊重、相互信任、相互关心，形成民主、平等的师生关系；要让学生的身心感到愉悦，让他们的思维处于积极活跃的状态，以使学生肯于思考，乐于参与，把紧张的学习过程转变成愉快的学习活动，使其能最大限度地参与自主探究学习活动。同时，教师还应帮助学生树立起自主探究的信心，增强其参与自主探究学习的意识，使其自主探究的能力得以培养。在课堂上，要注意到学生的个体差异，创设不同的情境和氛围，特别是对学习困难的学生，对他们身上的闪光点要及时肯定、赞扬，增强他们的自信心，促使他们生动活泼、主动地学习。

四、成都市区小学与攀枝花乡村学校教学案例比较

案例一　成都××学校三年级《等量代换》引入案例

师：同学们，我们用 15 元钱就可以买回 5 本笔记本。在生活中，我们都是用钱到商店去买回自己所需要的东西。可是，在很久很久以前，还没有钱币的时候怎么办呢？我们的古人非常聪明，想出了以物换物的方法，我们一起去看看。

播放课件：1 只狗可换 2 只兔子，1 只兔子可换 6 只小鸡。

师：看了这幅图，你能提出什么问题？

师：这个问题提得很好，那么，1 只狗可以换几只小鸡？

师：1 只狗到底可换几只小鸡呢？请同学们打开①号学具袋，亲自动手换一换验证一下，请听好要求：摆之前要想一想，怎样摆才能让其他同学一眼就能看出 1 只狗换几只小鸡，摆得又快又清楚。换好后就把答案填到答题卡上，开始！

学生操作。

师：摆好的同学请把你的作品举起来给老师看看。

师：这两位同学有不同的摆法，请你们说说是怎么换的？

师：对比一下，你同意哪一种？为什么？

师：这两位同学都换对了，但这位同学摆得更清楚，让人一目了然，真不简单！老师把这个大红苹果奖给他！

展示到黑板上，做对的同学，请给自己加上一个绿苹果吧！

师：我们一块来看看代换的过程。（播放课件）

师：在这道题中，狗和小鸡有直接的关系吗？

边小结边板书：狗和小鸡没有直接关系，而狗和兔子有直接关系、小鸡也和兔子有关系，因此我们在交换时，必须借助小兔这个'中间量'来进行交换，先把兔子换成小鸡，也就知道一只狗可以换几只小鸡了。

板书：

师：像这样，一个量用和它相等的量来代换的数学思想方法，叫作"等量代换"。

案例二　攀枝花××乡村小学三年级《等量代换》引入案例

回忆故事，引出课题。

师：同学们读过什么故事？看到这个画面（出示课件）你想起了什么故事呢？谁还记得曹冲是怎样称出大象重量的？

生答。

师小结：……其实这里运用了一种很重要的数学思想，就是"等量代换"（板书课题）

设计意图：借助学生熟悉的历史故事，建构了数学模型，使等量代换这个抽象的数学思想方法，变为学生自己可感受的形式呈现出来，感知等量代换在解决实际问题时存在的价值。

进一步理解课题含义。

提问：看到这个题目，你能提出什么问题？

预设：生1：什么是等量？（生答教师板书：相等的量）师：故事里谁和谁的质量相等？（这两个量就是等量）

生2：什么是代换？师：谁的质量代换了谁的质量？师小结："等量代换就是相等的量进行代换。（板书：进行代换）

案例对比分析

等量代换是数学中的一种基本的思想方法，也是代数思想方法的基础，它的理论比较抽象，小学生因为思维能力有限，教学中存在着很大的困难。而如何让学生理解等量是本节课的重点，也是难点。作为课堂的基本构建内容，一堂课的好坏与引入有着直接的关系，这堂课在引入中就要解决让学生理解"等量"含义，这是重要的一点。两个案例，都是《等量代换》的引入章节，同样都在解决理解"等量"这个词的含义，但可以明显地看出两个案例的不同。

案例一，结合生活实际，让学生根据已知条件寻找事物间的联系，探索事物中隐含的数量关系，从中发现规律，获得结论，使学生在解决问题的过程中初步体会等量代换的思想方法。老师充分利用学具和多媒体等教学辅助手段，用直观的方式帮助学生理解抽象的数学思想，让学生通过观察、思考、操作、讨论比较，实现知识的迁移过程。由远古时期人们"以物换物"的生活场景引入，创设了学生感兴趣的情境，既形象又具体，既有趣又奇妙，充分调动了学生的学习兴趣，使学生在观看动画的同时很自然地进入了观察、发现的阶段。同时，较好地体现了数学内容生活化，体现了数学问题源于生活的新理念。再通过想一想、摆一摆、算一算、说一说等学习活动，使学生充分理解并掌握等量代换要通过"中间量"来进行代换这一解题方法。

案例二，有一个鲜明的探究主线和层次，对课题的引入显得直接，对等量的感受是从"体验等量关系""感受方法的多样性""运用等量代换的思想方法"几个方面入手。教学过程是以问题为核心，组织开展学习活动，激发了学生对问题探究的积极性和求知欲。充分挖掘教材的内在因素，虽然老师考虑到学生初次接触等量代换思想，在运用教材时，从"换"字入手，化解学生对等量代换的陌生感觉，但与案例一相比，就可以明显看出效果如何了。

从以上两个案例，可以看出他们存在着很大的差别，案例一注重学生学习兴趣的养成，注重学生的参与和实践性，注重数学与现实生活的联系；而案例二更专注于知识的灌输与问题的解决，缺乏学生学习兴趣的培养和激发，长期如此，必将引起学生对学习的逆反心理，最后必将影响教学效率及效果。

五、对构建攀枝花乡村学校课堂教学模式的启示

攀枝花乡村学校课堂教学改革从哪里开始，该如何去改变和完善呢？笔者综合攀枝花乡村学校课堂教学模式现状及存在的问题，结合成都及其他相关学校的课堂教学改革和发展，认为应该从以"立足攀枝花乡村学校，构建自主有效的课堂教学"为入手点为佳：

（一）营造宽松的、和谐的，能真正体现出以学生为主体、教师为主导的双边互动课堂模式

新课程的核心理念是：一切为了学生的发展。因此教师的课堂教学必须根据学生身心发展和各学科的学习特点，关注学生的个体差异和不同的学习需求，关注学生的好奇心、求知欲，充分激发学生的主动意识和进取精神，积极倡导自主、合作、探究的学习方式，使学生真正成为学习和发展的主体。课堂教学行为是教师的"教"和学生的"学"双边互动的过程，教师要树立以发展学生为本的观点，坚持教学为学生服务的思想。另外，学生的学习方式是在教师的组织、指导下发生的，要提高课堂教学的效益，就要提高教师"教"的有效性。

（二）尊重学生，注重师生之间的交往与沟通

在课堂教学中，师生关系是民主平等的。在课堂教学的过程中，教师应充分尊重学生学习的需要，把学生的需求放在首位。对每一个学生都应充满期望，使每一个学生都能感到自己会成功，都能轻松自主地进行学习。一个微笑、一次点头、一声亲切的指导都会带给学生无穷的动力。在教学过程中，教师要善于抓住学生课堂上的闪光点，对学生的学习给予及时的反馈和正面的评价，使他们看到自己的价值和成功的机会，感受到来自教师、同学的鼓舞，体味受到表扬和成功的喜悦，以增强他们努力的后劲。在课堂教学中，教师应该把握好尺度，放手让学生自己学习，应多鼓励、少训斥，多指点、少包办。教育教学活动是以师生交往为基本前提的，因而它总是和情感相连的。良好的师生交往，会使学生产生一种情感内驱力，

使之成为学生接受知识的"阀门"。尤其是课堂之外的师生良性交往，更容易收到意想不到的效果。在课堂教学中，教师也应当时刻对学生充满爱心，始终坚持不懈地鼓励，多让学生感受到教师的爱。因此，作为教师，一定要注重与学生之间的交往，进行心与心的接触沟通，以达到"不教为教，以情导教"的效果。

（三）构建小组合作，加强学习指导

教师应根据学生的认知水平组建学习小组，对学生的分组进行认真研究设计，使各个小组总体水平基本一致，以保证各小组开展公平竞争。小组建成后，明确"小组合作学习"的目标和责任分工。在"小组合作学习"过程中，各成员应有明确的合作学习目标和具体的责任分工，学生在组内有不同的角色，并不定期互换角色，保证每个学生都能积极参与。让小组成员各司其职，各担其任，使合作学习有序又有效地进行。同时，教师要具备调控、引导学生的技能，并对学生的合作意识和技能进行培养。小组活动开展得顺利时，教师应给予及时的表扬，并适时适当地提供帮助，与学生合作，共同解决学习中碰到的困难。

（四）在课堂教学中，问题设计要精准、有效，并给予学生充分的自学时间

有效教学的阵地是课堂，教师在教学过程中，一切活动都是围绕教学目标，以问题的形式来引领学生进行思考和活动的。因此，教师应抓住核心问题，把它的思路方法、疑点难点讲透。另外，问题设计不应太简单或太难，要符合学生学情，配合教学进度，做到灵活多样。同时，要使学生主动地学习，就必须为学生创造自主学习的环境、机会与时间。这就要求教师敢于去放手，敢于把课堂还给学生，把学生推向主体地位。只有在自主的、有充分时间保障的学习过程当中，学生才能有所领悟、有所发现、有所创新，并自觉运用学到的学习方法和策略。

（五）在课堂教学中充分利用现有的电教设备，扩大学生信息的接受量和增加课堂的生动性

攀枝花乡村学校的教师应尽量让现有的现代化教学设备充分地发挥作用，只有充分正确地运用多媒体教学手段，才能更好地创设出兴致盎然的课堂，才能有效地增加课堂容量，加快教师教学的节奏。同时也会促进信息技术与其他课程的整合，从而使课堂教学更加科学化、现代化，最终促进我们攀枝花小学素质教育的深入发展。

六、课题研究成果

1. 苏晴《改变农村小学课堂教学模式打造高效课堂》
2. 陈红华《小学数学课堂"五步教学法"教学模式初探》
3. 王开娅《数学课堂教学中游戏模式的探讨》
4. 张玉《游戏在小学数学课堂教学中的合理运用》
5. 杨银成《简析数学课堂教学中的几个误区》

七、研究感悟及困惑

2014年7月，我们有幸参加了2014国培计划小学数学研修学习，在成都学院各位老师的指导下，于同月开展小课题"城乡小学课堂教学模式研究"。正式启动以来，我们小组各成员在指导老师的指导下，开展了各项研究工作，并取得了良好的成绩。回顾课题研究开展以来，成都大学国培小学数学首席专家张勇教授等专家多次为我们讲解课题研究的方法、过程及相关事项，并为我们的课题进行反复诊断和引领，特别是指导老师刘云颇不仅对课题研究的各项工作给予全面地指导，更是对课题研究报告进行了一次次地修改，各位老师的细心指导，让我感受到了他们对我们的关心，也感受到了他们的精彩点评，那句句话语都是一语中的，一针见血的。

我认为开展课题研究，是今后教学改革和课程改革的新走向。因此，作为教师我们要不断提高自身素质，做一个学习型外加研究型的新时代人民教师，同时还要善于引导学生从多个方面开展课题成果的转化和学习，激发并唤起学生数学阅读和探究知识的兴趣，点燃学生智慧的火花，使学生的探究能力和创新能力逐步得到充分发展，让学生的"思维"走得更远。

在课题研究中，我们小组各成员既要做到任务分工明确，又要做到各任务相互依托，相互联系，既要做到深入课堂，掌握第一素材，又要做到理论联系实际；既要做到边学习边研究，又要尽量做到更好、更佳。虽然，课题研究所需的资料及相关数据都力求做到真实和第一手性，但由于课题研究的时间、地域等原因，课题研究只能采用抽样研究为基本方法，所以，课题成果虽具有很强的代表性，但也有自身的局限性。

课题研究中存在的困惑：

（1）政府主管部门对教育的支持、资金投入、教育改革及发展导向等，影响学校及一线教育工作者教学模式；

（2）成都与攀枝花乡村学校，成都各学校，攀枝花乡村各学校在学校设备设施、人口素质、师资力量等方面存在差异；

（3）地理环境及人口素质，如交通、家长素质、学习环境等一些客观因素，具有短期内不可更改性。

参考文献

[1] 籍建东. 研究性教学模式与传统教学模式的比较[J]. 职教论坛，2011（5）：43-45.

[2] 石永生. 立足农村 构建自主有效的课堂教学[J]. 中学教学参考，2012（24）：112-112.

[3] 董如兰. 增强小学数学教学与现实生活的联系[J]. 青少年日记：教育教学研究，2012（6）：15.

[4] 张启华. 让学生感受到数学有趣、合理、有用[J]. 成才之路，2009（6）.

[5] 王辉. 贴近生活的小学数学教学[J]. 科教新报：教育科研，2010（12）：25.

[6] 王良东. 农村小学如何实施数学新课改[J]. 科学咨询：教育科研，2008（8）：93.

[7] 庞维国. 论学生的自主学习[J]. 华东师范大学学报：教育科学版，2001，20（2）：78-83.

[8] 刘秋香，徐丹，傅海伦等. 对数学教学模式的再认识[J]. 教育科学研究，2013（10）：51-55.

[9] 陈连军. 建构主义理论视角下引导—互动式教学模式的探讨[J]. 黑龙江高教研究, 2014（4）: 150-152.

[10] 毛艳. "五步教学法"教学模式中学生良好学习习惯的培养[J]. 软件: 教育现代化, 2013（12）: 357-357.

[11] 郭汉民, 李永春, 田丹等. 传授知识与培养能力的有机结合: 试析研讨式五步教学[J]. 湘潭大学学报: 哲学社会科学版, 2006, 30（5）: 140-143.

[12] 侯雁飞. 美国数字游戏教学模式对我国历史教学改革的启示[J]. 教育科学, 2013, 29（5）: 82-85.

[13] 杨朝珍. 游戏教学模式在小学数学教学中的应用分析[J]. 读与写: 上、下旬, 2014（5）: 159-159.

[14] 顾娅娟. 在学习中寻找乐趣 ——对小学数学游戏教学模式的实践与探析[J]. 考试周刊, 2013（18）: 73.

[15] 项莉, 洪磊. 新课程标准农村小学英语游戏教学模式可行性研究[J]. 吉林广播电视大学学报, 2010（6）: 117-118.

[16] 祁和江. 初中数学教学中数学游戏的运用与实施途径分析[J]. 新课程导学, 2014（13）: 66.

[17] 李霞. 数学游戏融入数学教学的态势分析[J]. 新课程·中旬, 2014（6）: 168-169.

[18] 田俊, 李书明. 利用互动游戏教学强化弱智学生学习能力[C]//教育技术的创新发展与服务, 2006: 195-198.

[19] 李华, 吴云勇. "互动式"教学模式论析[J]. 沈阳师范大学学报: 社会科学版, 2008, 32（3）: 77-79.

[20] 杨佳英. 探讨游戏化教学模式在小学数学教学中的应用[J]. 读写算: 教育教学研究, 2013（34）: 194-194.

[21] 张培, 蒋纪平. 探究式教学游戏的应用分析及优化策略[J]. 软件导刊·教育技术, 2014（6）: 14-15。

[22] 郑瑞强. 大学课堂教学模式比较与发展趋势探析[J]. 河北农业大学学报: 农林教育版, 2013, 15（4）: 102-104.

[23] 蓝炜儿. 中外课堂教学模式比较[J]. 职业时空: 综合版, 2006, 2（7）: 22.

[24] 朱汝光. 课堂教学组织模式比较分析[J]. 北京市计划劳动管理干部学院学报, 2004, 12（2）: 52-55.

附录：本专题的相关研究成果

改变农村小学课堂教学模式打造高效课堂

苏　晴

（米易县得石镇中心学校）

摘　要　目前，广大农村小学教育教学设备设施还相对落后，基础条件相对较差，导致城乡教育发展不均衡，如此情况下，如何提高农村小学教育教学质量及效率，取得满意的教育教学成果是当前农村小学的重中之重。本文立足新课程标准，从教学引入、新课教学、练习设计等多方面探讨了农村小学教师如何改变课堂教学模式，打造高效的课堂，提高课堂教学效率的问题。

关键词　农村小学；课堂教学模式；高效课堂

目前，农村小学的硬件设施逐步完善，很多学校还没有功能室、多媒体教室、电脑教室、白板教室等。只有最基本的教学主题图、三角尺、量角器、圆规等教具。数学知识不同于其他学科的知识，它是一层层构建的逻辑性较强的知识，如果前面的知识没弄懂后面的学习就很难跟得上，基础教育条件也相当落后。

《小学数学新课程标准》明确指出：数学教学必须结合学生熟悉的生活情景和现有的教育资源，冲破教材的束缚进行课堂教学和实施，使他们感受到数学就在身边，感受到数学的趣味和作用，最终达到领悟数学的效果。然而，在小学数学教学中却出现了与农村实际相脱离的现象，甚至是没有见过的，如超市买东西、航空行程计算、公园数花等情景，农村的孩子基本上都缺乏这样的生活认知；在数学教学时不能引起学生的兴趣，教学效果就更无从谈起了。并且农村很多学生的学前教育程度不一，给老师的教学带来了极大的困难。但是，我们却有着特有的民族文化，有着自己丰富的教学资源，只要我们农村教师留心去开发，善于去捕捉，努力去挖掘，就能找到适合农村学生数学学习的资源，创设适合农村学生数学学习的教学情景，进而进行有效的教学。笔者认为需要在以下几方面努力：

一、在新课引入过程中，利用学生熟悉的资源，创设情境，激发兴趣

其实在农村生活中，到处都充满着数学，教师在教学中要善于从农村学生的生活中搜集信息，抽象出数学问题，使学生感到数学就在自己身边，看得见，摸得着，就会对学习数学消除畏惧感、神秘感，而产生亲近感和浓厚的学习兴趣[1]。

例如：在教学《立体图形的认识》时，先给学生布置学前作业，让学生回家时找寻家中携带方便的小件物体，带到学校作为学具用，比如找寻形似长方体、正方体的纸盒、魔方及其他物体，找寻形似圆柱的水管、饮料瓶、拉罐等物体，找寻弹珠、乒乓球等物体。然后，在实际的新课教学中，老师可以通过电脑转换图形的过程，让学生认识长方体、正方体、圆

柱体及球等几何图形，再列举实际生活中与上述图形有关的事物，例如水桶、饭桌、菜板、门、篮球等，让学生将数学与生活实际联系，让学生在数学中寻找生活，在生活中发现数学，从而激发了学生学习数学的热情及学习兴趣。

二、在新课教学过程中，利用熟悉的生活环境替换教材中不熟悉的教学背景，强化直接生活经验，进而感悟数学

在小学数学教学中，老师要学会变通，能用熟悉的生活素材替换学生不熟悉的教学背景，让学生在熟悉的情景中理解、感悟和学习数学知识。

例如：我们在教学工程问题的应用题时，可以先离开课本设计的学生不熟悉的例题，根据学生认知情况设计贴近学生生活的问题，如：爸爸挖一个水池，上午花了 4 小时，挖了 8 立方米土，中午放学后，小明帮爸爸一起挖了 2 小时，挖了 6 立方米土。问题 1：爸爸上午每小时挖了多少立方米土？问题 2：爸爸和小明一起挖时每小时挖了多少立方米土？问题 3：他们一共挖了多少立方米土？这是一道利用学生熟知的生活内容设计的应用题，当我出示这样的题时，学生就会恍然大悟，课堂氛围异常活跃，很快有好多学生都举起了小手要求解答，我故意抽了几名平时学习一般的学生上讲台板书，没想到他们竟然做得完全正确，更重要的是题意来源于学生的实际生活，利用学生身边最贴切的生活背景，让学生真真切切感受到了数学与自己生活的密切联系，让他们感到数学问题就在身边，体会到学习数学的乐趣，这对学生记忆影响是持久的，对于培养他们的学习兴趣也起到显著的效果[2]。

三、在练习设计中，要做到数学知识与实际生活紧密联系，让数学知识服务于实际生活，做到学以致用

让学生认识到数学来源于实践，在获得对现实数学认识并总结到数学原理或规律后，还必须回到现实生活中去，这也符合数学应用的过程，并且是保持数学生动活泼和有效性的必要条件[3]。

例如：在教学长方形面积后，可以让学生算一算家中客厅面积；在教学正方体的体积后，请同学通过测量求自家饭桌的体积；教学数的认识后，问学生去自己的现实生活中寻找与自己相关的数量，也可以让学生在生活中发现什么是基数，什么是序数？在教学方程的认识后，引导学生观察天平两边平衡的原理，让学生理解等式两边必须保持相等——等式原理，初步理解等式性质及其应用。通过这些实际生活的现象和事例，使他们知道课本知识与现实生活的联系，不仅加深了学生对所学知识的理解与掌握，培养了学生应用数学的意识，还做到了学以致用。

总之，要想让农村小学数学教学更贴近生活，就要关注学生的学习兴趣和已有的生活经验。需要教师在教学时创设与农村学生生活背景密切相关的且又是学生感兴趣的学习背景，同时为学生创设一种平等、友好、合作、竞争的情景[4]。再加上教师的精心策划和有目的地引导、开启、鼓励、辅助，不断激起学生学习数学的兴趣，让学生在观察、联系、思考、交流、操作等活动中体会数学知识的产生、形成和发展，同时掌握必要的基础知识和技能，让

学生在现实生活中发现数学和学习数学，培养学生学习数学的兴趣，从而更好地开发学生的创新能力，这样才能有效改变农村小学数学教学和现实世界相脱节的现象。

参考文献

[1] 董如兰. 增强小学数学教学与现实生活的联系[J]. 青少年日记：教育教学研究，2012（6）：15.

[2] 张启华. 让学生感受到数学有趣、合理、有用[J]. 成才之路，2009（6）.

[3] 王辉贴. 近生活的小学数学教学[J]. 科教新报：教育科研，2010（12）：25.

[4] 王良东. 农村小学如何实施数学新课改[J]. 科学咨询：教育科研，2008（8）：93.

游戏在小学数学课堂教学中的合理运用

张 玉

（米易县攀莲镇中心学校）

摘 要 在小学数学课堂教学中，很多教师为了提高学生的学习兴趣，不失时机地将数学知识"趣味化"，以激发学生的求知欲望和竞争意识，帮助其领悟数学知识，提高学生分析和解决问题的能力。这种寓教于乐的教学方式，不仅可以活跃思维，更重要的是可以充分激发学生学习数学的兴趣。但是，将游戏引入课堂教学，也应当遵循一定的原则和方法，否则容易起到相反的效果，本文就游戏在课堂中的合理运用提出一些基本的原则和方法。

关键词 游戏；数学；模式；探讨

数学是一门严肃、逻辑性很强的学科，学起来枯燥、乏味，而游戏是一种直观的、趣味性很强的活动，小学生对具体形象的内容、生动活泼的教学模式比较感兴趣，教师应把游戏活动引入课堂，不失时机地将数学知识"趣味化"，以激发学生的求知欲望和竞争意识，帮助其领悟数学知识，提高学生分析和解决问题的能力。这种寓教于乐的教学模式，不仅可以活跃思维，更重要的是可以充分激发学生学习数学的兴趣。教育游戏在小学数学教学过程中的应用要遵循适当、适时、适度原则，只有正确地把数学游戏引入课堂，才能达到预设的教学目的，才会取得理想的效果。

一、教学目标要明确

在小学数学课堂中采取游戏化教学模式，是为了更有效地实现教学目标。为了活跃课堂气氛，而盲目地引入数学游戏，会使课堂秩序混乱，达不到预期效果，它与一般游戏的区别在于它是应用于教学过程中、结合教学目的而从事的游戏活动。

案例1：学生学习加减法口算时觉得单调枯燥，为了提高学生学习积极性，我在新授后设计了一个送信游戏。四个绿色信箱贴在黑板上，信箱上写有得数，老师出示不同口算算式卡片（做成信封式卡片），让学生上来手拿卡片说"我是小小邮递员"，然后把算式卡片投入到正确的信箱里，如果送对了全班同学齐声说："好好好，你是个称职的邮递员。"如果送错了，就另请一名同学上来当邮递员。这个游戏一做同学们劲头更足了，争先恐后地举手，都想上来当一回邮递员，口算的速度和正确率也大大提高了。

因此，每一个教学游戏的设计都应该服从教学的需要，服从教材的需要，把抽象的甚至于枯燥无味的数学知识与儿童喜闻乐见的游戏模式有机地结合起来，既要充分体现数学教学的特点，又必须充分具备游戏的特征。游戏教学模式的目的是"教学"，手段是"游戏"；教学为内容，游戏为形式。

二、保持教学严肃性

教育是严肃的，同样，教育游戏模式也是严肃的，不能因为游戏的娱乐性而让学生产生错误的认识，忽略学习的任务，使教育丧失严肃性。在这个环节中，教师要充分发挥引导作用，积极的对学生进行开导和严密监督，对数学游戏进行合理安排，不让游戏的娱乐性掩盖了它的教育性。因此，游戏教学模式的设计要"精"。游戏设计都是直接为一定的教学内容服务的，而不是为"游戏而游戏"。

案例二：在《游戏规则的公平性》教学中，让学生抛硬币 10 次，并做好记录，看看有几次正面朝上，几次反面朝上。学生立刻来了兴趣，只听见嚓嚓啪啪的硬币弹跳的声音，游戏让笑容在课堂上绽放，知识在游戏教学模式中渗透，结论在记录中产生。

一个好的游戏教学模式，无论是内容还是形式，都应该使学生产生强烈共鸣，也就是说满足学生喜欢好奇讨厌呆板的心理，给学生耳目一新的感觉，整个活动过程中老师只是一个组织者，要重视学生的主题作用，要在游戏中给学生创造活动的天地，让学生用脑想、用眼看、用耳听、用嘴说，学生始终是游戏真正的主人。

三、游戏时秩序要严密

游戏教学模式的顺利开展，需要较为完备、严密的规则。

案例三：在一节《分类》教学上，老师为了激发学生兴趣，准备了很多类型的糖果、小零食，分装在小袋子里发给每个小组，为本堂课教学作准备。因为孩子小，袋子里的食物颜色鲜艳诱人，孩子们没法控制自己，课堂、老师、知识通通抛之脑后，开始攻击袋子里的食物，顷刻，整个课堂处于混乱状态。再想把课堂教学引入正轨，顺利完成本节教学任务就很难了！

游戏教学模式规则是根据游戏任务而提出的，每个游戏参加者必须遵守行为规范及行为结果的评判处理规定。它是游戏中控制学生认识活动和游戏进行的主要武器。教学模式通过游戏规则来引导，游戏朝既定的方向发展，通过游戏规则把教学任务有机地结合起来。此外，组织游戏过程要完整、善始善终。游戏之前要讲明有关规定，游戏过程中要处理好个体与群体的关系、竞争与合作的关系，游戏结束后要结合游戏开展评讲。教师要针对游戏环节中没有涉及的重要内容，引导学生通过其他途径自主性学习，对于游戏教学模式环节中出现的不合理的地方及时用于调整和纠正，通过总结和反思，帮助学生达到对知识的融会贯通。

四、游戏的时机要恰当

游戏教学模式的运用并不意味着整个课堂充满了游戏，也不意味着每一节课都非要安排游戏不可。不同的课、不同的游戏所运用的时机不同。教师应该根据不同的教学目的、教学内容、课堂教学的具体情况等巧妙安排，灵活运用。

案例四：一次数学课中，我在黑板上出了这样一道题：把一根长 12 米的绳子，分给甲、乙两人扎包用，甲包裹大，应多分 2 米，问甲、乙两人各分得几米？我要求学生先分组讨论，再根据讨论意见，把各组准备的绳子拿出来分分看。这时学生中拉的拉、量的量、剪的剪，个个十分感兴趣。从各组汇报情况来看，基本上只有两种方法，一种意见是把绳子一端先卷起 2 米，后将余下的部分对折，再从对折处剪断，列式为：乙分得：（12-2）÷2=5（米），甲分得 5+2=7（米）；第二种意见是：先把绳子对折，然后从对折处的一端退后一米剪断，列式为：甲分得 12÷2+2÷2=7（米），乙分得 12-7=5（米）。这时我分别请两名学生量一量两根绳子的长度是否与计算的结果相符。这种教学模式训练学生动手操作和探讨的游戏，不仅形象易懂，而且学生兴趣盎然，思维始终处于活跃状态。

案例五：形象地表现"找朋友""送信""摘苹果""猜数"等游戏是借助学生的表演动作来理解数学知识。例如学生学习乘法口诀时，学生甲拿着口算卡片"4×6"说："我是 4×6，我的朋友在哪里？"学生们想出答案举起乘法口诀卡片"四六二十四"说："我是四六二十四，你的朋友在这里。"学生甲继续说："我是 9×3，我的朋友在哪里？"学生乙举起卡片说："我是三九二十七，你的朋友在这里。"通过这个游戏，学生都能正确掌握乘法口诀的来源，并能熟记乘法口诀。再如：学生学习一位数乘两位数的口算时，采用猜数游戏，一位同学戴上孙悟空面具，出题让同学们猜出准确的得数："14×（ ）=28，谁来猜？15×4=（ ），谁来猜？……"猜对了"孙悟空"奖给一朵小红花，全班同学纷纷举手，气氛热烈，大大提高了口算速度。

总之，小学数学课堂教学中应用数学游戏能为学生动手、动口、动脑、多种感官参与学习活动创设最佳情景，激发学生学习兴趣，最大限度地发挥学生的身心潜能，省时高效地完成任务，同时又培养学生良好的学习习惯和心理素质，使智力与非智力品质协调发展。

综合上述，游戏教学模式是小学生喜闻乐见的活动形式，它在数学教学活动中有十分重要的作用。对于小学生来说，游戏教学模式让他们学习的积极性更高，游戏教学模式让他们在轻松愉快的气氛中学到知识，关键是要找到数学教育与数学游戏的最佳结合点，这是一项艰苦和长期的任务。教育工作者要充分发挥作用，为学生提供正确的引导，加强对游戏教学模式的开发与研究，为学生创设更有利的学习环境，最大限度地开发学生潜能。因此，在教学中我们要努力开展形式多样的数学游戏模式教学，使学生都积极地参与到数学游戏教学模式中来，在游戏教学模式中乐学，在获得数学知识和方法的同时，其思维能力、情感态度与价值观诸方面都得到发展。

参考文献

[1] 祁和江. 初中数学教学中数学游戏的运用与实施途径分析[J]. 新课程导学，2014（13）：6.

[2] 李霞. 数学游戏融入数学教学的态势分析[J]. 新课程·中旬，2014（6）：168-169.

[3] 田俊，李书明. 利用互动游戏教学强化弱智学生学习能力[C]//教育技术的创新发展与服务. 2006：195-198.

[4] 顾娅娟. 在学习中寻找乐趣 —— 对小学数学游戏教学模式的实践与探析[J]. 考试周刊，2013（18）：73.

[5] 项莉，洪磊. 新课程标准农村小学英语游戏教学模式可行性研究[J]. 吉林广播电视大学学报，2010（6）：117-118.

数学课堂教学中游戏模式的探讨

王开娅

（米易县撒莲镇中心学校）

摘　要　好的教学模式是一堂课成功的保障和前提，如何在堂课中充分、有效地选择教学模式，提高课堂效率是新课程改革下摆在教师面前的重要问题。文章通过简析几种常见的课堂教学模式，提出游戏课堂教学模式，通过详细案例，阐述游戏课堂模式的作用、应用及其利与弊，让教师把教学内容寓于游戏之中，引导学生在玩中学，趣中练，乐中长才干，赛中增勇气。

关键词　课堂教学；模式；游戏；数学

一、几种常见的教学模式

1. 讨论式教学模式

这一种模式的主要特点是：以学生为主体，在教学的过程中，让学生积极参与教学的全过程，让学生在学习的过程中主动去发现问题，共同解决问题。在讨论的过程中培养学生的实践能力，培养学生分析解决问题的能力，直至培养创新思维能力。教师的作用主要是引导学习的方向，帮助学生解决学习过程中遇到的问题。

这一种模式由于是以学生为主体，使学生有了更多的发展空间，提高了学生的学习积极性与主动性；由于是全体学生的积极参与，使各个层次的学生都得到共同的提高；由于是由学生去发现问题和解决问题，使学生在学习知识的同时也掌握了学习的方法，提高了教学的整体效益。

2. 交互式教学模式

这一模式主要是在讨论教学模式基础上的改进与优化，增强了教师与学生的相互交流。

这一模式由于加强了师生之间的交流，使课堂教学更加具有目的性，教师可以在交流的过程中更加及时地了解课堂的动态，适时地引导学生进行学习，最大限度地提高课堂教学效果。

3. 实践式教学模式

这一模式主要是针对一些实践性较强而且具备必要条件的课型进行设计的。其主要的特点是：让学生动手实践，在实践中探索知识，掌握知识，同时培养学生的动手能力和实践能力。

4. 讲座式教学模式

这一种模式主要是对学习方法与学习技巧方面的潜在因素进行专门的学习，重点在于培养学生的学习能力，为学生今后的学习打下坚实的基础。

二、游戏在新课堂教学模式中的作用

小学数学课堂教学中应用数学游戏能为学生动手、动口、动脑、多种感官参与学习活动创设最佳情景,激发学生学习兴趣,调动学生的积极性,最大限度地发挥学生的身心潜能,省时高效地完成任务,同时又培养学生良好的学习习惯和心理素质,使学生得到全面的发展。其表现在以下四方面:

1. 激发学生学习的兴趣

托尔斯泰说过:"成功的教学所需要的不是强制,而是激发学生的兴趣。"能使学生在愉悦的气氛中学习,唤起学生强烈的求知欲望是教学成功的关键。

小学低年级学生学习动机的形成是以需要和兴趣为首要条件的。他们对有兴趣、有感情色彩的内容会主动去追寻和掌握。游戏教学活动中的趣味性、探索性使他们较易产生积极的情绪体验,这种情绪体验可以影响他们对渗透在游戏形式中的学习内容产生兴趣,促使学生从游戏的动机向认识动机转化,从而引导学生的认识兴趣从一般的、偶然的兴趣阶段向比较稳定的认识兴趣转化,认识兴趣又可以引起学习的兴趣和需要。

2. 游戏能调动学生的多种感官参与学习

小学生的思维特点以形象思维为主,他们善于形象记忆,逻辑推理能力较弱。他们需要有可感知的具体事物来支持,思维才能进行。因此,在学生学习新知时,充分运用直观手段,丰富学生的感性认识,让他们的眼、耳、口、手、脑等多种感官都参加到学习活动中来。

3. 有利于学生身心的发展

一方面,小学生的骨骼比较柔软,富有弹性,肌肉收缩力较差,需要适宜的活动。在课堂上长时间保持一种姿势,会使有关的肌肉群总是处在紧张的状态。而游戏教学活动可以使各个部位的紧张和粘连的状态得到缓解。有人把儿童这方面的需要称为外感官刺激的需要,游戏教学可以使这种需要在课堂上得到一定程度的满足。

另一方面,小学生的神经系统还不够成熟,因此在学习过程中很容易疲劳,通过游戏活动和书本知识教学相互交替,有助于儿童左右脑交替得到休整,符合大脑皮层镶嵌活动的规律。当教学信息不能引起儿童兴趣时,他们就会出现注意力分散、坐不安定、做小动作等现象,以致影响到教学的效率。由于游戏教学具有趣味性,因此它可以帮助学生调节上面出现的这种矛盾,在促进儿童中枢神经系统平衡方面具有一定的作用。

游戏教学符合小学生的生理特点,也符合小学生的心理特点,它可以缓和课堂上的紧张气氛,营造令人奋发向上的氛围。教学游戏中的竞赛性可以激发学生的求胜心理,可以促进他们积极参与,并有利于克服胆腆羞怯的心理,提高并保持良好的身心愉悦状态,合理的游戏规则,适当的奖惩,培养了学生的组织性和纪律性。所有这些都有利于儿童的身心发展。

4. 培养学生的合作精神

数学游戏教学能够培养学生的合作精神,能够使他们在活动中愉快地合作,从而完成任务。前面已经阐明,数学游戏教学必须遵循合作性原则,那么也就是说,游戏教学能够培养学生们的合作精神,提高他们的协作能力。游戏教学方法很多时候都是以竞赛活动的形式出现的，对学生进行分组让各个组来进行竞赛。而对于整个组来说，它不仅仅是依靠个人的力量，而是需要整个组全体同学的共同努力，充分发挥他们的协作能力和合作精神，才能够完成任务。如果在数学教学中，多采用这种竞赛活动的游戏教学，不但能够促进个体精神的发展，而且能够培养学生们的合作精神，提高学生们的协作能力。

三、游戏在新课堂教学模式中的应用

教师应该根据不同的教学目的、教学内容、课堂教学的具体情况等巧妙安排，灵活应用。让游戏走进我们的数学课堂，爱因斯坦说过："兴趣是最好的老师。"数学作为一门抽象学科，对于小学生来说存在一定难度，因此，要使学生学好数学，就必须要激发学生对数学的兴趣，把枯燥无味的数学变成有趣的数学。小学教学属于启蒙阶段，培养学生的兴趣关系到他们日后对此科目的喜爱程度和重视程度。笔者认为：通过游戏的方式激发学生的思维和热情，把学生的情绪调整到高涨状态，有助于提高学生的学习兴趣。

下面就以《用字母表示数》为例来谈一谈游戏在数学课堂中的应用。

活动一：

创设情境，导入新课。

谈话：同学们，我们来轻松一下好吗？谁能来唱一唱英文字母歌？

游戏设计意图：让学生消除心里的紧张情绪，拉近师生之间的距离，为后面的课堂气氛做准备。

生活中哪些地方还用到字母？字母在我们生活中有许多广泛的应用，在音乐简谱中它表示音高，在车牌号上可以表示一个地区……同样，在数学中也经常用字母来表示数量，这节课我们就来研究怎样用字母表示数。

板书课题：用字母表示数。

活动二：

儿歌导入，初感新知。

1. 今天，老师给大家带来了一首很有趣的儿歌，我们一起唱好吗？

1只青蛙1张嘴，2只青蛙2张嘴，3只青蛙……

大家接着唱……提问：这首儿歌能唱完吗？

2. 青蛙的只数发生变化了，这时你能怎样表示青蛙的只数呢？（很多只，无数只）除了这样表示，也可以用一个你喜欢的字母表示青蛙的只数。

板书：n只青蛙n张嘴。

游戏设计意图：教师通过学生感兴趣的儿歌导入，充分地调动了学生学习的积极性，自然地导出用字母表示数，渗透了数学来自于生活的思想，使学生能全身心地投入到数学活动中。

活动三：

巩固练习，应用拓展。

1. 儿歌接力赛，巩固练习。

（1）刚才我们一起念了儿歌的前半句，老师看得出大家都觉得不过瘾，现在我们把难度加大，把这首儿歌念完整。

出示游戏规则：以小组为单位，每人说半句，说错或超过五秒的同学被淘汰出局，剩下的同学接着玩，最后一名同学获胜，每组只玩一次。

以小组为单位玩儿歌接力赛，教师巡视指导。

（2）汇报交流。

请获胜的同学用最兴奋的手势告诉老师（注意气氛），并请获胜者代表谈秘诀。

在学生回答的基础上出示课件，指名填空。

讨论交流：能不能也用一句话把这首儿歌说完？

小组交流，根据学生汇报得出：

n 只青蛙 n 张嘴，$n \times 2$ 只眼睛 $n \times 4$ 条腿。

师：$n \times 2$ 和 $n \times 4$ 分别表示什么的数量？为什么要用 n 乘 2 和乘 4 呢？有的同学数得既快又准，有什么方法或者窍门吗？

（有规律：嘴的张数和只数相同，眼睛是只数的 2 倍，腿是只数的 4 倍）

儿歌就可以简写为：n 只青蛙 n 张嘴 $2n$ 只眼睛 $4n$ 条腿（并板书出示）

师：你们真了不起，这么快就把规律找到了，看来咱们都是爱动脑筋的小朋友。

小结：用字母可以表示数，含有字母的式子也可以表示数量间的关系。

板书：表示数量间的关系。

游戏的设计意图：利用有趣的儿歌，把学生带进可爱的情境，并激发学生通过儿歌接力赛、讨论交流等形式，让学生在素材中自己发现问题，自己解决问题，从而体验如何用字母来表示数量之间的关系。

活动四：

总结全课，画龙点睛。

问：这节课你玩得开心吗？请谈谈你的收获。你觉得用字母表示数有什么好处？

回答到要点即可（简洁，重要）。

师：如果用字母 A 表示非常满意、B 表示比较满意、C 表示有点遗憾，你准备给自己选哪个字母？你还想把 A 送给谁？为什么？那你准备把哪个字母送给老师呢？

游戏的设计意图：学以致用，总结全课，画龙点睛。

四、游戏教学在新课堂教学模式中的利弊分析

虽然游戏教学有很多的优点，但它也有不足的地方，表现在：

1. 游戏内容与教学内容相偏离

运用游戏教学本来是使教学内容变得更加形象、生动而有艺术性，是具有积极意义的，然而，笔者发现有的教师运用游戏的内容与教学内容严重脱离实际，有的甚至风马牛不相及，教学游戏便成了一般的娱乐游戏，其结果只是给孩子们带来一阵欢笑而已。

2. 游戏形式陈旧、单一，缺乏创新性、思维性

运用游戏教学，可让课堂气氛活跃，使学生的学习兴趣更加浓厚。然而陈旧单一的游戏形式，也会使学生产生厌倦感受。如许多教师上课时经常运用"找朋友""对口令"游戏。起

初，同学们还有新鲜感，后来运用多了，便觉得腻味，有时甚至还产生反感情绪，给教学带来一定的消极影响。

3. 游戏运用"量"多"质"低

课堂教学中运用游戏"量"多"质"低的现象也很普遍。曾有一位小学教师在讲授加法运算时，采用了五种形式的游戏：对口令、找朋友、摘苹果、小猫钓鱼、蜜蜂采蜜。学生忙得不亦乐乎，其实是疲于应付，而教学效果却事倍功半。

综上所述，教学游戏的应用并不意味着整个课堂充满了游戏，也不意味着每一节课都非要安排游戏不可。运用恰当的教学游戏虽然只占课堂教学几分钟，却能够带来良好的教学效果。不同的课中，只要根据一定的规律和课堂实际情况来精心设计数学教学游戏，数学课堂教学一定会达到最佳效果。

参考文献

[1] 侯雁飞. 美国数字游戏教学模式对我国历史教学改革的启示[J]. 教育科学，2013，29（5）：82-85.

[2] 杨朝珍. 游戏教学模式在小学数学教学中的应用分析[J]. 读与写：上、下旬，2014（5）：159-159.

[3] 顾娅娟. 在学习中寻找乐趣 —— 对小学数学游戏教学模式的实践与探析[J]. 考试周刊，2013（18）：73.

[4] 项莉，洪磊. 新课程标准农村小学英语游戏教学模式可行性研究[J]. 吉林广播电视大学学报，2010（6）：117-118.

小学数学课堂"五步教学法"教学模式研究

陈红华

（米易县白马镇中心学校）

摘　要　传统的课堂教学教师讲解过多、过细，留给学生自主学习的空间太小。这样的教学抑制了学生主体作用的发挥，容易使学生产生依赖心理，不利于学生主动探求知识能力的培养，最终会影响学生整体素质的提高。新课程提出了自主学习的概念，它提倡教育应"注重培养学生的独立性和自主性，引导学生质疑、调查、探究，在实践中学习，促进学生在教师指导下主动地富有个性地学习"。小学数学自主学习教学模式是小学教育改革的突破口，是实施素质教育的重要渠道，它从培养学生自主学习意识出发，充分发挥自我教育潜能，最终达到整体素质的提高。近年来，我们根据自主学习的主要表现形式，并结合数学学科系统性强的特点，在教学中不断探索实践，总结出了行之有效的小学数学自主学习"五步教学法"教学模式。

关键词　小学数学；自主学习；教学模式；五步教学法

　　新课程标准明确提出了自主学习的概念，它提倡教育应"注重培养学生的独立性和自主性，引导学生质疑、调查、探究，在实践中学习，促进学生在教师指导下主动地富有个性地学习"。自主学习相对传统教学模式的以教师教为主提出的理念，相对于接受式学习而存在。它对学生形成学习兴趣、学习能力、学习主动性都有着极其重要的作用。如何在课堂教学中体现学生的自主学习呢？笔者以为需要实现以下几个方面：一是学习目标自我确定；二是学习方法自我选择；三是学习过程自我调控；四是学习结果自我反馈。下面，我将结合自己多年的教学实践经验及心得谈谈自己总结出来的学生自主学习模式"五步教学法"——作好铺垫，建立联系；揭示课题，明确重点；积极探究，发现新知；应用新知，解决问题；把好总结，提高效率。

一、作好铺垫，建立联系

　　这一教学环节是教学过程中新知识的生长点，是认识的起点和依据，是形成新知识结构的根基。小学数学知识大部分是学生已有生活经验的认知积累和建立在旧知识基础上的扩展延伸，教师要根据知识之间的内在联系，选准与新知识联系最密切的旧知识，找准新旧知识之间的连接点，设计铺垫性练习，唤起学生的原认知。这一过程是学生自主学习新知的前提，通常可采用实物、故事、游戏、设疑等形式形成学生创设富有激发性的教学情境，诱发学生主动探知的动因，引导学生一开始就进入自觉学习的状态。这一环节教师要灵活应用，有时根据教学内容的特殊性，如：长方形的面积等与旧知识联系不大的内容，此环节可以取消不要，教学时可直接进入第二步。

二、揭示课题，确定重点

课题好比是人的眼睛，它是一节课不可缺少的一个亮点。揭示课题的目的是让学生明确要学的内容是什么，以便引导学生根据"题眼"自主提出想要知道和解决的问题，从而参与确定学习目标。一个人不能盲目从事，学习也是一样，如果一节课想知道、解决些什么问题，要达到怎样的目的心中没数，学生学习起来会抓不住要领，结果还是"教师牵着学生鼻子走"的被动学习，自主学习无疑落不到实处。因此，教师要引导学生自主参与确定学习重点，这种素质有赖于教师耐心培养。教师不能主观上认为小学生不善于提问，就包办代替，把课前自己确定好的教学目标向学生口述一遍，或者用小黑板、电教仪器等手段出示让学生读或者看一遍了事，这样实质上还是不能变"要我学"为"我要学"。

学贵有疑，大疑则大进，小疑则小进，不疑则不进。教师要善于引导学生通过质疑提问来参与确定学习目标。中、高年级的小学生，已掌握了一定的知识和方法，具备了参与确定学习目标的基本能力，只要教师引导得法，学生参与确定学习目标是完全可能的。例如：我在教学"圆的面积"时，揭示课题后问："同学们，你们看到这个课题，想到了哪些问题或者想明白什么问题？"学生积极发问："我知道长方形的面积是长乘宽，正方形的面积是边长乘边长，但是圆是如何求面积呢？""我想知道求圆的面积需要有哪些方面的条件？""我想知道，我们为什么要学习圆的面积，现实中有哪些地方能用到？"……我从学生的提问中筛选出重点问题，根据学生参与制定的重点进行教学。由于目标明确、集中，而且目标来自学生，学生学得兴趣盎然，收到了极好的教学效果。学什么、学到什么程度由学生自我确定，这样就可以充分照顾到学生间的差异，让学生根据自己的情况，提出适合自己的学习目标，各自在原有水平上都得到发展，这正体现了数学课程标准中的一个重要理念：不同的人在数学上得到不同的发展。当然，学生自我确定学习重点，不可能一蹴而就，而要经历一个过程，教师范例引路—班上优等生带路—中下成绩学生逐渐上路。学生提问的类型也将经历，零碎型—广杂型—价值型。中、高年级的学生，一般经过一学期左右的训练，60%左右的学生能根据所学知识的类型凭借已有经验提出具有"价值型"的主要问题。经过一学年左右的训练，80%左右的学生基本能自我确定学习目标。教师在教学中，第一、二步有时根据需要可进行互换。

三、积极探究，发现新知

这一过程是学生在教师的引导、启发下，通过积极主动地自学尝试，自己独立思考发现问题—小组探究讨论问题—全班合作交流解决问题。这一过程是教学的关键，教师要有意识地设置问题情境，激发学生的认识冲突和深入探究的欲望。学生在探索新知的过程中会遇到这样或那样的困难，也会产生种种情感。教师要注意因势利导，不断加强学法的点拨，为学生思维"铺路架桥"，帮助学生克服认知上的障碍，激发积极的情感，坚定克服困难的信心，引导学生在原有知识和已有生活经验的认知基础上独立构建新知，从而培养学生自主学习的意识和能力。

自主学习能否真正落到实处，这一环节是关键所在。教师在这一过程中要尊重学生自我选择学习方法的权力，充分相信学生在学习过程中自我调控的能力。每个学生的认知风格是不一样的，如有的学生在学习时喜欢独立思考，而有的学生则喜欢与人交流。其实每个学生都有自己偏爱的、较为稳定的学习方式。我们不应该强求一律，要为每个学生提供自由选择学习方法的空间。这既尊重了学生认知风格和学习方式，又有利于培养学生的学习策略意识。教师在引导学生自主探究、领悟新知这一过程中，不能整齐划一地去硬性规定。因为即使是相同的内容，不同的学生在学习时所需的时间和所采用的方法也是有差异的。过去教学"长方形的周长"时，教师要求学生统一用"（长＋宽）×2"这个公式进行计算，长此以往学生就失去了个性，也就失去了创造性。新课改的理念强调让学生富有个性地自主学习。比如，如今的教材"长方形的周长"这部分内容里已经没有"（长＋宽）×2"这个公式了，很明显教材的编写意图是：让学生在理解长方形周长含义的基础上，用自己喜欢的方法计算长方形的周长。我教学这个内容时，在引导学生讨论"怎样计算长方形的周长比较简便？"中，有的学生就认为"（宽＋长）×2"简便，这又何尝不可呢？可见计算方法不是课本说了算，也不是教师说了算，而是学生自己说了算，这样能让学生获得自主探究的成功体验。

四、应用新知，解决问题

数学知识来源于生活，应用于生活。通过这一教学环节，既可以了解学生对新知掌握的情况和检测达成目标的程度，又是形成技能技巧的训练。教师根据本节课的教学目标、重点、难点设计好练习，练习的内容要面向全体学生，难易适度，有趣味性和阶梯层次，习题既要有强化新知的单一基础题，又要有动手操作的实践题；既要有突出重点的针对题，又要有克服思维定势的变式题；既要有以新带旧的综合题，又要有一题多解的开放题。力求学生通过不同形式、多个层次的练习，认知得到提高，思维得到发展，综合与灵活运用知识解决问题的能力得到培养。为了及时了解每个学生的学习效果，学生的练习题最好在课堂上校正。可采用同桌或小组互批、互改，教师引导学生互评、互改，或自评自改，随机发现问题及时纠正等形式。这一过程充分发挥了学生互相协作、自主学习的功能，减轻了学生的课业负担，也节省了教师批改作业的时间，提高了教学效率。

教师在这一教学环节中，可以试着引导学生自己编练习题来做，或者同学之间互编互做。题型与形式教师可不做要求，只要与本节课学习的新知识有联系的都可以。集体的智慧是无穷的，孩子们的世界是丰富多彩的，不要低估自己的学生，只要我们教师敢于大胆放手、引导得法，学生就能编出一些让你满意或惊喜万分的练习题。这样既可以丰富学生的知识来源，又可以激发学生的学习兴趣，提高学生学习的主动性。这何乐而不为呢？

五、把好总结，提高效率

全课总结是教学中最后一个过程。传统教学中这个环节基本都是由老师完成，其实这种总结不应该只是简单地表述一下一节课的主要内容，而是学生一个极好的自我反思机会。这种自我反思的过程是一个思想升华的过程，是教师无法替代的。教师必须注意引导学生主动、积极地谈本课学习的收获，归纳所学的内容，通过整理，形成知识体系；谈本节课的体会，总结学习方法，从自己的学习过程体验中，悟出应该怎样学的学习方法，会比较不同的思考方法，能体验到学习数学的快乐，而这种体验性的东西是别人无法替代的，对逐渐培养学生学科兴趣、学科情感都非常重要。例如，我在教学每堂课结束时，都经常为学生留下引导其自我总结的问题：

（1）本节课我学习到了什么？

（2）本节课我有什么体会吗？

（3）我对本节课的学习经历有何感受？

（4）本节课的问题解决主要采用了什么方法？还有别的方法吗？

（5）本节课的学习对我的生活有什么影响吗？

（6）本节课学完你还有什么问题？

我让学生先对照这个问题训练单自己想一想，本节课自己的收获或体会，然后再请学生把自己的想法说出来，让全班同学都来分享。好表现是儿童的天性，他们踊跃发言："这节课我掌握……""通过这节课的学习，我知道了……""通过这节课的学习，我能……""我这节课学会了……""我还有……"从这些教例中可以看出，只要教师在总结这个环节上给学生提供空间和机会，就能达到让学生自己去总结评价学习结果的目的。

通过多年来的教学实践证明：小学数学自主学习"五步教学法"是一种行之有效的教学方法。它省时高效，能在课堂上最大限度地挖掘学生的潜力，能很好地提高学生自主学习的能力，有利于培养学生的创新意识，能让每一个学生都能获得较好的发展。

参考文献

[1] 庞维国. 论学生的自主学习[J]. 华东师范大学学报：教育科学版，2001，20（2）：78-83.

[2] 刘秋香，徐丹，傅海伦等. 对数学教学模式的再认识[J]. 教育科学研究，2013（10）：51-55.

[3] 陈连军. 建构主义理论视角下引导—互动式教学模式的探讨[J]. 黑龙江高教研究，2014（4）：150-152.

[4] 毛艳."五步教学法"教学模式中学生良好学习习惯的培养[J]. 软件：教育现代化，2013（12）：357-357.

[5] 郭汉民，李永春，田丹等. 传授知识与培养能力的有机结合 ——试析研讨式五步教学[J]. 湘潭大学学报：哲学社会科学版，2006，30（5）：140-143.

简析数学课堂教学中的几个误区

杨银成

（米易县湾丘彝族乡中心学校）

摘　要　基础教育课程改革实验已进行了数年,课改实验使课堂教学呈现出生机勃勃的景象,改变了以前那种缺乏生气的教学氛围和呆板的学习方式,活跃了师生的思维,激发了师生的创新意识,促进了师生关系的融洽。文章以新课程标准要求为标准,阐述了新课程标准下数学课堂教学中存在的"重知轻用""满堂灌到满堂问""空洞的热闹""虚化""多媒体使用不当"等几个误区,并结合实际作了正确的论述。

关键词　数学；课堂教学；误区

基础教育课程改革实验已进行了数年，课改实验使课堂教学呈现出生机勃勃的景象，改变了以前那种缺乏生气的教学氛围和呆板的学习方式，活跃了师生的思维，激发了师生的创新意识，促进了师生关系的融洽。但同时我们也看到，在新课程标准下的数学课堂教学中，还存在着几个误区。

一、数学课重"知"轻"用"

新课程标准明确提出数学具有基础性及实践应用性的特点，受到传统教育观念的影响，许多教师在实际教学工作中存在着重数学的基础性教育，而忽视数学的实践应用能力培养。不恰当地认为要强化知识教育，以知识为本，面对新教材将课前的"预习要求"和课后的"做一做"都对知识性内容作了弱化处理情况，大部分教师东挪西凑，到处搜索作业题补充学生课内、外作业量，以达到巩固和加深学生对所教学知识的掌握力度。学生的题量加大了，学生对知识的掌握也加深了，可是这些教师却忽略了学生的数学实践能力培养和学生的"思想教育"与"精神培养"的工作，致使教学工作成了社会上所说的"大书呆子制造的小书呆子"现象，由于缺少学生数学实践应用能力的培养，学生所学知识在实践应用中难以发挥其效用。这是教师偏重于数学教学的基础性，弱化了实践应用性的最终结果。

如上所述，一个人终身发展中必需的数学实践应用能力是不能忽视的。数学轻了"用"，轻了实践，缺乏了生活的联系，是一种数学教学中的极端。

二、由"满堂灌"走向"满堂问"

在课改实验中，那种以教师为中心的"满堂灌"式的课堂教学现象已不复存在，遗憾的是，取而代之的却是"满堂问"式，即所谓的启发式教学。在这种"满堂问"的支配下，教师在课堂上连续提问，或是非问，或选择问，或填空问，或自问自答，学生则习惯性地举手，仓促地回答问题，或置之不理，保持沉默。对于学生的回答，教师也只作简单的肯定、否定，或不置可否，然后自己补充讲解，再提出问题……教师并不重视自己的提问是否必要，是否有用，是否得当等。

在实际教学中，教师"启发式提问"应把握两个关键。一要找准切入点。这个切入点，对课堂而言，覆盖全堂，具有"牵一发而动全堂"之效；对学生而言，这一点能开启学生的心智，激活学生的思维，引发学生进行深层的多向的思考与探析。如《简易方程》中"解方程我们应该遵循什么原则，解方程应该如何进行？"这样的问题既立足于文本，又关照了学生。学生顺着这一问既能深入了解本堂课所要学的主要内容，又能引发自身的探索意识，对知识进行深入探讨。一堂课有这么一两问就足够了。这样一来，课堂上不再是烦琐提问的干扰，而是一种多元的、充满生气的交往对话。除此之外，还要有敏锐地洞察、果断地把握学生思维流向及流程的教学机智。

三、空洞的热闹

新课程标准的要求给数学课堂教学带来了新鲜的活力。课堂上，教师不必拘泥于"教参"上的标准答案，也不必受考试内容的拘束，手脚一放开，自然就有了一份潇洒，课堂形式也随之多样起来，演示、表演、辩论……层出不穷的授课方式，让数学课有了盎然生机。然而，热闹的课堂是否就等于丰硕的收获？我在参加数学教学交流的活动时，常看见教师们花费大量精力来设计活动，课堂上师生之间热热闹闹，但是课本被搁置在一边，一堂课下来，只见活动的热闹，不见知识与应用的有效阐发、挖掘和共鸣。而且，课堂上教师的随机点拨欠缺，不能有效引导学生进行发散思维，结果，这样的课堂只是让人感觉"热闹得空洞"。

如何上好一堂课，我们很难有一个统一的标准去加以衡量。不同的教师，面对不同层次的学生，没有最好的，只有此时此地最有效的。所以，教学形式的选择不妨各行其是。然而，就数学教学来说，立足知识点却是不容忽视的一个前提。就知识点与活动的关系而言，知识点是主干，活动是枝叶，活动是为知识点服务的。如果在备课和上课时只是专注于活动，一味花力气在活动中创新出花样，脱离、偏离、忽略了知识点，无异于本末倒置。

四、课堂教学"虚化"

许多教师为了提高学生学习的兴趣，激活学生学习的兴奋点，采用了新颖、灵活的教学手段，并取得了一定的效果，但也存在一定的问题。

首先是课堂上小组讨论的问题。这种教学方式的优越性自不用说，但是在教学实践中也出现了形式上的倾向。最明显的表现是：教师提出问题，然后一声令下："讨论！"学生就分组围成了一团，学生的讨论声响成一片，课堂气氛非常热烈。几分钟后，教师一声令下："停止讨论！"于是学生的讨论声戛然而止。结果展示讨论成果的往往是几个优等生，大部分学生只是在那里作"看客"。不能真正起到讨论的作用。所以真正的讨论，应该是教师提出问题后，给学生以充分的思考时间，切不可学生的思路刚刚打开就草草收场，使讨论只流于表面的形式。

除此之外，课堂"虚化"的问题还表现在：（1）目标"虚"。目标设置得高、多，课堂上得不到落实，特别是知识点得不到落实，数学的实践应用被忽视。（2）评价"虚"。教师对学生参与的评价、反馈"虚"，只说"答得好""答得不错"，没有实质性的评价。

五、多媒体使用不当

运用多媒体教学，在直观化、形象化方面绝非传统教学手段所能比。它所营造的由形象、色彩、声音等构成的综合氛围，使学生"身临其境"、倍感真切，从而大大激发了学生的学习兴趣。因此，不少教师喜欢借助多媒体进行教学。然而，大量教学实践表明，音像手段运用于数学课堂，如果控制不当就会成为干扰因素。例如，教学有关平面图形、统计与比例等课时，教师不惜花费大量时间精力，制作、放映相关的多媒体课件。这些课件虽然让人耳目一新，带给学生强烈的视听冲击，引起多种感官的兴奋刺激，但其占用的课堂时间，远远超过学生对知识点的掌握和实践应用能力的培养时间。在许多"观摩课"上，学生看看录像、听听音乐、谈谈感想，似乎"有声有色"，热热闹闹，但这种"观摩课"却往往成了中看不中用的"作秀课"。

数学学科的根本特点决定了数学课程的改革必然是一种扬弃。数学课程改革不能为了"立"而破除一切，为"立"而求新求异，不能借改革之名回避传统和实际，甚至避开规律，当然更不能矫枉过正。处理好课改中的诸多问题，会有利于新课程的健康推进。

参考文献

[1] 赵光华. 数学课堂教学误区初探[J]. 商情，2010（32）：36.

[2] 薛振宇. 对当前初中数学课堂教学误区的几点思考[J]. 中国科技信息，2005（18）：436.

[3] 徐斌. 当前小学数学课堂教学误区剖析[J]. 黑龙江教育：小学文选，2006（7）：37-43.

[4] 郑瑄. 走出数学课堂教学误区之我见[J]. 中学数学月刊，2005（3）：11-13.

[5] 柯怀英，曹海峰. 小学数学课堂教学误区探析 ——运用旧教材体现新理念所引发的思考[J]. 教育实践与研究，2004（1）：45-46.

专题 6

信息技术在城市与农村小学教学中的应用对比研究
——以成都市区与攀枝花农村为例

唐顺平[①]　邓念文[②]　文杨平[③]　杨蓉[④]　沙金龙[⑤]
导师：陈大伟[⑥]

（① 攀枝花市盐边县温泉小学；② 攀枝花市盐边县温泉小学；③ 攀枝花市盐边县红果小学；
④ 攀枝花市盐边县菁河小学；⑤ 攀枝花市盐边县菁河小学；⑥ 成都大学师范学院）

一、研究基本概况

（一）研究背景

当今社会信息技术发展越来越快，农村地区的教育信息化建设也提上日程，教育公平的理念已经得到社会各界的认可。农村地区的教育改革必须与信息化相结合，才能为教育现代化的早日实现提供保障，促进农村地区教育事业的发展，与城市教育水平保持一致，减少两者之间的差距。《国家中长期教育改革和发展规划纲要（2010—2020 年》中明确指出，"信息技术对教育发展具有革命性影响"。城乡之间教育差距的缩小离不开信息技术，四川省委及省政府联合全省教育系统投入大量的人力、财力和物力对教育信息化建设展开专项研究，经过各级部门的共同努力，现在已经卓有成效。但是，由于信息化教育资金并不充足，相关的教学理念和方法也相对落后，教育现代化与信息化还没有真正融合在一起，这种种原因造成信息化的专项研究仍然停留在表面问题上。在立足于成都市经验的基础上，只有结合攀枝花农村地区的实际情况，制定相应的信息化措施，让农村地区的中小学信息化教学更具有实用性，并得到全面普及，才能缩小攀枝花地区与成都教育现代化的距离。通过一定的理论研究和前期调研分析将选题定位为应用信息技术缩小成都市区和攀枝花农村地区小学教育差距策略研究方面，其目的是为了促进攀枝花地区农村中小学教育信息化的建设和应用，为农村教学提供指导，进一步缩小与城镇地区的教育差距，促进农村地区教育现代化的发展，提高攀枝花地区农村小学教学水平和教育质量，以信息技术的有效应用引领攀枝花农村教育发展。

（二）研究目的

通过数据分析来找出信息技术在城乡小学教育之间应用的差距，从而分析成因并找出促

---

* 陈大伟，成都大学教授，提出的"观课议课"被列为"《人民教育》创刊 60 年报道过的最有影响力的事件"（共 33 件），被誉为教师教育的"桥梁专家"。

进教育公平、实现城乡教育协调发展的举措。

（三）研究对象

本次调查是以成都市区和攀枝花农村小学为对象展开的，调查了成都市成华小学、成都市双林小学、成都市电子科大附属小学等 5 所小学，以及攀枝花农村的仁和太平小学、攀枝花市二十三中小、东区十四小等 20 所小学。调查为支撑信息技术在城市与农村小学教学中的应用对比研究课题而展开，选取了市区小学和村级小学两个不同层次的数据做出对比研究。

（四）研究方法

本次调查采取问卷调查的方法，按照随机抽样的方式进行，并在学校针对校领导、老师和同学进行随机访谈，同时制定了小学信息技术现状调查问卷、小学多媒体教学调查问卷、教育技术能力问卷，在成都市小学发放校领导、教师、学生问卷 120 份，回收 110 份，回收率 91.6%。在攀枝花农村小学一共发放校领导、教师、学生 40 份问卷，回收 40 份，回收率 100%，以期全面掌握信息技术在城市和农村小学中的应用差异。

二、城乡小学信息技术应用对比分析

（一）教师层面

1. 教育技术能力的比较

根据成都市区和攀枝花农村的教学实际情况，本次调查选取了教师必备的信息技术技能展开调查，共分为 7 项：电脑基本操作、办公软件（WORD、POWERPOINT、EXCEL）、多媒体课件、电子设备（多媒体电脑、投影仪、电子黑板等）、上网搜索资源、概念图的应用以及电子教案。调查结果如下（见表 1）：

表 1　成都市区和攀枝花农村地区教师信息技术技能调查表

项　目	成都市区				攀枝花农村地区			
	熟练	较为熟练	不太熟练	不熟练	熟练	较为熟练	不太熟练	不熟练
电脑基本操作	81%	14%	5%	0	4%	33%	49%	14%
办公软件	75%	15%	5%	5%	4%	29%	18%	18%
多媒体课件	67%	19%	8%	6%	20%	20%	45%	15%
电子设备系统	81%	12%	4%	4%	4%	35%	35%	27%
上网搜索资源	78%	10%	5%	7%	18%	33%	41%	8%
电子教案	69%	11%	17%	3%	8%	29%	45%	18%

统计结果表明，城乡教师在教育信息能力上具有明显差距，成都市区的小学教师对教育

信息熟练程度均在 65%以上,而农村地区则介于 2%~20%。农村小学的教师普遍只是较为熟练(20%~35%)地掌握了教育信息技术,不太熟练(18%~49%)和不熟练(8%~57%)的比例占据较大,说明农村地区小学教师的教育信息能力明显低于城市小学教师。

2. 信息技术应用行为特征的比较

对于教师在教育环境中使用信息技术方式和习惯作了如下几方面调查,数据如表 2 所示。

表 2　成都市区和攀枝花农村地区教师信息技术行为特征调查表

项　目	成都市区			攀枝花农村地区		
	符合	基本符合	不符合	符合	基本符合	不符合
您愿意使用多媒体辅助课堂教学	100%	0	0	80%	12%	8%
您能灵活的运用多媒体技术教学	81%	12%	4%	10%	55%	45%
您能自主面对多媒体常规故障	51%	35%	14%	9%	15%	76%
您需要更多时间准备多媒体教学	65%	10%	25%	80%	5%	15%
您认为多媒体教学效果更好	100%	0	0	90%	5%	5%
您创造的多媒体情景效果很好	94%	6%	0	90%	10%	0
您能很好地处理多媒体课堂的提问	80%	12%	8%	40%	13%	47%
您善于运用多媒体调动课堂气氛	83%	10%	7%	68%	13%	19%

根据以上数据显示,成都市区能灵活使用多媒体辅助教学的小学教师比例远远高于攀枝花农村地区小学教师,比例相差 71%。而且城市小学教师能够更为自主地处理运用信息技术中遇到的问题,采取更为有效的方式调动班级的学习气氛。尽管农村小学教师非常愿意运用多媒体技术教学,且 90%的教师都认为多媒体情景教学的效果更好,但是他们在准备课件、处理多媒体技术问题、利用信息技术调动课堂气氛上却远远不如城市教师。

(二)培训层面

从信息技术的培训层面来看,从培训次数、培训机会、培训意愿以及培训效果等方面着手,调查结果如表 3 所示。

表 3　成都市区和攀枝花农村地区信息技术培训情况调查表

项　目	成都市区			攀枝花农村地区		
	符合	基本符合	不符合	符合	基本符合	不符合
您每年都会参加信息技术培训	65%	26%	9%	12%	23%	65%
您认为信息技术培训效果明显	80%	12%	8%	21%	25%	54%
您经常主动申请参加培训	56%	34%	10%	36%	26%	38%
您觉得培训内容符合您的需求	66%	11%	23%	61%	13%	26%
您认为培训机会较多	91%	6%	3%	9%	18%	73%

从调查的结果来看，在培训次数方面，城市小学领导、教师和学生每年都参加信息技术培训的比例为 65%，明显高于农村的 12%。在培训机会方面，城市的信息技术培训机会（91%）远远高于农村（9%）。在培训意愿方面，城市中 56% 的领导、教师和学生经常主动申请培训，而攀枝花农村地区则只有 36% 的人经常主动申请。在培训效果方面，成都市区的人有 80% 认为信息技术培训效果明显，有 66% 的人觉得培训内容符合自身的需求，而攀枝花农村地区比例则为 21% 和 61%。因此，在培训次数、培训机会、培训意愿以及培训效果上，农村都明显不如城市地区。

（三）城乡政府的教育经费投入

政府对城乡地区的小学信息化教育均有着一定的支持，但是农村支持力度不够，根据调查与走访的资料来看，城市教室班班都有投影仪，而攀枝花农村地区许多学校十几个班级才有一台投影仪。调查如表 4 所示。

表 4　城乡小学多媒体设备安装教室比较

地区 开通班级数	成都市区	攀枝花农村地区
1 间	0	50%
2 间	0	5%
3~5 间	0	20%
班班通	100%	20%
其他	0	5%

从调查的结果来看，攀枝花农村与成都市区设备投入差距较大，有 50% 的学校只有一间多媒体室，很大程度反映出了农村经费投入的不足。

一方面，在城市小学中，政府对小学教育发展非常重视，往往拨付了许多教育资金，特别是信息技术在教育中的应用更是让教育经费不断充实。而对农村地区中小学教育的管理体制基本都是"以县为主"，如果扩大管辖范围就会出现发展差距，而且这个问题一直都得不到解决。在各省市范围内，经济发展相对落后地区投入的义务教育经费较少，县与县之间存在很大差距。并且，农村地区的中小学教育经费大多都是由教育部门拨付的专项资金，数额不大。另一方面，大型企业或者是专人很少会为农村中小学教育设立专门的教育基金，因此，农村教育经费投入不足问题很难得到改善。

（四）城乡教师的信息技术教育观念

在经济文化等方面城乡之间存在客观差异，这也造成了城乡小学对现代教育技术的认识存在区别。由于历史原因，城市教师接受过的教育理念较为先进，更多更早地接触了信息技术，因此在教育观念上容易革新。而农村地区则不同，教师本身对信息技术的了解就浮于表面，简单地认为信息化教学方式就是从网上查找一些与课堂内容相关的图片和视频，制作成 PPT，通过投影仪给学生播放，这样信息技术与课堂教学就完全融合在一起了，他们并没有进行更深入的考虑，并不了解学生会不会喜欢并接受这种新的教学方式。因此，在教育观念上的差距就直接导致了信息技术应用效果的不同。

（五）城乡小学领导的支持力度

对于城市小学来说，领导对教育的支持力度非常之大，他们本身的教育理念就非常先进，信息技术的引入不再受空间和时间的束缚，教育资源更加丰富，教学形式更加多样，传统教学方法被彻底取代。在农村小学中，信息化教育并没有形成氛围，很多领导没有对信息技术教学产生足够的重视，也无法意识到信息技术带来的革新意义，常常墨守成规，很多老师因为不能熟练进行硬件操作，付出努力却无人认可，常常是劳而无功，教师的积极性受到影响，教学效果并不明显。

（六）城乡小学的师资力量

城乡师资差异主要表现在两个方面：首先是生均教职工人数或专任教师人数的差异。城市教学条件好，设备多，工资福利高，对于优质教师而言都普遍愿意选择在城市教学而不是农村。因此，这就令数量多且规模小的农村小学大量缺乏师资力量；其次是农村教师学历水平明显低于城市中小学教师的学历水平。由于历史原因，农村许多小学的教师都是由代课教师和民办教师代替，他们中的大多数年龄大、学历低，对于电脑更是一窍不通，因此就拉低了信息技术的应用水平。在城市中，小学教师学历水平大多数都在本科以上，许多重点小学基本没有低于本科学历的教师。同时，由于农村教师社会地位和工资待遇得不到保障，影响着农村教师的教学积极性，让农村学生的教育机会得不到有效保障，从而导致城乡教育不均衡。

三、对策与建议

通过对成都市区和攀枝花农村小学教学中信息技术应用的调查，可以得出城乡之间的信息技术教育发展不均衡的结论。因此，针对这一现状，农村地区应当加快信息技术的应用力度，采取措施来提升教师的信息技术教学水平，努力达到城乡教育公平。

（一）开源节流，重点解决资金瓶颈

城乡教育差距如此之大的根本原因在于城乡间的经济发展不同。解决资金问题成为提高农村学校现代教育技术水平的重中之重。首先，应该积极争取上级政府划拨更多的教育专项经费。其次，发挥主观能动性，寻求外力帮助。学习城市学校扩宽资金来源渠道，广泛宣传现代教育技术的重要作用，调动一切可以调动的因素，争取教师、家长、企事业单位、慈善机构、海外华侨等各方面社会力量的支持，以便从多个渠道筹集教育资金。政府机关要充分调动社会力量，进行集资捐款，成立专门的教育资金，为信息化教育的建设提供大量的物力支持。同时，加大力度对现有资源进行整合，充分应用，不管城乡地区的经济发展水平如何，统一配备计算机多媒体教学设备，建设网络平台；调动教师的积极性，提高网络教育资源的利用率；城镇教师和农村教师平等对待，消除身份和待遇上的差距，在评优、职称评定层面对农村优秀教师适度政策倾斜。

（二）加强资源库建设，建立资源共享制度

资源库的建设将为教师的教学提供丰富的教学素材，完善资源库的建设是农村学校现代教育技术发展的一种趋势。资源库的建设必须从内容和方式两方面入手，既要保证资源库内容的及时丰富，又要保证应用方式的便捷实用。城市地区很多学校与学校之间，地区与地区之间已经实现资源共享制度。城乡学校之间应当相互取长补短，建立互助合作关系，以实现资源共享，从而尽快地缩小城乡间现代教育技术差距。

（三）完善信息基础设施建设

在一定地域范围内构建较为统一的硬件平台，不仅要实现农村学校师生有网可上，还要保证一定的上网速度，营造较为均衡的信息化教育发展环境，政策上扶持落后地区学校的信息产业的发展，不能由于缺乏信息基础设施使其信息化建设举步维艰。通过教育和宣传手段普及计算机和网络知识，提高信息技术水平。信息资源匮乏是制约农村学校信息服务能力发展的重要因素，通过继续教育、集中培训和各种媒介宣传现代科技和信息知识，增强农村师生信息意识，强化信息素养，使更多的学校以较低的成本获取知识和有效信息。

（四）各类培训相结合

第一，开展内容丰富的培训。从认识与态度、理论知识、操作技能（电脑操作、办公软件应用、课件素材制作、上网检索等）等方面进行校本培训、专题培训、自主学习。第二，设计指导帮助方案。在具体的教学过程中，教师使用信息技术会遇到各种各样的困难，所以中小学要结合本校实际情况，定期开展相应的研讨会，教师在实践中遇到问题能够相互交流，从而找到合适的解决方法，聘请学科专家深入课堂，配有骨干教师从旁指导以及利用指导手册供教师随时学习。第三，骨干教师指导与专家进校辅导相结合。在农村地区挑选优秀教师，提供在职进修机会，参加现代教育技能、信息化教学技术方面的专题培训。参加课堂教学与信息技术相互整合的课题研究，通过课题研究，提高教师的积极性，在城乡校校、校际之间组建教师学习共同体和实践共同体。

（五）开展丰富的网络技术活动，搭建网络平台

第一，开展各项信息技术活动，提高学生的积极性。学校可以成立有教师指导广大学生参与的信息技术兴趣小组，经常组织学生开展一些诸如校内 BBS、关于某些特定项目和讨论的论坛，也可以组织学生就某一个热门话题在网上发帖、互相讨论交流。第二，城乡学生组建网络学习共同体。以城乡地区的软件和硬件资源建设情况为基础，通过各种网络通信工具在城乡学生之间组建一个网络平台，相互交流沟通，有了这个平台，学生通过网络可以随时向老师请教问题，城乡学生之间可以互相沟通交流，从而有效缩短城乡教育的差距。

五、研究成果

虽然我们的力量是微不足道的，但一分耕耘总会有一分收获。在本次研究活动中，我们所收获的研究成果主要有：

（一）建立先进技术支持的城乡学习共同体

在成都市和攀枝花农村小学与城市优秀学校之间构建基于网络、视频技术的学习共同体，借助于远程视频，农村地区的学生在日常课堂中能够向城市学校的优秀教师请教问题，与城市学生交流互动，而且不再有时间和空间的限制。城市学校的优秀教学资源能够共享，新的学习方法也得以推广，农村学生的创新思维和批判思维得到全面发展。有了网上视频，农村地区的中小学生能够体验新的教学风格，看的新的教学面孔，有了新鲜血液，学习更有动力，知识掌握更加牢固。

（二）开展城乡教师案例培训

"案例是社会化的隐性知识，是行动的载体"。培训以案例分析为主，让受训老师能够参与讨论分析、自主设计和具体实施，教师与培训者交流互动，对培训过程共同承担责任；培训的目的是为了从分析总结、讨论沟通方面提供教师的专业技能；在教学过程中，培训者不仅提供了各种学习资源，还担任了组织者和促进者两个角色。培训是对教师理论知识和教学实践的融合，为如何应用理论知识促进教学实践提供有力指导。教师对案例进行分析讨论，并进行反思，能够加速理解，更好地在教学过程中整合课堂内容与信息技术，并更好地展开让学生乐于并易于接受的信息化课堂教学设计，开展信息技术支持下的课堂教学，等等。

（三）城乡教师基于网络互动分享资源

只有与教师的教学工作、学生的日常学习联系紧密的具体问题，学生才会易于接受，才能适合城乡地区的大多数学习者，而且带有挑战性，能强烈地激发学生的求知欲。选择问题应该与农村学生的具体情况相结合，难易适中，并与学生的学习层次和阶段相一致。有了信息技术，学生和老师能够从网络平台中获得相应的学习资源，能够更深入地讨论问题。在学习共同体平台上教师要最大限度地提高学生的学习积极性，随时为学生解答疑惑。学生在整理资源和回顾经验的过程中会彼此探讨，进行总结，从而发现新的问题，新一轮的学习也随之开始。在整个过程中，教师要给予充分的指导和帮助。

参考文献

[1]　贺壮芳. 信息技术在小学教学中的应用探究[J]. 才智，2013（19）.
[2]　罗洁颖. 现代教育技术在城乡小学课堂教学中应用现状调查分析 —— 以云南省曲靖市二小和马龙吴官田小学为例[J]. 郑州铁路职业技术学院学报，2014（2）.
[3]　陈丹. 论如何在小学教学中有效应用信息技术[J]. 才智，2014（13）.
[4]　何克抗. 我国教育信息化理论研究新进展[J]. 中国电化教育，2011（1）.
[5]　赵伟良. 如何在小学教学中有效应用信息技术[J]. 学周刊，2011（14）.

专题 7

攀枝花地区小学生良好学习习惯的培养与研究

卢树云①　杨通华②　陈晓菊③　孙琼英④　贺菊岚⑤

指导老师：孙　宏⑥

（① 攀枝花市盐边县和爱彝族乡中心小学校；② 攀枝花市盐边县新久乡中心小学校；
③ 攀枝花市盐边县红格镇中心小学校；④ 攀枝花市三十八中小学校；
⑤ 攀枝花市盐边县永兴镇中心小学校；⑥ 成都大学师范学院）

一、攀枝花小学生良好学习习惯的培养研究概述

（一）研究背景

作为攀枝花乡镇学校的数学教师，在教学时最头疼的是计算正确率不高，作业质量不高，学生上课课堂气氛沉闷、学习效率不高等情况，根据我们对本地区学校学生的调查资料分析，这些现象都是学生一些坏习惯引起的。而教师只是一味地责怪学生，没能予以重视培养，或教师虽有点意识，但缺乏长期培养的信心与正确的指导方法，往往事倍功半。为此，本课题研究者在经历国培计划（2014）置换脱产研修项目的学习后，对成都市区学校小学生数学学习习惯的培养方法做了一番调查研究，学习并掌握其中的一些规律。著名教育学家叶圣陶曾经说过："什么是教育？简单一句话，就是养成习惯。好的习惯一旦养成，不但学习效率会提高，而且会使他们终身受益。"习惯是一种非智力因素，是人们在后天所养成的一种自动进行某种活动的特殊倾向，是一种自觉、主动、持久、稳定的行为方式。习惯一旦形成，要想改变它很不容易，正如古语所言："习惯成自然。"人一旦有了某种习惯，有时不需要要求，即使遇到种种困难也能克服，也能主动干好事情。可见，同学们注意培养自己良好的学习习惯至关重要。人类学家费孝通先生说过这样一段话："21世纪的教育首先应该关心人们如何在密切相关的地球上求同存异，协力发展，进行有关人类共同生存的基本意念的教育，这其实是一种行为习惯的教育。"对此，我们在内心产生了深深的共鸣。作为攀枝花地区小学教育工作者，我们目睹了一届届学生的成长历程，有的成才了，有的却走了弯路。这里面问题多多，原因种种，但有一点是共同的：养成好习惯者成，染坏习惯者败。对教育而言，培养习惯是头等重要的事。因此，本组成员选定了这个课题进行探索和研究。

（二）研究内容

（1）培养攀枝花地区小学生"勤动脑、善思考"的习惯；
（2）培养攀枝花地区低段小学生书写习惯；

（3）培养攀枝花地区小学生良好的学习态度和正确的学习习惯；

（4）培养攀枝花地区小学生良好的听课习惯；

（5）培养攀枝花地区小学高年级学生数学审题习惯。

（三）研究目的、意义

本次调查的主要目的是：了解攀枝花地区学生学习习惯的状况，结合成都学校的调查研究，为进一步了解小学生习惯养成状况，培养学生良好的行为习惯和学习习惯，提高学生的思想道德素质，使每位学生成为诚实守信的文明小公民，同时为全面实施素质教育打好坚实基础。良好的学习习惯是学生顺利学习的基本保证，是终身学习的需要。著名教育家叶圣陶曾明确指出："什么是教育？一句话，就是要养成良好的学习习惯。"学习习惯的养成非常重要。目前，小学生学习习惯的养成还不够理想，尤其是在新课程背景下，对学习习惯的养成又提出了更高的要求。为此，我们进行了这次的问卷调查，以便更好地了解当前少年儿童对自身学习习惯的认识和评价，掌握少年儿童学习习惯的基本现状，探讨少年儿童在新的时代条件下应该养成哪些良好的学习习惯。

概念界定："学习习惯"是指学生在长期的学习实践过程中逐渐形成的不需要意志努力和监督的自动化行为倾向。

（四）研究方法

1. 调查方法：问卷调查、资料查阅、调查研究法、分析比较、举例说明等。

2. 调查内容及统计：学生的课前准备习惯、预习习惯、复习习惯、听课习惯、完成家庭作业习惯、阅读习惯、主动探讨习惯等。

（五）研究过程（课题研究情况）

课题研究分三个阶段进行：

1. 准备阶段（2014 年 7 月—2014 年 9 月）

（1）加强硬件和软件建设，为研究提供可靠保障。

（2）强化培训，促进教师成长。

我们知道，观念决定行为，只有树立与之相适应的现代教育理念，并内化为行为外显出来，才能保证课题研究的顺利开展。因此，在实施研究前，我们第一件大事就是更新研究教师的教育观念。课题组教师针对教学中的实际情况深入学习了《语文课程标准》《数学课程标准》《体育课程标准》《科学课程标准》和关于培养学生良好学习习惯的相关教育理论及文件并谈了自己学习的体会，使教师对学生良好学习习惯的培养研究有足够的认识，对课题研究充满信心并热情投入；二是通过教学教研促进教师专业化发展。通过开展现场观摩，案例分析，积累在实际教学情境中学生具备良好的学习习惯为教学服务的经验，提高教师教学实践的能力；组织参加校内外学术交流及教学竞赛活动，使研究教师在相互交流中提高，在实践探索中成长。经过这样的学习和讨论，教师们对自己的教学进行了一次比较全面的反思，理论修养有了明显的提高，为后继的研究打下了良好的基础。

（3）学习习惯状况调查与分析。

攀枝花地区相关学校小学生语文、数学、体育、科学学习中良好学习习惯状况的现状调查分析。

一年级在开始阶段主要采用观察法和个别访谈法，先通过语文、数学任课教师在平时教学中的观察所得对学生的有关学习习惯进行分析，接着随机抽了各个班的 30 名学生，按照事先拟定的问卷提纲和他们进行了个别谈话，以此来了解学生的情况，从而确定我们开展研究的起点。

针对二年级、四年级的学生，主要是科学和体育的学习习惯研究，主要采用问卷调查法。

调查问卷（在你认为正确的选项后面画"√"，在你认为错误的选项后面画"×"）

① 你想成为一个有良好学习习惯的孩子吗？

想（　　）　不想（　　）

② 你认为哪些是良好的学习习惯，哪些是坏习惯？

认真学习（　　）	上课东张西望（　　）
细致观察（　　）	课前预习　（　　）
课后复习（　　）	勤学好问　（　　）
自觉完成学习任务（　　）	刻苦钻研　（　　）
主动学习（　　）	经常不完成作业（　　）
做事半途而废（　　）	积极思考　（　　）
经常迟到、早退（　　）	

③ 你认为好的学习习惯对我们有用吗？

有很大的作用（　　）

有一点用　　（　　）

一点用也没有（　　）

经过调查、谈话，观察分析学生情况如下：

① 所有的学生都想成为一个有良好的学习习惯的人，但限于一年级儿童的年龄和认知特点，他们并不能很好地认识到良好的学习习惯对自己今后发展的重要意义。在大部分学生的意识中，养成好的学习习惯只是为了得到一个好成绩，只有 10%的学生能较好地说出良好的学习习惯能在各方面帮助自己。二年级的学生中有 20%能够说出良好的学习习惯能在各方面帮助自己，四年级的学生占的比例稍多，有 55%的学生明确其重要性，但未必有好的学习习惯。这说明了我们课题研究的第一个紧迫的问题就是在平时的教学工作中逐步树立学生正确的意识。

② 学生都能说出哪些习惯是好的，哪些习惯是不好的，说明他们具有了辨别的能力，但在自己的学习生活中，67%的学生处于说得到、做不到的状态，反映了学生中存在着大量的不良习惯，也告诉我们，要在语文、数学、科学教学中对儿童进行发展性学习习惯的培养必然是长期的和反复的。

（4）课题实施学校建立健全相应制度和信息流通渠道。

在课题组老师所在学校制定了"学习培训""课题研究""资料的收集整理""课题研究成果表彰"等制度，从制度上保证课题研究的顺利实施；我们还成立了研究顾问小组、研究领导小组和课题研究小组，全面负责整个研究策划、指导和督导管理；在具体研究中，我们强化过程研究和原始资料的收集管理，坚持每个阶段完成"四个一"，即一份研究计划、一份教案、一堂研究课、一篇总结。

（5）反复论证，申报立项。

我们通过查阅大量文献资料，深入了解分析研究对象的具体情况，拟定和完善研究方案，对所构建的课堂教学模式和实施策略，进行反复论证和修正，使其完善和合理化，更具操作性。

2. 实施阶段（2014 年 9 月—2014 年 10 月）

（1）探究培养学生良好学习习惯的策略。

第一，提供培养良好学习习惯的资源，奠定知识基础。

课题组通过调查研究和教育理论的学习，对语文、数学、体育、科学教学中良好学习习惯的培养的内容与方法提出初步的意见。

在研究中我们发现小学生在语文、数学、体育、科学学习中良好学习习惯的形成和发展过程，大约是一个量变（认知）—质变（形成）—新的量变的过程（巩固发展）。因此我们在实践中按以上变化规律，按小学生的实际情况和学科性质的不同，学习习惯培养的重点及方法也不同，在统一要求，全面规划的前提下，按照各班各学科提出的不同要求，有目的地实施培养计划，并把学习习惯内容分为几个层次。

第二，各科都必须培养的好习惯。

课前预习的习惯；课堂教学中的认真听讲、积极思考、大胆发言、作业书写整洁的习惯；课后复习的习惯；珍惜时间的习惯；刻苦钻研的习惯；勤学好问的习惯；合作与交流的习惯；独立钻研、分析问题、解决问题的习惯。

第三，根据学科性质特别需要培养的习惯。

① 语文方面：课外阅读的习惯、语言积累与应用的习惯、感悟语言与体验语言美的习惯；

② 数学方面：计算仔细的习惯、探索规律的习惯、应用数学知识解决问题的习惯；

③ 体育方面：

细致观察的习惯：观察是探究活动的开始，而且科学探究的能力重点就是培养学生的观察能力。观察能力不是与生俱来的，学生良好的观察品质需要有意识地进行培养，"看见了"不等于"观察到了"，科学史上的重大发明往往归功于科学家细致的观察结果。为此我注重对学生细致观察习惯的培养。

质疑问难的习惯：这是科学的一个重要步骤，提倡让学生发现问题—猜测—验证—得出结论；如果学生不产生疑问，学生势必没有探究的积极性，也没有战胜困难的勇气。

科学探究的习惯：《科学课程标准》指出："科学学习要以探究为核心。探究既是科学学习的目标，又是科学学习的方式。亲身经历以探究为主的学习活动是学生学习科学的主要途径。科学课程应向学生提供充分的科学探究机会，使他们在像科学家那样进行科学探究的过程中，体验学习科学的乐趣，增长科学探究能力，获取科学知识，形成尊重事实、善于质疑的科学态度，了解科学发展的历史。"所以学生在科学学习中必须要具备科学探究的习惯，才能使探究真正落到实处，才能真正提升学生的科学素养。

规范操作的习惯：新课程中小学科学教育倡导"做中学"，其实质是通过科学学习养成"动手动脑"的学习习惯，在"做"中发现，在"做"中体验。然而小学生往往是乐于动手，但不善于动脑，面对眼前的各种研究器材，往往盲目地急于操作，研究中也只顾"热闹"，看不到"门道"。所以要培养学生听清研究要求、规范操作的学习习惯。学生在动手之前要明确动手操作的目的，弄清要解决的问题，预测可能获得的结果，制定研究方案。操作过程中要提醒学生手、脑、眼、鼻、耳多种器官的并用，要及时捕捉事物的细微变化，善于分析现象产生的原因，从直观形象中抽象出事物的本质。同时在活动中，要把观察到的现象、发现的问题、预测的结果、对现象的分析，以及对活动的感悟记录下来。

以上良好学习习惯的培养、归类，体现以人为本的教育理念与习惯培养的统一。以素质教育的培养为目标，创造性地超越和拓展了传统的学习习惯的内涵。围绕这些培养内容，充分利用课堂教学这一主渠道训练学生，注意扩展到课外家庭、社会，培养收集信息、处理信息的习惯，是适应时代发展，创新的培养策略与培养方法的研究。

（2）开展学生良好学习习惯培养的方法研究。

第一，结合古今中外名人的优良习惯、身边的具有好习惯的人的成功例子，调动学生的积极情感，培养学生意志。良好的习惯属非认知因素，但在智慧活动中具有动力和调节功能。经常给他们讲一些成功人士的事例，他们会发现良好学习习惯在学习和将来的工作中所起的重要作用，就会让他们感悟到养成良好学习习惯的好处。调动不同类型学生的积极情感，帮助学生建立克服困难、形成良好习惯的意志品质。

第二，根据学生的身心发展特点，分层渐进。"世界上没有两片完全相同的树叶，也没有两个完全相同的人"，我们在给学生制定方法时根据学生的个性、特长、兴趣爱好采取不同的方式和要求，因材施教。只要学生在自身原有的基础上有所进步，我们就及时表扬和鼓励，成为良性循环。

第三，反复训练强化法。良好学习习惯的培养不是仅靠一朝一夕的功夫，它是一个长期的、复杂的、艰巨的过程，小学生良好习惯的培养应根据学生实际情况，适时、适度进行反复的强化训练，使学生在不断巩固中提高。

第四，构建多元课堂教学评价体系。我们构建了立足发展的多元评价体系。评价的主要内容是学生的参与状态、学习习惯与合作意识，我们利用现代教育技术构建了能体现评价内容的评价模块，将学生自评、互评、教师评价的结果记录下来，这样更有利于学生自己了解自己，准确评价自己的发展过程，督促学生养成良好的学习习惯。

（3）加强过程督导，深化课题研究。

在课题研究中，我们坚持例会制度，在自己任教学校和成都跟岗研修学校及时分析总结前阶段研究工作的得失，部署下一阶段的工作，提出新要求，对课题研究过程中出现的问题查漏补缺，不断提高和完善。认真制订每个阶段的实施计划，按计划上好研究课，抓好备课、上课、说课、评课各环节，强化课后反思，在理论和实践的基础上，写好研究性文章。为了深化课题研究，推广研究成果，提高研究的质量和研究水平，我们进行过程督导，全面了解各课题的实施情况。一是查学习笔记和研究记录。通过检查，了解到各子课题组分别组织学习了《成就一生的好习惯》等理论书籍，并结合研究实际作了学习笔记和研究记录，促使教师不仅满足于获得经验而是对经验进行深入思考。二是听一节课题研究的研究课。研究教师通过相互观摩彼此的课堂教学并描述他们所观察到的情景，再与其他教师相互交流，丰富和完善课堂教学过程培养学生良好习惯的方法。为了展示课题研究的成果，学校开展了《学生良好学习习惯的培养研究》的学生作品展，一幅幅精美的摄影作品，条条语丝，张张小报，虽然稚气却溢满童真，朴实、整洁却闪现出合作、创新的火花，得到了领导、家长和社会的认可。

3. 总结阶段（2014 年 10 月—2014 年 11 月）

在国培学习的成果固化阶段，做的工作有：整理资料，展示研究成果，迎接评估验收。即收集、整理、完善各种研究资料，总结经验、撰写课题研究报告和工作报告，完成课题研究，准备迎接各级专家组评审。

二、攀枝花小学生良好学习习惯的培养研究成果综合报告

（一）调查数据分析

我们对攀枝花地区学校调查所得资料，组织专人进行统计处理，其情况报告如下：

表 1　文明礼貌情况

见到教师问好	主动问好（85%）	被动（10%）	低头走过（5%）
和别人交流使用礼貌用语	经常使用（80%）	偶尔使用（10%）	从不使用（10%）

从表 1 可知，85% 的学生能向教师主动问好，说明在文明礼貌方面多数同学做得好。同时在调研中发现部分同学在使用礼貌用语方面坚持得不够好。

表 2　品德行为情况

做错事	主动承认（72.3%）	教育下承认（22.3%）	不承认（5.4%）
和同学发生冲突时	能主动谦让（68.6%）	力争高低（23.9%）	动手打架（7.4%）
帮助有困难的人	主动帮助（81.1%）	有时帮助（12.3%）	从不帮助（6.6%）
捡到东西交给老师	交给老师（93.1%）	交给家长（6.1%）	自己留着（0.8%）

从表 2 可知，有 93.1% 的学生捡到东西能交给老师，说明学生比较诚实。同时在调研中发现，22.3% 的学生做错事，不能主动承认，23.9% 同学在和同学发生冲突时，不能主动谦让，12.3% 同学不能主动帮助有困难的人。部分学生在这方面所表现出的被动性尤为突出。

表 3　卫生习惯情况

每次吃饭前洗手	每次都洗手（86.4%）	有时洗手（11.2%）	太脏了就洗手（2.5%）
教学楼内发现脏物	赶快捡起来（80.2%）	有时会捡起来（16.9%）	装作没看见（2.9%）

从表 3 可知，86.4% 的同学每次吃饭前都会洗手，80.2% 的同学看到教学楼内有赃物能赶快捡起来。同时调研中发现还有部分学生在个人卫生和保持教学楼卫生方面较被动，应引起重视。

表 4　学习习惯情况

小组讨论发表意见	大胆发表（81.8%）	听别人发表（15.3%）	不参与讨论（2.8%）
阅读课外读物	经常阅读（61.9%）	偶尔阅读（30.6%）	不阅读（7.4%）
对于新知识提前预习（66.8%）	不提前预习（26%）	偶尔预习（7%）	不预习（0.2%）
对于学过的知识经常复习（58.3%）	不经常复习（36.4%）	偶尔复习（5%）	不复习（0.3%）

从表 4 可知，81.8%的学生在小组讨论中，能大胆发表自己的意见。同时在调研中发现，不能经常阅读课外读物的学生达 30.6%；在学习方法方面对学习新知识能做到提前预习的学生仅有 66.8%，对学过的知识经常复习的学生仅达 58.3%。反映部分学生学习习惯差，是一个亟待解决的问题。

（二）小学生学习习惯存在的问题及原因分析

通过调查发现，攀枝花地区学校存在的问题主要表现在学生的品德行为和学习习惯两个方面，部分学生品德行为、学习习惯较差，产生问题的主要原因与下列因素相关。

1. 学习习惯的养成与家庭教育相关

（1）部分家长对学生卫生要求、礼貌用语习惯重视不够

调查中发现有 31.8%的学生和别人交流中还没形成使用礼貌用语的习惯，尤其是课后和校外；有 13.7%的学生还没养成饭前洗手的习惯，与当前预防春季传染病要求相差甚远。造成这种结果，一方面由于本学区大多学生家庭刚刚从农村到市区，部分家长对学生卫生要求、使用礼貌用语要求意识淡薄；另一方面家长自身不良行为对学生潜移默化的影响，导致学生的文明礼貌习惯较差。对此我们要加大宣传、监督力度。

（2）独生子女家庭家长对孩子的教育引导存在偏差

调查中发现有 31.3%的学生和同学发生冲突时不能谦让，甚至动手打架，28.9%的学生对有困难的同学不能主动帮助。问题的原因在于受不良影视、不良家庭教育影响，当今独生子女式的家庭结构，使得相当部分家庭教育"重智轻德"，孩子缺乏人际交往，唯我独尊，脆弱娇气，同学之间缺少热情。还由于家长自身修养水平参差不齐，常有同学之间发生一点小冲突家长却不能正确对待的现象，因此"孩子好了，大人恼了"的事情屡见不鲜。树人树德需要潜移默化，日积月累。为了使孩子明天更美好，家庭教育和学校教育应紧密配合，同步发展，不断提高家长素质尤为必要和迫切。

2. 学习习惯的养成与教师教育观念相关

调查中发现有课外阅读习惯的学生仅占 61.9%，有课后自学习惯的学生仅占 62.5%，学生自我主动学习意识薄弱。究其原因，既与学生的学习态度不端正，学习目的不明确有关，还与教师的教育观念转变有关系。教师中或多或少存在着重学生学习成绩提高，忽视学生习惯的培养，重视优生评价，忽视差生评价的现象，这些现象与当前实施素质教育的要求是不相符的。因此倡导新课改理念，转变学生观是当前一项重要的任务。

3. 学习习惯的养成与学校常规教育相关

调查中发现有 5.4%的学生做错事不承认，2.9%的学生发现教学楼脏物装作没看见，而教师经常说教往往收效不大。究其原因主要是学校在进行矫正教育中往往是堵的多，疏导的少。说教批评多，引导践行少。长此以往，导致学生说谎话，不诚实，自我约束能力差。发挥学生主体地位，培养学生诚信习惯，对提高教育实效性有着十分重要的意义。

（三）针对良好学习习惯的培养攀枝花学校应采取的措施

1. 抓常规教育，从点滴做起，培养学生良好的行为习惯

为了强化道德认识，为学生学会做人做事打好基础，学校需要持之以恒地开展"日查、周结"的常规教育活动。

日查：每天由督导师生根据文明礼貌、爱校守纪、仪表卫生、普通话等养成教育内容，全天进行细致检查，进行量化评比。各楼层设立文明礼仪监督岗，强化良好行为习惯的养成。

周结：总结一周工作，表扬进步大的班级、学生。通过公布每周量化评比成绩，督促各班进行反思，找出习惯养成方面存在的不足，不断改进班级工作。

2. 以学生发展为本，培养学生良好学习习惯

各班每日：坚持背诵古诗。教导处要有计划地开展促使学生学习习惯养成的活动。如：诗文诵读竞赛、作文比赛等，培养学生学习兴趣。课堂上教师要严格教学常规，培养学习好习惯，指导学生学会学习。教师要正确对待学生，每学期每位教师撰写一份学困生转化案例，耐心细致、满腔热情地做好学困生转化工作。

3. 家校联手，形成合力，培养学生良好习惯

第一，教师要加强师德建设，树立正确的学生观，建立民主、平等、和谐的师生关系，教书育人，为人师表，树立教师良好形象。例如：教师带头讲诚信，说到做到，对学生一视同仁。普通话课内课外都要讲好，带头营造推广普通话的良好氛围，处处事事为学生做出表率，在潜移默化教育中养成好习惯。

第二，家庭教育要从落实家庭教育常规入手，从家长自身做起。如：对长辈有礼貌，养成按时学习的习惯以及生活、劳动习惯。通过家长学校，创建学习型家庭，撰写"共筑诚信"征文等不断提高家长综合素质，创造和谐的家庭教育氛围，让学生做到在校在家一个样，促进行为习惯的内化，形成良好的道德品质，提高教育实效性。

4. 利用丰富多彩的少先队活动，引导学生养成良好的习惯

根据青少年的身心发展特点和成长规律，班级要充分发挥少先队组织作用，开展"以诚实守信，做文明学生"为主题的班队活动，运用"诚信讨论""诚信评价""评选诚信小标兵""'五小'公民实践活动"等方式方法，使学生受到教育，形成良好的诚信习惯。号召学生学习身边榜样，如：校级三好学生、班级之星、诚信小标兵等，营造比学习、比进步、比提高的教育氛围，促使学生达到自我教育、自我完善之目的，增强活动效果。

5. 课前预习习惯的培养

课前预习习惯包括明确预习内容，会分析例题，能知道例题的解题方法。具体做法是：

（1）精心设疑，让学生产生探究欲望。

为了让学生能自觉地进行预习，常常有意识设下疑问，让学生产生探究的欲望。如在教学"圆的认识"这一课前，可这样设疑：同学们，刚才有一位低年级学生给你们班全体同学发来了一封信，请学习委员给大家把这封信读一下好不好？（学习委员读信：亲爱的全体同学，你们好！想请教你们一个问题，我对车感兴趣，喜欢看哪辆车最漂亮，在观察各种各样的车中，我发现所有的车轮都做成圆的，对车轮为什么都是圆的，我左思右想也不明白，盼望你们能帮助我，此致敬礼！×××）。教师：你们见过的车轮都是什么形状的？你能帮助他吗？又如教学"年、月、日"知识前，这样设问："同学们，我们每个人都有生日，那是你出生的一天，有谁能现在马上讲出你出生的那个月是大月还是小月吗？你出生的那一年是平年还是闰年？如果你现在不能告诉我，我希望在明天数学课上给我答案好吗？教师在课前就为学生埋下了问题的"种子"，学生就会有着强烈的欲望想找到问题的答案，促使学生主动地预习新知识。

（2）课前检查预习情况。

不管每一节课的时间多么紧迫，教师尽量要利用课前的几分钟时间检查学生的预习情况，并且尽量根据学生的预习情况展开新课的教学，让学生明白老师是重视他们的预习情况的，如果学生预习得好的，就加以表扬鼓励，并展示一些最优秀的预习作业，树立学生的榜样。对于那些没有认真去完成作业的学生稍加批评教育，让学生知道预习习惯培养的重要性。

（3）发挥学生"小辅导员"作用。

经常让学习、掌握知识较好的优生带动学困生预习。每一个班级中都会存在两极分化的现象，优生总是能够很好地完成老师布置的预习作业。但学困生就有一定的困难，有的甚至连如何去完成都是一头雾水了，还能怎么较好地完成作业呢？所以就给学困生指定"小辅导员"，让他们及时地请教，共同完成任务，这样一来，学困生才能够更有兴趣地、更自信地去完成任务。

经过一段时间的努力，学生基本掌握了预习的基本技能和方法，也逐步尝试到了预习给学习带来的乐趣，大部分学生都能够积极主动地去预习。

6. 独立思考习惯的培养

数学是思考性极强的一门学科。在数学教学中，独立思考表现为：无论上课或做作业时遇到问题，学生能积极开动脑筋、乐于思考、勤于思考、善于思考，而不依赖于别人求出的答案。具体做法是：

（1）多问为什么。

要求学生做题时多问一下"为什么"。想想自己的答案为什么不对？答案是从什么方面考虑的？最后总结出答题规律。

（2）激励学生大胆思考，主动参与，把课堂还给学生。

教师在课堂上不仅要有知识方面的信息传递，更应有情感方面的信息交流。既让学生学到预设的数学知识，又要让学生以积极主动的学习状态学习知识。如教学计算两位数加减法后，出示"64＋25"让一位后进生计算，她得出 88 后，大家都说"算错了！"这个学生失望地低下了头，这时，我微笑着说："很好！非常接近正确答案！"同学们笑了，这位学生也笑了，又信心百倍地计算出正确答案，课堂上沉闷的空气被打破后，可以顺水推舟，鼓励每个人都来学数学家创立自己的解题方法，谁的方法又好又新，就用他的名字来命名这种解题法。学生欢欣鼓舞，激起了求知欲望，他们积极讨论后，出现了数种解题方法。如：（1）64＋20＝84，84＋5＝89；（2）4＋5＝9，60＋20＝80，80＋9＝89；给每种正确的解题方法命名，如"××解题法"，该方法培养了学生独立思考的学习习惯。

（3）教师引领学生进入问题情境进行探究。

教师把学生引入一个问题情境后，学生在教师的积极鼓励下进行大胆尝试，猜想问题结果。

如在教学求未知数 X 时：（1）X＋26＝73（2）X－59＝87，先让学生猜想两个式题中 X 的值取值范围。学生估计如下：（1）式中 X 的值肯定超出 100，有的学生说（2）式中 X 的值大约在 140 左右，然后学生通过独立思考、利用加减法关系动笔解题得出了 X 的结果。

在培养学生独立思考习惯的过程中，要重在引导，及时表扬，引起学生的重视，不能引起学生的反感，老师的严格要求只起辅助作用，这样学生良好的学习习惯才能真正形成。

7. 主动参与合作习惯的培养

要求学生上课时，积极举手发言，发表自己的见解，有话敢说，有问题敢提，有想法敢补充，让身心完全融入到课堂中去，这就是主动参与的集中表现。具体做法是：

（1）教师当好课堂教学的组织者。

① 要合理分组，使每个学习小组中的优等生、中等生和学困生人数基本均等；② 要交代丰富的合作交流内容；③ 要交代清楚合作交流的步骤。有了以上的精心组织，合作学习就会活跃、和谐、有序地进行，不会出现乱糟糟的现象。

（2）教师当好问题情境的引导者。

作为引导者，教师要精心设计问题情境，设身处地感受学生的所作所为、所思所想，做到点拨深化。优等生在合作中思维敏捷，操作熟练，速度快但爱干扰人，重点是引导他们去帮助其他同学，使"吃不下"的学生能够分享人家的长处，从中弥补自己的不足，学有所获，增强兴趣。比如学生学习"空间与图形"的知识时，在拆拼图形学具时，怎样平移、旋转、度量，尤其是变换角度，教师要适时为学习有困难的学生作示范动作。只有当他们懂了才乐意去做，否则学生就不感兴趣了，丧失了求知的主动性。要让学生在贴近生活感受中合作交流，在合作中正确评价自己，评价他人。

（3）教师当好问题解决的决策参与者。

在新课程环境下，教师有了课程开发的权力，有了创造新形式、新内容的空间，同时也有了决策的责任。因此，在合作中教师要注意提出易于学生接受理解的、联系学生已有生活经验能感悟的问题。如：在教学"平行四边形的面积"时，教师一是牢牢把握教材的情境图；二是参与学生的合作，引导他们各自提出自己的疑问，围绕"面积的计算"适时让学生分组合作。请看一段师生对话，师："你怎样求出平行四边形的面积？"生："沿着平行四边形的高割下来，把割下来的小三角形平移到另一边，就正好补成了一个长方形。"师："长方形的长和宽与平行四边形的底和高有什么关系？"生甲："他们分别相等。"生乙："因为长方形的面积=长×宽，所以平行四边形的面积=底×高。"从而揭示出"割补法"。这一片段的教学，由于教师合理的决策和师生共同的参与，使学生在动手摆、动嘴说、动脑想的过程中体验到成功的喜悦，让学生理解了用"割补法"求出平行四边形面积的道理。总之，有了以上的组织、引导、决策，一个和谐的、民主的、活跃的、有序的、全新的局面就会展现在你的眼前。

8. 自我评价作业习惯的培养

自我评价作业主要包括检验、估计和自我改正错误、自我评分等方面。检验主要是检查理解题意是否正确，数量关系是否找对，列出的算式是否合理、符合题意，有无漏写现象，计算时运算顺序和结果是否正确等。估计，主要是对答题进行估计。检验和估计后发现错误，就要找原因，自觉地改正错误，最后自己根据作业情况打一个自评分。具体做法是：

设立作业等级标准，让学生每天自我评价，自我反思，自我提高。每次学生完成作业后，要求学生自觉检查，并进行评价。每次做完题后运用以上方法逐一检验，在检验过的题目后作上"☆"字符号，并对自己检验后的作业进行等级评价（优、良、中、差）。

如在教学求未知数 X 时，教会学生用代入法自检一些题目。如求 X – 138 = 138 时，有许多同学会求出 X = 0，运用代入法检验后，马上会发现计算结果是错误的，检验中也让学生进一步搞清了加减法的关系。

（四）攀枝花小学生良好学习习惯培养的研究结论

回顾研究进程，我们认为整个研究发展是正常的、效果是明显的，我们从中取得了以下成果：

被试小学生的学习兴趣浓厚，学习习惯好，学生的学习成绩明显优于对比班，学生的各方面的能力得到发展。

教师的思想素质和业务素质都得到了很大的提高，理论水平得到提升，架驭课堂的能力增强。无论是平时上课或者每学期组内教研课还是公开课，大家都关注任课教师在课上培养了学生哪些良好的学习习惯，使教研有了共同话题，提高了课堂教学质量。教师都意识到：教育教学研究与改革必须以学生发展为本，遵循小学生思维和生理发展规律，以激发学生内在的动机为核心的学习习惯培养，对学生极为有利。

（3）研究、总结出来的良好学习习惯成为指导和规范学生课堂行为、提高课堂效率的重要依据。

培养通识学习的好习惯：

课前预习的习惯；课堂教学中的认真听讲、积极思考、大胆发言、作业书写整洁、认真审题的习惯；课后复习的习惯；珍惜时间的习惯；刻苦钻研的习惯；勤学好问的习惯；合作与交流的习惯；独立钻研、分析问题、解决问题的习惯。

培养针对特定学科学习的习惯：

语文方面：课外阅读的习惯、语言积累与应用的习惯、感悟语言与体验语言美的习惯；

数学方面：计算仔细的习惯、探索规律的习惯、应用数学知识解决问题的习惯；

体育方面：细致观察的习惯、质疑问难的习惯、科学探究的习惯、规范操作的习惯。

培养乡镇学校学生"勤动脑、善思考"
习惯的策略研究

卢树云

（四川省攀枝花市盐边县和爱彝族乡中心小学校）

摘　要　在现实教学中，使学生学习好，培养起学习兴趣，养成良好的学习习惯，对于提高全民族的素质，培养有理想、有文化、有道德、有纪律的社会主义公民，具有十分重要的意义。通过教育理论的学习研究，经过长期的教学实践和归纳总结，提出了为培养学生"勤动脑、善思考"习惯对家长的几点建议，也提出了为培养学生"勤动脑、善思考"习惯对教师的几点建议，这些建议对小学生培养和建立良好的学习习惯有很好的效果和作用。

关键词　乡镇学校；善思考；学习习惯

学生学习这一过程，归根到底是思维活动。只有勤于思考，善于思考，才能理解和掌握知识，形成各种能力。这个世界不缺少模仿的人，缺少的是会思考的人。学习不是复制，学生不是复印机。可见，养成勤于思考的习惯是多么重要。从小养成勤于思考、善于思考的良好习惯，对于学生的学习、工作乃至整个一生都是非常有益的。勤于观察思考是创造的良机，培养学生良好的思考习惯有利于培养学生创新思维习惯。培养学生勤思、善思、敢思的习惯就尤为重要。学习知识要善于思考，思考，再思考，知识只有通过思考才能真正被掌握。

一、培养学生"勤动脑、善思考"习惯的背景

"动脑筋"是孩子认识世界的根本途径之一。在一些独生子女家庭中，孩子的双手只用来做功课和玩电子游戏机，其他事情一概靠大人。习惯于饭来张口、衣来伸手的孩子不仅双手闲置，灵气也丧失殆尽。乡镇学校学生相对于城镇学校学生，这个方面更显突出，懒散怠惰，不愿思考，老实听话，当然也就谈不上伶俐了。

二、培养学生"勤动脑、善思考"习惯的误区

误区一：培养学生"勤动脑、善思考"的良好习惯，许多人认为这些都只是老师的事，只要老师教好了，学生的良好习惯就形成了。

误区二：习惯会束缚孩子的创造性。不少家长认为，习惯似乎经常跟刻板、顺从相伴随，在强调个性和创造性的今天，仅强调习惯似乎不合时宜。

三、培养学生"勤动脑、善思考"习惯对家长的几点建议

（一）培养孩子动脑筋的兴趣

"兴趣是最好的老师"，孩子若对某件事有浓厚的兴趣，就会集中思想和注意力，就会想方设法克服种种困难来达到自己的目的。怎样培养孩子动脑筋的兴趣呢？其一，父母是孩子的启蒙老师，对孩子的影响是相当大的，因此，父母要以自己的情绪和行为去感染和影响孩子，要用自己对周围事物的态度和情趣去影响孩子。同时，父母还要常常给孩子提一些问题，激发孩子求知的欲望，引导孩子动脑筋解决。其二，家长是孩子的第一任老师，所以很多时候父母对一事物的兴趣都会对孩子有相当大的影响，所以父母要对周围的事物保持浓厚而积极的兴趣，潜移默化地影响我们的孩子，让孩子产生兴趣，孩子的好奇心都是相当重的，一旦引起他们的兴趣，他们就会想方设法克服困难达到自己的目的。平时，父母也可针对一些事物而对孩子提一些问题，以此激发孩子的求知欲，引导他们进行思考。

（二）从易到难，循序渐进地培养孩子动脑筋的兴趣

父母对不爱动脑筋的孩子不可提出太高的要求，而要根据自己孩子的实际，从最直接、最容易思考的问题入手，如比较两事物的异同，然后逐渐加大难度，让孩子通过自己的努力解决遇到的困难。

（三）将培养孩子动脑筋的兴趣融入生活之中

小学的孩子，对抽象的理论不易理解，因此，光有说教不行，父母要创造动脑筋的环境，开展一些健康、有益的活动，在活动中启发孩子动脑筋，如搞家庭数学游戏、家庭猜谜活动、家庭智力游戏、中秋赏月晚会等，将这些融入活动之中。

（四）让孩子读一些幼儿刊物，并观看与手工制作有关的少儿节目，引导孩子动手、动脑

手工制作是培养幼儿动手、动脑，启发幼儿创造性思维的重要手段。众所周知，3～6岁的幼儿正是想象力、创造力发展的黄金时期，他们思维活跃，可塑性强，想象力大胆丰富。在幼儿园手工制作活动中，一张纸、一块布、一个盒子、一片树叶都可以信手拈来，随意制作。笔者认为：指导学生手工制作最主要的任务就是培养学生的创造性，让学生凭着自己的感受大胆地、无拘无束地用一定的方式表达自己的想法。

（五）带孩子到大自然、到社会中去感受生活，拓宽生活空间

观察四季的不同、动植物的特征，耐心地解答孩子提出的一些问题。可边观察边提出一些问题，引导孩子观察季节的变化，观察动植物的特征，耐心地解答孩子提出的一些问题。

（六）运用激励的手段，让孩子尝到动脑筋的甜头，享受到成功的喜悦

哪怕孩子只取得微小的进步，父母也不要放过，要及时地给予肯定，热情地鼓励。同时，

家长也应该让自己的孩子分担一些力所能及的家务事或工作，这对他们心智发育有积极的作用。孩子在工作中不但习得了做事的方法和良好的工作态度，同时也发展了动作协调的灵巧能力和空间关系的能力。家务事、工作、手工艺和劳作，对孩子具有很大的启发作用。因为它不断地对孩子提出问题，不断地向孩子发出生动的有启发性的挑战。

四、培养学生"勤动脑、善思考"习惯对教师的几点建议

这个世界不缺少模仿的人，缺少的是会思考的人。学习不是复制，学生不是复印机。伟大的物理学家牛顿说："我一直在想、想、想……"可见，养成勤于思考的习惯是多么重要。从小养成勤于思考、善于思考的良好习惯，对于学生的学习、工作乃至整个一生都是非常有益的。因此，培养学生勤思、善思、敢思的习惯尤为重要。爱因斯坦说过：学习知识要善于思考，思考，再思考，我就是靠这个学习方法成为科学家的。因为知识只有通过思考才能真正掌握，那么，如何才能真正养成思考的习惯呢？

（一）鼓励学生提出问题

学生能否提出有深度的问题实际上是学生思考能力和思考习惯的客观表现，只有勤于思考、善于思考的学生才能提出有深度的问题。老师在日常教学中应该重视学生提出的问题，给以肯定的评价和悉心的指导，让学生用进一步的思考来解决问题。培养学生不迷信权威，勇于质疑的态度，其实也是对学生"勤动脑，善思考"习惯培养的很好的途径。不思考怎么能提出问题，提不出问题怎么会创新和发展？

（二）用成就感激发思考动机

不同层次的学生能力不同，教师在问题设计上要有针对性，对能力较差的学生提出的问题难度要低，让这些学生能够感受到思考的乐趣；对能力较强的学生提出的问题要有一定的难度，让这些学生充分感受思维的优越感。老师对于学生积极思考要给予及时的积极的评价，进行鼓励引导，充分调动学生思考的内部动机，体现学生的主体性原则。教师在教学过程中要设法提高学生的兴趣，发挥学生的自主性，激发学生的能动性，让每一层次的学生都能乐于思考。

（三）设问引导学生思考

教师在课堂上能否科学地设计出灵巧、新颖、易于激发学生思考的问题，是教学能否成功的一个关键。课堂上提问的目的是为了让学生思考问题，深化对所学知识的理解，培养学生分析问题和解决问题的能力。教师在教学中要尊重思维的客观规律，善于创设情境，运用好提问技巧，从而达到较好的教学效果。教师在备课和编写学案时就要对学生要学习的知识点进行剖析，设计层层递进的引导学生思考的问题。让学生通过对这些问题的思考，形成对知识点的深入透彻的认识。这样学生的思考才会有方向性。

（四）给学生思考的空间

教学中老师不仅要把现有的知识传授给学生，而且要指导学生学会自学。这就要求教师不能一切包办代替，而要给学生留有一定的思考空间。这就要求老师在教学过程中创造条件，使学生的被动学习变为主动学习，刻意培养学生的自学能力。课堂教学中要留有思考的空间。凡是学生通过自己的努力能够理解或掌握的问题，就留给学生去解决；凡是学生自己不能理解和难以掌握的部分，可在关键的地方加以点拨。这样，就可以使学生拥有较为广阔的自学空间，从而使他们的自学能力有所增强，并能主动获得知识。

五、结　语

学生"勤动脑、善思考"习惯的养成，需要家长、老师在课内外积极地引导，老师既要在备课中巧妙地设计问题引导学生思考，也要有很好的应变能力，对学生提出的问题巧妙地引导，既保护学生的兴趣，又能引导学生解决问题，获得思考的喜悦感。关注不同层次的学生，提出不同层次的要求，恰当地鼓励和引导，让"勤动脑、善思考"成为学生学习的风帆，扬帆知识的海洋。

浅谈小学低段书写习惯培养

贺菊岚

（盐边县永兴镇中心小学校）

摘　要　不少乡镇小学低段学生在书写方面存在着很多不良习惯，如坐姿、写姿不规范，日常学习不认真，偷懒，不注重书写过程，不了解笔顺笔画，等等。作为教师，要时刻提醒学生注意，并用一些歌谣或者其他形式帮助学生解决书写方面存在的问题。

关键词　书写习惯；规范；小学低段

学生是祖国未来的花朵，教师要帮助他们养成良好的习惯。特别是在书写姿势方面，教师要帮助学生掌握并熟悉基本的书写规范，在教学过程中正确指导学生进行书写，随时提醒学生保持良好的坐姿和写姿。

一、书写习惯培养的重要性

汉字，是中华民族传统文化的精髓，只有通过手写，才能感受到它带给人的愉悦之情。然而想要写好汉字，就应该从小养成良好的书写习惯。俗话说，万事开头难。习惯对每个学生来说都是至关重要的。小学低段是一个人书写习惯养成的重要阶段，教师要及时发现问题，帮助学生培养良好的书写习惯。

二、在日常学习生活中，学生书写习惯方面存在的问题

在学校里，我们偶尔会看到一些小朋友都已经戴上了大眼镜，显然他们已经患上了近视眼，近视眼分为先天性近视眼和后天性近视眼。先天性的当然大部分是遗传因素造成的，后天的很大部分原因是小朋友在读书写字时不规范的坐姿导致的。

（一）坐　姿

学生的的坐姿一直是老师和家长最关心，也是最头疼的问题。一些学生不是跷着二郎腿，就是双脚腾空架在课桌下的横杠上，或者两腿交叉，脚尖点地置于凳子的下面，抱着脚在凳子上玩，双膝或单膝跪在凳子上看书，或是趴在桌子上写字，抑或是双腿不停地抖动……低段小学生正处在骨发育的最好阶段，长此以往，不仅会产生近视、驼背等生理疾病，还会让其不能集中注意力学习，影响学习效率。

（二）写　姿

当前学生的执笔姿势五花八门，其中普遍存在的问题是执得太紧，不少学生执笔时中指的第一关节严重凹陷，第二关节和拇指的第一关节严重凸出，其他三指则紧紧拢在一起，状

如鸡爪。这样写出来的字因为写字时用力太过平稳，没有顿挫、轻重之分，不够美观。

（三）数学上的书写

1. 阿拉伯数字的书写

"1、2、3、4……"谁都会写，包括幼儿园的小朋友都会，但是却不一定能够写好。很多一二年级的学生写阿拉伯数字时常将其写来偏向一方或者直接"躺"着，还有的写的上下或左右大小不规范，该长的地方不长，该短的地方不短。

2. 画图

经过两年的数学教学，通过我对学生们画图的观察，发现有些学生不喜欢用直尺来画图，而是直接用笔画，歪歪扭扭的。我推测这主要是学生嫌用直尺麻烦，索性用笔就算了。究其原因，主要还是由于其懒惰、不喜欢动手，这样画图，怎么能够保持书面的整洁呢？有些学生虽然拿了尺子，但基本上没起到什么作用。这样的一种状态，怎么能画好图形呢？我想这多半和他们平时不怎么用直尺，操作不熟练有关。因此，我们应该告诉学生直尺的好处，应该好好利用直尺来画图，这样渐渐地就会用直尺了。数学这门课，用到直尺的地方是很多的，学生们应该从一开始就养成好习惯，这样就不会到考试的时候不会用直尺，而用笔直接画，影响卷面的整洁了。

3. 运算符号的书写

小学低段的学生书写能力较差，很多时候都不能够规范地写出各种运算符号，比如"＋"和"×"号很容易写混淆，或者写成四不像。还有更粗心的同学把"÷"的上下两点变成两竖，最终把"÷"变成了"＋"。

（四）语文上的书写

1. 拼音的书写

在汉语拼音的书写上虽然大部分学生都能够写正确，但是在拼音占格方面还需要加强，因为好多学生根本不注重拼音的正确占格这一点，认为只要把这个字母写好就行了，殊不知只有把握好字母的占格才能够把握好字母的大小比例。

2. 笔画笔顺

在日常教学中也可以发现一些同学不按笔顺笔画来进行书写。在书写笔画上，一带而过，不遵循书写规律。如"口"，原则应竖横折横，而多数学生为了方便就先写"㇆"再"㇄"，变成竖折竖折，这显然是错误的，甚至有的同学直接画一个"0"。再如："直"里面是三横，可是学生写的时候往往漏掉一横。又如"国"，本应该最后封口，有的同学却先封口再写里面的"玉"字。

三、纠正学生不良书写习惯的方法

（一）教写字姿势歌

怎样才能让小朋友能够摆好姿势呢？小学低段的孩子年龄比较小，需要有让他们感兴趣的东西吸引他们去完成一件事，所以，我们可以教他们写字姿势歌：

头摆正，肩放平；腰挺直，脚踏实；手握笔，一寸间；胸离桌，一拳头；眼看纸，一尺远；一尺一寸一拳头；三个一字要牢记，养成习惯最要紧。

这样用儿歌的形式记住对写字姿势的要求，既简单易懂又易记易行。

（二）具体书写问题解决方法

1. 如何写好阿拉伯数字？

认识阿拉伯数字很简单，但是要写好阿拉伯数字却非易事。想要写好阿拉伯数字，就要按规范进行，书写阿拉伯数字的规范如下：

（1）"1"字斜竖必须写直，不能写短，不能变曲。

（2）"2"字相交，一笔形成弧状，扣至底线收笔。

（3）"3"字上半部稍短于下半部。

（4）"4"字转弯处不要写成死角，两斜竖成平行线。

（5）"5"字转笔向右成死角，下半部圆弧底。

（6）"6"字斜竖向下必须拉直，接近底线向右转弯，下圆要明显。

（7）"7"字转弯向左下方的一斜竖要拉直。

（8）"8"字圆圈要封口，上半部稍小于下半部。

（9）"9"字上半部呈椭圆形，向左下方斜竖要拉直。

（10）"0"字要封口，呈椭圆形，不要太小。

2. 如何画好图？

数学教师应该经常告诉学生正确使用直尺的好处，在考试中画图是要用到直尺的，有时正是通过直尺的妙用才让卷面变得更加整洁、美观，所以学生应该对直尺有足够的重视，平时就养成画图使用直尺的好习惯。这样在考试中才不会在画图上吃亏。这些都需要教师好好地把握，让学生们正确使用直尺来画图。

除此之外，教师还要随时提醒学生正确地书写运算符号。

3. 汉语拼音如何写？

教师要随时提醒学生正确地占格，规范书写，但是很多同学记不住如何占格，现将汉语拼音的基本占格规律归纳如下：

占中格的有 13 个：a，c，e，m，n，o，r，s，u，v，w，x，z

占中上格的有 8 个：b，d，f，h，i，k，l，t

占中下格的有 4 个：g，p，q，y

占上中下格的只有 1 个：j

4. 正确地书写笔顺笔画

记住笔顺对于小学低段的学生来说还是比较困难的一关，那么，想要又好又快地记住笔顺，我们也可以用一些顺口溜来帮助他们：

从上到下为主，从左到右为辅；

上下左右俱全，根据层次分组；
横竖交叉先横，撇捺交叉先撇；
中间突出先中，右上有点后补；
上包下时先外，下包上时先内；
三框首横末折，大口最后封底。

5. 树立榜样

每一个成长中的孩子都需要一个好的榜样，好的榜样对孩子的影响力是很大的，会成为他们前进的目标和动力之源。

叶圣陶老先生曾说过："教育工作者的全部工作就是为人师表。"这就是说，教师必须要规范自己的言行举止，那么在本文中的"行"就应该是有良好的书写习惯，能写出一手规范、美观的字，以此作为学生参考的榜样。

除教师自己以身作则外，教师还要给学生找与其生活、学习在一起，年龄相仿、经历相似，其他环境也差不多，表现、行为都是孩子们比较熟知的，容易被大家理解和接受，也容易被大家效仿和学习的同龄人作为榜样，这对他们身心健康发展是极为有利的。

小学生良好的学习态度和正确习惯的养成研究

杨通华

（四川省攀枝花市盐边县新久乡中心小学校）

摘　要　要培养学生正确的习惯，常规训练，对于孩子的成长至关重要。态度决定一切，习惯决定一切，这是我们经常听到的，对于我们都非常的受用。那么，对于小学生，态度和习惯对于其的重要性更是不言而喻。学生学习态度的好坏，不仅直接关系到学习成效，而且直接关系学生个性与人格的形成与发展，形成积极主动的学习态度对每一个学生都具有极为重要的意义。什么是教育？简单地说就是养成习惯。而习惯是日积月累的细节。培养学生良好的学习习惯和高尚的道德情操，应从大处着眼，小处着手，在一举一动、一言一行中逐渐养成。

关键词　小学数学；学习态度；学习习惯

学习态度，一般是指学生对其学习情境所表现出来的一种比较稳定的心理倾向，是学习者对学习持有的积极、肯定的或者是消极、否定的反应倾向，它是由认知因素、情感因素和意志因素三者组成的一种互相关联的统一体。

一、小学生良好数学学习态度和正确习惯养成的背景

学习态度不是生来就有的，而是后天习得的，是个体在家庭、学校和社会生活中，通过交往，接受别人的示范、指导、劝说而逐渐形成的。所以，作为教师应认识到小学生养成正确的学习态度的重要性。比如，笔者就亲身感受到学习态度端正的学生能够按时上学、上课，不逃学、不旷课、不早退、不迟到，遵守课堂纪律，不随便说话，专心听讲，积极思考和回答问题，能够按时完成作业，认真复习考试不作弊等，但还有一部分学生不知道什么叫遵守课堂纪律，随便说话、不按时完成作业的现象比比皆是，这无疑会对我们的课堂教学带来很大的影响。所以，刚入学教师就要培养教育孩子在做好每一件事时都要讲究认真、负责的态度，以便在进入小学后能以积极的态度学习知识、掌握技能。

二、小学生良好数学学习态度和正确习惯养成的误区

误区一：经常听到老师对学生说"认真倾听是一种非常好的学习习惯""你的表达习惯真好"等劝勉性语言，初听还觉得教师的语言有一定的导向性、激励性，然而一节课下来如果仍停留在这一层面，就有点贴标签、肤浅的感觉。

误区二：习惯养成是学生的事情。有的老师认为，习惯养成是学生的事情，与自己关系不大，从而进入重学生习惯培养轻教师本身习惯养成的误区。

三、小学生良好数学学习态度和正确习惯养成的特点

培养小学生良好的学习态度，养成良好的学习习惯，对于提高全民族的素质，培养有理想、有文化、有道德、有纪律的社会主义公民，具有十分重要的意义。多年的教育教学实践使我们深刻体会到，良好的学习习惯，是学习知识、培养能力、发展智力的重要条件。学习习惯不仅直接影响学生当前的学习，而且对今后的学习乃至今后的工作都会产生重大影响。因此，培养学生良好的学习态度和正确的习惯是一项重要任务。

四、小学生良好数学学习态度和正确习惯养成的建议

本人一直在农村小学任教，在这近二十年的教学生涯中，我切身感受到培养学生良好的学习态度尤其重要。农村小学的学生情况较为复杂。近几年随着城市化进程的加快，目前农村外出务工的小学生家长占相当大的比重。留守小学生多数跟随祖父祖母生活，不但存在着严重的代沟问题，而且祖父祖母年迈体弱，文化水平偏低，有的大字不识几个。教育孩子的责任心也不强，他们完全依赖学校，常常对孩子放任不管。自制力不强的学生就容易形成得过且过的心理。久而久之，就会缺乏上进心和荣辱感。针对农村小学生的这种现实情况，本人在教育教学工作中注重培养学生良好的学习态度，促使他们养成正确的学习习惯。现在结合本人的教育教学经历谈一谈我是如何全方位地培养农村小学生良好的学习态度的。

（一）加强学生的数学课堂常规训练

首先，要求小学生在课前认真做好上课准备，学习用品要整齐安放在课桌指定的位置。发言、提问，按规定的姿势举手，发言时要姿势端正，声音响亮。该动的时候可以自由行动，该说的时候可以畅所欲言，该静的时候就必须安静。一定要学生在听清、听完要求之后再行动。否则学生将成为一盘散沙，无法进行有效的课堂教学。又如请小朋友们讨论一下某个问题。讨论结束后，教师在组织教学时说："一二停"学生就必须停下，并马上坐好，准备交流。

其次，课前要求学生带齐学习用具，教师上课时要检查学生带学具的情况，对于存在的问题要及时提醒，并转告家长督促孩子按照课表整理书包，每天带齐学具。

（二）加强数学读书习惯的训练

由于小学生在小学阶段识字量不是太多，所以不管是哪一科目，都要让学生养成良好的阅读习惯，并且引导学生养成良好的审题习惯。这其中就必须要让学生在审题时做到手不离书，眼不离书，并与书本保持一尺距离。教师要及时纠正学生不良的阅读习惯，提醒学生保持正确的姿势。谈到这个问题，总是令很多家长头疼。因为生活中我们常常看到很多孩子不愿读书、讨厌读书。在他们看来，读书是一件很枯燥的事情，有一点空闲时间，他们都用来看电视、玩电子游戏了，实在是静不下心来看书。

所以，要培养孩子对读书的兴趣，是一项长期的工程，不是一朝一夕能够做到的，需要耐心和信心。总结这些年我引导小孩读书的经验，我想可以从以下几个方面着手：

1. 读书要趁早

培养孩子的读书兴趣，越早开始效果越好。就我所知，犹太人爱书如命。在每个犹太人家里，当孩子稍微懂事时，母亲就会在《圣经》上滴几滴蜂蜜，然后叫小孩去吻《圣经》上的蜂蜜。这种仪式的意思不言而喻：书本是甜的。让孩子从小就懂得读书是一件甜蜜而快乐的事情，以此唤起孩子对书，对文字的兴趣。

2. 保证读书时间

读书贵在坚持，让阅读成为生活方式是一个长期的过程，不能松一天紧一天读一天歇一天。如果每天都给孩子一段读书的时间，哪怕只有 10 分钟，日积月累也是非常惊人的。我和孩子经过商议制定的生活作息时间表里，读书和看电视一样有固定的时间，除此之外，睡前半小时是雷打不动的读书时间。为了给孩子争取更多读课外书的时间，我免掉了孩子的很多作业。因为在我看来，浩瀚的书海中有更多的知识琼浆等待孩子去汲取，为什么要每天机械性地、重复性地埋头于作业、题海，而远离知识更丰富、天地更广阔的书的世界呢？

3. 营造读书氛围

读书需要有一个良好的氛围，如此才能保证孩子心情愉悦、注意力集中地读书。所谓书香门第多才子，一个最重要的原因就是他们家庭读书的氛围好。如果父母是知识分子，本身都有阅读习惯，言传身教，自然能给孩子良好的影响。

4. 感受读书的乐趣

孩子之所以喜欢玩游戏，是因为游戏让孩子感到快乐。那么要想让孩子喜欢读书，也要让孩子感受到读书的快乐。当孩子在认真看书的时候，我们不要去打搅他，更不要根据自己的兴趣对孩子提出一些要求。因为这个时候孩子正沉浸在享受读书的乐趣中，你要做的是分享这种乐趣，而不是破坏孩子的心境。另外，当孩子向我们讲述自己阅读的快乐和收获的时候，我们一定要表现出和他一样的开心，分享孩子的读书成果，这会让孩子更有成就感，并对读书产生更浓厚的兴趣。

（三）加强学生的注意力的训练

小学生的心理特点决定了小学生集中注意力的时间是有限的。这就要求教师具有驾驭课堂稳定学生注意力的能力。可以针对小学生好动的特点，从激发兴趣入手，把课堂教"活"（活而不乱，放而能收）；或者走到学生中间，利用"暗示法"提请学生注意，如"拍一拍""拨一拨""点一点"等；如不便走下讲台，可用"稍停法"（暂时停止讲授）、"注视法""指向法"等，引起某些学生的注意，吸引其注意力；在这种情况下，邻座同学也可以协助提醒。

（四）加强学生数学的听、说、动手能力训练

让学生学会倾听别人的意见，每当有学生站起来回答问题时，要告诉学生认真听，学生听完之后，教师可以请个别学生阐述听到了什么，引起学生的注意。

俗话说"无规矩不成方圆"，要培养学生正确的习惯，常规训练，对于孩子的成长至关重

要。首先，教师要做到心中有数，主要是从学习习惯、生活习惯、行为习惯三个方面展开，并且抓住小事进行训练，让学生一点一滴地感受成功的喜悦。在反复的成功体验中，孩子们逐渐向我期待的目标前进，养成了良好的习惯，形成自理、自立的能力。

在行为习惯方面，与孩子一起讨论制定行为规范。定家规，定班规，制定习惯培养目标，一定要发动大家，学生以及父母老师都要参与。要尊重孩子的想法，要一个一个地定目标，一个一个地培养。

在生活习惯方面，可以从每节课整理自己的文具、做好个人课桌周围的卫生入手，鼓励学生互帮互助、互相监督，采取小组竞赛与个人竞赛相结合的方式训练。学生不仅提高了自理能力，同时也树立了集体观念。比如在教室卫生方面，我进教室可以先看地面，表扬卫生保持得干净的同学，提醒桌子周围有纸屑的同学把纸屑捡起来，渐渐地，他们养成了见纸屑就捡的习惯。教室自然显得干净清爽。除此之外，让学生树立时间观念，从准时下课入手，让学生准确把握作息时间。

在学习习惯方面，首先，可以从每天的早读训练学生，督促孩子们认真读书，养成一到校就进入学习状态的好习惯，在早读中找出学习自觉、朗读能力强的孩子担任小老师或值日干部。这样，早读时间当我还没进教室时，孩子们就在小干部的带领下津津有味地读书了。其次，在课堂教学中，及时表扬大胆发表自己观点的学生，对于说错的学生，我也不会打断他们，等他说完后再帮他纠正，以增强孩子的兴趣和信心。最后，由于学生的学习能力不一样，通常会出现书写速度慢和书写质量不高的情况，这时可以适当表扬写得好的学生来促进写得慢的学生，对于不自觉或是边写边玩的学生，可以让他们在讲台前完成。

良好的数学学习态度和习惯的养成不是一蹴而就的事情，需要教师每天持之以恒地在学生旁边督促他们，从一点一滴的小事做起；同时，家长的配合也是非常重要的，只有双管齐下，学生才能够养成良好的正确的学习态度和习惯。

浅议小学生良好听课习惯的培养

孙琼英

（攀枝花市三十八中小学校）

摘　要　小学生的听课习惯既关系到课堂秩序和课堂质量，也关系到学生成绩。针对小学生上课注意力不集中，持久性差，经常做小动作，不会倾听别人说话等不良的听课习惯，在对他们认真负责的前提下，采用了随时纠正、表扬典型、适当批评、交换条件、幽默吸引、坚持不懈等方式，培养学生会听、会看、会想、会说、会记的习惯，收到了良好的效果。

关键词　小学生；听课习惯；培养

课堂是学生学校生活的重要方面，是学生学习知识发展能力的主渠道。听课是课堂学习的中心环节，是学生接受知识、发展智能的重要途径。专心听课是学生接受信息、汲取知识、学好文化、受到启迪的基本保证。若使学生学会听课，不仅可以有效地提高课堂效率，而且可以培养良好的学习习惯，受益终身。

一、小学生课堂听课习惯的表现

教育学家叶圣陶老先生说过："教育就是培养良好的习惯。"我觉得我们教师在教学生知识的同时，一定不能忽视学生良好习惯的培养。有的老师对学生学习习惯的培养非常重视，要求学生养成认真听课的习惯、积极思考的习惯，等等。还有一些教师认为只要学生的成绩好就行了，至于一些听课习惯觉得是无所谓，而且也不是老师一个人的责任。这样的情况下，一些学生在课堂上就没有了良好的听课习惯。

现在的课堂中就有这样的现象出现：老师在讲台上很认真地讲解知识，而讲台下的学生认真听课的极少，有的低头整理没有完成的任务，有的干脆就趴在桌子上睡觉，有的在与同桌交头接耳。这样的现象在许多学校不同程度地存在，如果学生在课堂上没有良好的听课习惯，会直接影响到他们的学习效果。也会影响他们以后的学习生活。

资料显示，培养学生良好听课习惯的研究国内外很多，但是局限于农村小学的研究还没有资料考证。特别是农村小学课堂中学生良好听课习惯的培养更加没有资料可以考证。因为一些农村小学并不是十分重视教学，学生上课的时候更是花样百出，所以就更加应该培养学生良好的听课习惯。

笔者发现，我们班的学生在课堂上有这样几种倾向，一种是插嘴，老师的要求还没有听完，一些学生就开始随便插嘴或者展开讨论了，表面上很热闹，但实际上并没有达到老师的要求；如果某个同学在回答问题的过程中，稍有停顿，其余孩子便没有耐心听下去，急切地代替他回答；另一种倾向是溜号，有的学生不能静下心来听老师读题释题，有一点懂了就认为自己全懂了，结果往往审错题意，有的时候甚至连老师布置作业时的要求都没听清楚。

送走毕业班，接手二年级，原来的老师在介绍班级情况时，我便记下了学生在学习方面存在的困难，包括学习成绩不理想的学生的名字。返岗期间，我时常注意观察他们，实际上他们特别的聪明，也非常乖巧，主要就是听课习惯不好。

走进电子科技大学附小，"新课堂、动起来"让人眼前一亮，课堂上让每一个孩子都动起来，主动学习，成为学习的主体，不就是最好的听课效果吗？课堂上"倾听之星"评选，已是每堂课的任务，把培养学生良好的听课习惯放到了首位。通过30多节的跟班听课，我渐渐地对如何培养小学生良好的听课习惯有了一定的认识。

二、课堂上听课应达到的五会

良好习惯的养成在人一生中的有着重要意义，而听课习惯则是学习习惯中的重要组成部分，听课是学习的最有效途径，很重要，而会听课就更重要了，在教学中我们必须注重学生的听课效率，虽然在新的授课方法中把更多的自由给了学生但听老师讲课依然极其重要。

（一）会听

注意是学习的窗户，没有它，知识的阳光就照射不进来。要能集中注意专心听讲。学生上课不但要认真听老师讲课，更要用心听其他同学的发言。有的学生往往只注意听老师讲，同学发言时却漫不经心。教师应及时引导学生认真听别人发言，因为同学的发言还是有一定的启发作用，教师从中也能得到启示，以利于取长补短。如果充耳不闻，等于没有听，比如教学中听口算直接写出得数，听老师念应用题，要求学生写出或说出已知条件和所求问题。通过这类练习，可以训练学生集中注意力，培养学生的思维和有意识的记忆能力。

（二）会看

主要培养学生的观察能力和观察习惯。如教学应用题时，可利用线段图进行教学，让学生会看图，结合图形找出已知条件并解答问题。

（三）会想

首先培养学生课堂上会想，可以独立想，或者与同桌一起想，看完题目，你想到了什么？你还会想到什么？学习数学知识，就其过程而言，实质上是由不知到知，由知之不多到知之较多的认识过程，也是一个质疑、释疑的思维过程。所以，数学教学中质疑问难习惯的培养和训练尤为重要。学生要养成质疑的好习惯。

（四）会说

听、看、想，要通过说这一点来突破，语言是思维的结果。要说就得去想，课堂抓住要点让学生多说，多展示自己，就能多想，要会想，想得出，想得好，就得认真听，细心看，抓住了说，就能会听，会想，会看，注重学生口头表达能力的培养和训练，数学课，可以训练学生大胆发言，大胆猜想，答错了无所谓，没有关系。说出来，我们大家一起讨论，对积极发言的同学，及时表扬。多鼓励，增强学生的发言兴趣，培养学生说解题思路。要培养学生爱说善说的习惯，学生通过语言表达来反映对数学知识的认识理解过程。

（五）会记

养成勤于记笔记的习惯。笔记，是帮助学生理解和记忆的手段，如果上课时既听了课又能理解又会做笔记，学生讲，又动了笔，既动了脑，又动了手，就有利于调动学生学习的积极性和主动性。教师对学生记笔记要进行具体的指导：一种是直接在课本上记下一些要点、注解，如当老师讲到某个问题对自己有启发时，或某个问题不懂，或有什么好的想法时，可以在课本上或书上简要地记上几笔或画个符号，留待课后解决，防止关键地方漏掉；另一种是记下扼要的提纲式的听课笔记，尤其是高年级的同学要养成听课记笔记的习惯。

三、培养小学生良好听课习惯的几点措施

小学生正处于知识积累的黄金阶段，课堂是他们学习的主要场所，听课又是他们系统学习知识的基本环节，所以要想学好知识就必须拥有良好的听课习惯。针对小学生上课注意力不集中，持久性差，经常做小动作，不会倾听别人说话等不良的听课习惯，我采取以下方式逐渐培养，效果良好。

（一）随时纠正

小学生的注意力不能长时间集中，大多数是由于年龄特点决定的，是无意识的。老师在讲课过程中，要密切关注他们的听课行为，做到随时纠正，不厌其烦地去提醒。

例如：课前让学生摆正姿势（头正、身正、脚放平），课中让学生伸个懒腰，唱一首儿歌，课尾全体起立朗读或背诵一下有关内容，这样就调节了学生的兴奋点，不会使其感到枯燥无味。在讲课的过程中，老师可以突然提高讲课声调，可以直接叫一下走神的学生，可以走下讲台站在学生中间，可以忽然停止讲课，给学生一种莫名其妙的感觉，待学生将注意力集中到老师身上时再接着讲，也可以喊起一名不认真听课的学生，让他环视一下有没有不认真听课的学生，还可以走到某一名学生身边，或拍拍他的肩膀，或摸摸她的头，用肢体语言示意其要认真听课了……

（二）表扬典型

著名的教育家詹姆斯说：人性中最本质的愿望就是希望得到赞赏。好的表扬可以调动学生的积极性，增强其自尊心和自信心。例如：老师可以经常表扬那些上课认真听讲的学生，时间一长，他们就不知不觉地成了学生们的榜样。老师还可以抓住时机，对那些上课经常不注意听讲，而某一次认真的学生当着全班学生的面进行表扬，让他觉得做得好就会被表扬，他下一次可能会做得更好。

小学生的要求其实并不高，一个鼓励的眼神，一个肯定的微笑，一个小五星，一个小卡片，一块小糖均是奖励表扬。只要我们抓住孩子们的心理，在适当的时候给予表扬，一定会收到很好的效果。

（三）适当批评

没有批评的教育是不完善的教育，批评和表扬一样都是不可或缺的教育手段。批评总是要指出别人的缺点，如果处理不当，势必会伤害学生的自尊心，以致产生抵触心理。因此批评必须要有感情作基础和先导，让学生能感受到老师的批评是想让自己进步的批评，是善意的批评。

1. 直接批评

对于活泼开朗的成绩好的学生，根据情况可以直接批评。比如：某某，要认真听课了，你可是同学们的榜样，千万别让大家失望呀！某某，你这样做老师很伤心！

2. 间接批评

对于性格较孤僻或自尊心比较强的学生，可以间接批评。例如一次课上，性格很内向的女孩李欣正在折一架纸飞机，我利用讲课间歇说："我们班的学生听课最认真了，既不会开小差，又不会乱说话"，随即抬高声音："更不会去折纸飞机"，说完看了一下那个女孩。只见她连忙把纸飞机塞进课桌里，继而正襟危坐，认真听讲。

（四）条件交换

例如：学生廖文强有极强的表现欲，经常打断别人的发言。一次课上，没等别人说完，他又举起手，嘴里不住地说："老师我说 ——"我走过去拍着他的头说："只要你在十分钟之内认真听讲，不打断别人说话，老师保证叫你回答。"在接下来的十多分钟，小强表现得非常好，我也适时地叫了他几次。

我认为真正能让孩子们感兴趣的事是"玩"。大多数学习差的学生，做作业的速度也较慢，玩的时间相应地也就少了。课上注意力不集中，开小差，做小动作归根结底是他们还想玩。在潜意识里，他们是想把丢掉的玩的时间找回来。老师可以利用孩子想玩的心理，课前向他们保证，如果认真听课了，作业会很少或者不留作业。讲课时如果又有学生不注意听讲了，老师可以再次提醒："你们想痛痛快快地玩吗？"学生会意，听课纪律必定井然有序。

课堂是学习的根本，提高课堂效率是提高学习成绩的根本途径，也是最有效的途径。如果学生充分利用课上的时间把知识掌握了，课下就没有必要再花大量的时间去做题。这样为学生节约了时间去开展其他有益的活动，心情愉快了，身心健康了，就有了充沛的精力去听课，形成良性循环。

（五）幽默吸引

对于思想尚不成熟，理解力尚不强的小学生，他们能坐在教室里听课，从某种意义上说，是强迫式的。他们的感性认识远远大于理性认识，如果想把他们的听课意识由被动变为主动，那么讲课的内容和方式必须是有趣的，他们喜闻乐见的，或者能让他们感到开心的。如果老师能将幽默恰当地运用到教学当中，往往会收到事半功倍的效果，增进师生感情，提高教学质量。

（1）幽默需要丰富的想象力。为了让学生了解、记忆 0 在四则运算中的作用，教学时可以这样打比方：0 遇加、减号，就像碰上水泡，鱼儿不会有变化。0 遇乘号，就像碰上炸弹，原来一切都完整了。用"水泡""炸弹"生动形象的比喻，深入浅出地说明 0 在不同运算中的计算结果，学生既感兴趣，又能深刻理解，牢固记忆。

（2）幽默需要敏锐的观察力。一年级教学认识大于号、小于号，我用打比方的方法，编成这样的儿歌来教学："样子像箭头，帮助比大小，开口对数大，尖头对数小。"从生动形象的比喻、朗朗上口的儿歌中，学生愉快而轻松地记住了大于号、小于号，了解了它们的特点和作用。

（3）无论是哪一种形式的幽默，只要能为课堂服务，均可拿来一用。如一次课上，有的同学趴在桌子上，有的同学在悄声说话，这时老师微笑着说"说悄悄话的同学要安静了，不要把趴在桌上睡觉的同学吵醒了。"话音一落，学生哄堂大笑。趴着的学生立即直起了腰板，说话的学生也立即坐好了，保证了课堂教学的正常进行。

（六）坚持不懈

培养学生一种好的听课习惯并非一朝一夕就能完成的，老师不但要有信心和耐心，更要有坚持不懈的恒心。别怕麻烦，坚持下去，相信自己一定能成功的。

好习惯成就人，使人终生受益，而坏习惯会成为前进中的绊脚石。小学生处于知识积累的重要阶段，课堂是他们学习的主要场所，听课又是系统学习知识的基本环节，所以要想学好知识就必须拥有良好的听课习惯。作为一名教师，培养学生良好的听课习惯，是一种工作需要，也是一种社会责任。找对方法，掌握技巧，力争使每个孩子都养成良好的听课习惯并成为一种自然。

参考文献

[1]　王新明．巫惠茹．小学生学习习惯的培养[J]．中小学教学研究，2001（1）：23.
[2]　林建华．小学生心理教育原理与教程[M]．南京：南京大学出版社，1999：24-26.
[3]　曾庆．培养学生学习习惯的几点思考[J]．职教论坛，2002（16）：44.
[4]　于金华．良好的学习习惯是提高学习效率的保证[J]．中小学教育与管理，2004（5）：42.
[5]　王军虎．浅谈小学生数学学习习惯的培养[J]．教育实践与研究，2002（7）：30.
[6]　华应龙．我就是数学[M]．上海：华东师范大学出版社，2009.

小学高年级学生数学审题习惯的培养

陈晓菊

（盐边县红格镇中心小学校）

摘 要 小学生审题习惯的培养不但关系到学生解题能力的形成和发展，而且关系到学生成绩的提升。针对小学高年级学生审题不清引起结果出错，思维定势引起结果出错，数学生活经验的缺乏引起结果出错等不良的审题习惯，也为了提高高年级学生的审题能力，我采取了提高学生阅读能力，让学生做到认真仔细做题、做后细查，再加上我自身的审题示范、引导，培养了学生良好的阅读、审题习惯。

关键词 考试丢分原因；审题习惯；审题习惯养成

　　教育家乌申斯基说得好："良好的习惯是人在他的神经系统中所储存的资本。这个资本不断增值，而人在其整个一生中，就享受着它的利息。"可见，也正如一位老教师所说的"每个人都有许多习惯，这些习惯在成长时逐步养成，有好的也有坏的，一个具有敏锐观察力的人甚至能从一个细小的习惯揣测出人内在的性格和品质。在提倡'终生学习'的今天，养成良好的学习习惯会使学生终生受益"。我作为一名小学数学教师，"小学高年级学生数学审题习惯的培养"成了我思考最多的问题。审题是解决问题的基础和先导，是综合获取信息、处理信息的一种重要能力，它不仅仅有利于学生在学校的学习，良好的审题习惯更会使学生终身受益。我认为我们作为小学教师应该根据学生认知和思维的特点，有目的、有计划地在每一节课的课堂教学中加以引导，逐步帮助学生提高审题能力，培养学生良好的审题习惯。

一、小学高年级学生数学审题习惯的培养提出背景

　　还记得在五年级上学期的期中考试中，有一道应用题——"一辆汽车 4.5 小时行驶 382.5 千米，照这样计算，如果再行 3.5 小时，一共行多少千米？"当时有很多学生都毫不犹豫地这样列式计算：$382.5 \div 4.5 = 85$（千米）$85 \times 3.5 = 297.5$（千米），就这样分值为 5 分的题就丢掉了 2 分，但试卷发给学生过后，学生一看便知道原来是自己少算了一步，即"$297.5 + 382.5 = 680$（千米）"，从这里可以看出学生不是做不来这道题，而是在考试时，未审好题，忽略了"再行3.5 小时，一共行多少千米？"这句话的含义，从而导致大部分学生都丢了 2 分。

　　再如，五年级下学期的二单元考试中又有一道"在括号里填上不同的质数"，很多学生是这样填的 $14 = （7）+（7）$，从表面来看没什么问题，填的两个数都是质数，但是仔细一看，其中有一个词——"不同的质数"又被学生审题时忽略了，所以很多学生又在不知不觉中丢掉了 2 分。

　　总之，从高年级学生多次的测试题和各种作业来看，很多学生其实不是未学懂知识点，而是未弄懂题意、未审好题。可见审题习惯的培养有多么的重要，如果小学生从高年级起就养成认真审题的习惯，对孩子来说可真是终身受用。

二、小学高年级学生审题误区

（一）审题不清引起结果出错

学生审题时缺乏认真、仔细，常常忽略关键字词句，这就给我们一个启示：在引导学生数学审题过程中，要十分重视非智力因素的培养。在审题中，要教育引导学生自始至终认真推敲，仔细思考。

（二）思维定势引起结果出错

还记得在二年级上学期的期中考试中，有一道填空题 —— "一副三角板中有（　）个直角。"当时有很多学生都毫不犹豫地填 "1"，因为我们平时做题见到都是 —— "一个三角板中有（　）个直角。"所以很多学生可能就形成了思维定势 —— "一个三角板中只有一个直角。"殊不知，就是因为学生的思维定势，"一个"和"一副"就是这么一字之差就使他们通通丢掉了 1 分。

（三）数学生活经验的缺乏引起结果出错

例如：张师傅把一根长 120 厘米的自来水管锯成 6 截，每锯断一次需 2 分钟，张师傅锯完这根水管共用了多少时间？ 这是一道与生活密切相关的 "植树问题" 类的应用题。如果学生数学生活经验不够丰富，解这类问题时，很可能不少学生就会想成张师傅要把水管锯成 6 截，需要锯 6 次，，因而思路无法打开，错误列式为 2×（120÷6）或直接 6×2 也就见怪不怪了。

三、有效审题的特点

审题，即看清题目，理解题目所表述的意思。审题过程是挖掘信息的过程，也是迁移信息的过程，它是对问题所含信息的提取、组合、加工和表达的过程，只有通过细心、认真的观察，抓住关键的信息，方能认识问题的本质，合理地选择解题方法。所以，所谓审好题，就是要求会读题，读懂题。对条件和问题进行全面认识，做到不遗漏，理解题意不偏差。对于条件和问题的有关的全部情况进行认真分析和研究。特别要注意不要遗漏了隐含条件。

四、小学高年级学生数学审题习惯培养的几点思考

那么，怎样培养小学高年级学生认真审题的习惯呢？高年级数学中的审题就是要弄清题目内容和要求，看清数字和符号，理解题中图文列举的数量关系。

下面就谈谈我对小学高年级学生数学审题习惯培养的几点看法：

（一）学好语文，具备一定的阅读分析能力是审题的前提条件

我们所做的每一道数学题，几乎都是由汉字和数字组成的，所以如果不把语文学好，审题是无从下手的。而在审题的过程中，高年级学生虽然认识了很多的汉字，也能把题读通，

但审题不能只是把题读通那么简单，还需要仔细推敲题目中的字词句，特别是在解决问题当中许多关键的字、词、句需要学生去动脑思考。所以，在这里语言文字既可以是题目各种关系的纽带，也可以成为解题的拦路虎。因此，学好语文，具备一定的阅读分析能力就成为高年级学生审题习惯养成的前提条件，老师在审题教学时就应该要像语文教学一样，让学生理解应用题中每个字、词、句的意义，培养学生书面语言的阅读能力。如在行程问题中的"相向而行""相背而行"等。

（二）认真、仔细是审题的关键

引导学生在审题过程中养成认真推敲、仔细思考的习惯。要善于抓住题目中的关键字、词或句，准确理解其表达的意义。只有让学生在审题中认真推敲、咬文嚼字，才能真正理解题意。尽管有些题目文字极其简单，但我们审题时却不能有半点马虎，为了让学生能把认真读题、仔细推敲的过程表现出来，就应该强化学生认真审题的意识。并且，引导学生在动脑筋的过程中，运用一定的数学思想方法，比如对应思想、化归思想，等等。

"冷静沉着，审慎思考；艰难困苦，玉汝于成。"确实，很多题它不难，它考的是一个孩子学习认真、仔细的程度。这点可以说我前面举的题例就是最好的证明。粗心、马虎的孩子会被那不经意的几个字甚至是一个字麻痹，认真、仔细的孩子总是会发现其中的"玄机"，从而使自己的解题能力不断增强。当然，这还需要教师平时有针对性地进行训练，例如在教学图形的拼组时，通过活动学生认识到：四个相同的小正方形可以拼成一个大正方形。这时，教师就可以出示：四个小正方形可以拼成一个大正方形。然后，让学生判断这句话的对错，通过讨论分析让学生认识到如果没有"相同"二字，题的意思就发生了变化。

（三）教师的示范、引导至关重要

1. 教师审题的示范

榜样示范教育法是以别人的好思想、好品德、好行为去影响、教育学生的一种方法。榜样人格具体、生动、形象，对学生具有巨大的感染力和说服力，易于为学生所领会和模仿。特别是小学高年级学生，他们的心理特点之一就是特别希望找到具体的值得尊敬的英雄模范人物去学习，去模仿，所以教育意义更大。因此，在教学中，我常常借各种机会亲自示范审题方法：（1）拿到题后，我总是认认真真地把题读两遍；（2）用笔勾画出关键字词句或圈出题中的条件和问题。如有"约""大约"等字的题目需要估算，我就用笔勾画出来。再如，题中告诉我们了什么条件，要求解决什么问题，我也通通用笔圈出来；（3）从不同的角度思考，选择算法。可以从条件出发，看看能算出什么，跟问题有什么联系，还可以从问题出发，想想要解决这个问题，首先得解决什么问题。我就是这样，长期不断地言传身教，感觉还是收到了较好的效果。

2. 教师对学生审题的引导

除了示范审题外，我在教学中也教给了学生相似的审题方法：（1）认真读题两遍或多遍，尽量读懂题意。古人云："读书百遍，其义自见。"因此，在教学中无论什么题我都至少让学生先读题两遍，还采取了不同的方式，如师教读一遍，生再默读一遍，或男生读一遍，女生再读一遍等，以防止学生厌倦：（2）勾画或圈出题中的关键字词。读完题后，我就要求学生对题进行勾画，开始学生还不熟，我就引导学生勾画关键字，例如，"把下面的算式按得数大小从小到大重新排列起来"。这个题目中的关键词就是"算式""得数大小"和"从小到大"。这样一勾画，学生就恍然大悟了，"喔，原来是要排列这些算式，而且要按得数大小从小到大的重新排列。"对于解决问题的题目，我则是让学生圈出已知条件和问题。对于分数应用题，我就引导学生找出"分率句"，并标出单位"1"，然后审清题意，单位"1"是否告知，告知了用乘法计算，未告知则用除法计算。久而久之，现在班上的学生有多半都能自己勾画出关键字词句了；（3）思考算法。关键字词找到了，题意也就弄清楚了，再根据题意，采用合理的算法，什么问题都能迎刃而解了。

（四）仔细检查必不可少

俗话说："金无足赤，人无完人。"即使是老师也有不仔细做错题的时候，更何况学生，所以"检查"有时是可以弥补我们"审题"的错误的。我们班的学生在学校做完作业后，我都让他们逐题仔细检查两遍。当然，学生毕竟还是孩子，我们不能光说"检查！检查！"，这样有部分学生是不明白的，所以刚开始要告诉学生检查的方法：把做好的题，用同一种方法或不同的方法再算一遍或两遍，如果答案相同，说明你做对了。如果再算的答案不相同，说明可能做错了，这时就需要重新思考解题过程。这样训练以后，大部分学生就能通过自己的检查发现错误，并及时改正错误。如果学生是在家里做作业，我也给家长提出了建议：（1）孩子能做的题，让孩子自己做，实在无法解答的题家长才进行讲解；（2）做完作业后，让孩子自己先检查两遍，有错改正后，家长再进行检查纠错。我相信，通过家长们和我的校内外配合，孩子们的仔细检查习惯总是能培养出来的。

培养高年级学生的数学审题习惯，不仅仅是理念的问题，也不是具体的一堂课，一个教学环节的问题，而是一个长期积淀和浸染的过程。这就需要数学教师坚持不懈、持之以恒地努力、努力、再努力。我深信经过我们的努力一定会培养出一批批具有较高审题能力的，即聪明又仔细的接班人！

城乡结合部学校小学生数学学习习惯的培养

代飞

（米易县第二小学）

摘　要　本文根据城乡结合部学生的生活环境、家庭环境等特点，以数学学习为切入点，有针对性地研究学生学习习惯的培养指导思想和具体措施。

关键词　城乡结合部；数学学习习惯；

　　农村学校生源问题与学校教育教学方法有一定的关系，根据各学科的特点培养学生的学习习惯尤其重要。根据城乡结合部学生的生活环境、家庭环境等特点，有针对性地对学生进行学习习惯、行为习惯、生活习惯的培养，正面教育，明确规范；反复教育，强化教育效果；以身作则，率先垂范；开展评价，巩固教育效果；"三教合一"，形成教育保障体系。

　　城乡结合部地处城市边缘，会接收一部分城市先进信息，又隶属农村，具有农村特点。城乡结合部学校相对偏僻，相对孤立，又相对独立。学校里的学生大约有三分之二来自农村，三分之一是外来打工人员子女。流动性大，情况比较复杂。大多数家长在外务工，没有时间，也没有精力来管孩子。学生一旦进入学校，一切就交给老师了。除非是非常重要的事情需要处理，一般是不会到学校的。另外，农村家庭成员整体素质普遍不高，他们没有科学的指导学生良好习惯养成的方法和手段，从而加重了学校教育的责任。所以，本文着重论述如何对应此种情况，培养学生的学习习惯，以期能给数学老师们一点启示。

一、要培养学生学习的习惯必先了解学生

　　城乡结合部学校小学生学习习惯分析如下：

　　（1）特定的生活环境导致学生的学习习惯差。家庭条件好，家长重视的学生基本上都选城内学校就读。城乡结合部学校招收的学生多属务工族、经商族的孩子。他们大多数由祖父母、外祖父母照看，由于隔代亲情往往产生溺爱，疏于管理，使孩子形成不良行为，甚至缺乏辨别是非的能力。因此，学生生活习惯与学习习惯相对较差。

　　（2）家庭教育、环境教育氛围差。城乡结合部学校学生家长多数是忙完农活忙生意，没有时间和精力管教孩子；多数家长自身文化水平低无能力辅导孩子；多数家长缺乏与学校教师的合作意识，学校教育与家庭教育没形成合力，直接导致学生接受双重教育，甚至产生教育冲突。

　　（3）学生的学习目的不明确，学生的抱负水平普遍不高。

二、培养学生数学学习习惯的指导思想

　　鉴于城乡结合部的环境特殊性，要使孩子养成良好的数学学习习惯，并不是轻而易举的，

数学教师应在掌握学习习惯形成的过程与心理规律的基础上，与其他各科教师联合起来，不但要对学生，还要对家长作耐心细致的工作。在小学阶段，数学学习习惯的培养主要是针对学习常规（如预习、复习、练习等）、书写、格式、顺序、认真听、认真想、认真完成作业以及文具的整理习惯和使用习惯等进行训练，其不同于其他科目的地方在于每个项目里都有数学的影子。数学与语文的预习、复习、练习是有细微的差别的，数学书写是与语文书写一样的，但其间又有不一样的地方，比如数字是数学中常书写的，作业本格式又有所不同。

三、具体措施

（一）培养学生学数学的常规习惯

这个常规习惯完全同其他学科一样，如上课发言举手，举手的姿势，认真完成作业等。因学生的特点，所以对学生必须从头要求，从最基本的做起。学生的学习"动机愿望"和"习惯意识"是形成"良好学习习惯"的内驱力。所以要特别注重加强对学生学习目的的培养，使其明白学习的重要性和必要性。

（二）培养学生在数学学习中与其他科目学习有细微差别的习惯

（1）在小学数学教学中，应注意训练学生阅读的习惯，使学生具备阅读课本的能力。这与语文科目的重在感悟的阅读习惯培养有着紧密的联系但又有细微的差别。在数学课中，应 使学生把"看、读、思、练"结合起来。儿童一入学教师就应该带领学生逐步学会看懂图、式、文，再引导学生弄清术语，理解关键词语，引发学生思考。随着学生年龄和抽象能力的不断提高，对课本内容提出更明确而具体的要求，让学生养成先阅读后做作业的习惯。

（2）数学中认真观察，勤于思考，敢于质疑的习惯。与其他科目不同之处在于，要让学生学会观察生活，发现生活中的数学，把所学的数学运用到生活中去。遇到生活中的数学问题，有什么疑问的地方，要经过思考后大胆提出来，并从多方面获得解决。因城乡结合学校的学生条件所限，学生获得问题解决的途径主要在学校，所以教师要为学生提供机会，如图书浏览、电子浏览，及师生讨论的机会，不要自己不做什么努力只是大声地抱怨，把责任全部推给家长，推给社会。

（3）培养学生认真审题的习惯 。这里的审题习惯不单指做的算术题，还包括生活中遇到的各种问题，要把遇到的问题分析清楚，理清解决问题的必要条件。通过这种训练，可以使学生养成认真严谨的习惯，引导学生灵活地选择正确合理地解决问题的方法，提高解决问题的能力与速度。

（三）充分利用家长会的契机影响学生，帮助其培养良好的学习习惯

抓好家长会，一方面加强正面说服的力度，另一方面让有良好学习习惯的学生家长在会中影响、改变其他家长，使之受到启发，能按教师要求形成家庭教育与学校教育的合力。同时，对家庭教育不要过于苛刻，特别是对于那种"留守"学生，要多关爱，使其在学校的大

环境下，加强自觉性的培养，让他们健康成长，形成良好的学习习惯。

（四）培养学生的倾听习惯

倾听习惯直接影响到学生的学习效果。我常常对学生说：会倾听的人才会学习，只有听清了别人的观点，才能集众所长成为最棒的人。以此让学生认识到倾听的重要性。但是有很多同学并没有意识到自己没有认真倾听。所以，我给学生提出了一个具体的、可操作性的要求：

（1）倾听时要注视老师或同学的眼睛；

（2）倾听时不打断对方的话，把对方的话听完；

（3）集中注意力聆听，要能听懂对方的意思，并能与自己的观点做比较，等对方说完后再提出问题，或纠正错误。

伴随着明确的要求，孩子们会在课堂上时常听到这样的话语："他是个会学习的孩子，因为老师讲课时，他的目光一直跟随着老师。""老师真高兴，我们大家都认真倾听了这位同学的发言，真是一群会学习的孩子！" "你是一个会学习的孩子，因为你刚才边听边进行了思考！"……不断地意识强化，使学生慢慢地在心中将"倾听"与"学习能力"划上了等号，一种关注"倾听"的群体氛围悄然在班级中形成。

（五）合作学习习惯的培养

合作学习是新世纪学生学习的一种重要方式，合作学习有利于培养学生的协作精神、团队观念和交流能力，并在思想的碰撞中迸发创新的火花。在数学课的学习中，可让学生通过课前共同预习、课中合作实验、合作操作、同桌讨论、小组交流等形式开展合作学习活动。老师布置的学习内容要有价值、有意义，不要流于形式。对于学生而言，要积极参与学会表达自己的观点和见解，要学会倾听他人的发言，学会评判他人的观点，学会接受他人的意见。每一次合作学习，都要积极参与，逐渐养成合作性学习习惯。

参考文献

[1] 孙云晓，张梅玲.儿童教育就是培养好习惯[M].北京：北京出版社，2004.

[2] 马克银.小学生倾听习惯及培养 [J].新课程研究：基础教育，2007（6）.

[3] 关旸，冯凯.关于"指导学生倾听"的几点想法[J].教育教学论坛，2012（26）.

[4] 孙云晓.习惯决定孩子的命运[M].北京：新世纪出版社，2008.

一年级新生行为习惯培养思考

简连付

（盐边县城第一小学）

摘　要　良好的行为习惯使学生终生受益，抓好一年级学生行为习惯养成教育是我们每位教师义不容辞的责任，是教师良心教育和教师职业道德修养的核心价值体现。本文针对小学一年级学生的坐、立、行走以及学会倾听他人习惯方面进行有效培养讨论，供广大同行们参考。

关键词　小学新生；行为习惯；养成；方法

在本次国培学习中，我对一年级新生的行为习惯养成教育有了全新的认识。一年级，是学生刚步入正规学习阶段，是学生行为习惯和学习习惯养成的关键时期。一年级的学生犹如一张白纸，如何才能将一张白纸变成一幅美丽的画卷呢？这既要看纸张的好坏，但关键还在画家。作为画家的我们——教师该怎样做呢？"好习惯成就美好未来"。我认为：我们应该抓好一年级学生的行为习惯和学习习惯的养成教育。

良好的行为习惯使学生终生受益，抓好一年级学生行为习惯养成教育是我们每位教师义不容辞的责任，是教师良心教育和教师职业道德修养的核心价值体现。如何抓好学生的行为习惯养成教育呢？

一、坐立行走习惯培养

以学生感兴趣的方式培养学生良好的坐、立、行走的行为习惯。一年级的新生，对怎样做、怎样站立、怎样行走，没有一个明确的规范，这些都需要老师去教育去培养。要做到使学生感兴趣就需要每位教师精心设计培训方式，使学生在愉悦的环境中养成良好的坐、立、行走习惯。

良好的坐姿是学生养成认真听讲习惯的前提，也是促进学生健康发展的重要因素。对一年级学生坐姿的训练，应紧紧抓住一年级学生注意的特点，做到：趣味性与良好坐姿训练的有机结合，时间长短与良好坐姿的有效结合，切记训练枯燥乏味，以免学生感到厌烦。我们可以采取"具体规范与趣味活动相结合的方式"展开训练。如开展"我是今天坐姿小标兵"等活动进行训练。

站姿是班级良好风貌的表现，也是学生良好行为习惯的重要组成部分，良好的站姿是做文明人的要求，对学生的终身成长有着举足轻重的意义。我们应该抓好一年级学生的站姿训练。对学生的站姿训练方法是多样的，如"我们可以采取小组间谁站得最好"这种竞赛的方式来训练学生的站姿。学生上课时起身回答问题时该如何站，做操时该怎样站，教师都应该有明确的规定，并加以训练。

谈到学生行走习惯的训练与教育，有人会认为这些学生都会，但我认为会走路和走好路是两个不同的概念。走好路不仅是做文明人的标准，更是安全教育的重要环节。红灯停、绿灯行，上下楼道靠右行，这既是做文明公民的基本要求，也是对自身生命安全的负责。因此我们必须从一年级开始抓好抓实学生的行走习惯。

二、倾听习惯培养

培养学生认真倾听的习惯。认真倾听不仅是一种行为习惯，更是一种高尚品质。倾听就是细心听取别人说话。善于倾听是一个人不可缺少的修养也是一个学生获取优秀成绩的有效的学习方法。对于一年级学生来说，培养孩子学会倾听，养成良好的学习习惯，尤为重要。

1. 让学生养成认真倾听教师讲课的习惯

亲其师而信其道。一年级的学生往往带有强烈的感情色彩，会因为喜欢某位老师，就愿意听他的课。因此教师在教学中，应对学生倾注满腔的热情和爱心吸引学生听课。应努力做到爱每一个学生，用亲切的眼神、细微的动作、和蔼的态度、热情的赞语亲近学生，发现学生的闪光点。当发现孩子认真听讲、用心思考、努力回答或提出各种问题时，要用真诚的话语鼓励和体态语言表扬他们。除了用爱心吸引学生听课外，在教学内容上，要将直观、形象的内容呈现给学生，吸引学生认真听课。由于低年级学生以形象思维为主，因此我们在教学上应将抽象的内容转化为形象直观的内容，创设情景吸引学生认真听课。

2. 让学生养成认真倾听同伴发言的习惯

除了认真倾听教师讲课外，还要认真倾听同伴的发言。课堂上，一年级学生的发言往往存在重复或只顾自己抢着说的问题。为此我们在教学时，首先要让学生明白，认真倾听别人的发言，是一种学习方法，而且是一种有修养的表现，是对他人的一种尊重。其次，教育学生倾听同伴发言，要欣赏别人的长处，也要发现别人的不足。可采用听后评议的方法，即让学生边听边想，如：小华的发言哪些地方值得你学习？哪些地方你有意见？这样可以促使学生养成倾听别人讲话并提出意见的习惯。再次，可采用角色互换的方法，组织学生轮流当小老师给同学讲课，老师作为学生在倾听的同时提出自己的意见，并及时帮助同学纠正错误。在这样的活动中，教师倾听时的表情，提出意见时的口气、语调等都起到了示范作用，有利于学生认真倾听习惯的养成。

习惯是做人的根本，是学习的根本。抓好一年级学生的习惯养成教育，将为学生未来的发展打下坚实的基础。

专题 8

城乡小学生计算学习效果差异分析及对策研究
——以成都市青羊区中育实验小学和攀枝花市仁和区西路小学为例

何小华[①]　自兴国[②]　周贵军[③]　谢臣梅[④]　刘琪子[⑤]
导师：黄　灏[⑥]
（① 攀枝花市西路小学；② 攀枝花市前进中心校；③ 攀枝花市福田中心校；
④ 攀枝花市布德中心校；⑤ 攀枝花市第三十一中小学校；⑥ 成都大学）

一、研究基本概况

（一）课题提出的背景

《全日制义务教育数学课程标准（实验稿）》（以下简称《数学课程标准》）指出：数学是人们劳动和学习必不可少的工具，而对每个人来说，在小学阶段学好计算，并形成一定的计算能力是终身受益的事。

我们在成都学习期间，发现成都一些小学生的计算能力明显强于攀枝花市农村小学生的计算能力。攀枝花农村小学生源复杂，对数学知识的掌握程度不同，特别从近几年攀枝花学生学年区统一检测和市调研检测的数学成绩来看，数学学科的成绩较差，究其原因，主要是学生计算能力太差。提高攀枝花农村学校学生计算学习效果，培养和发展学生的计算意识，成为攀枝花市农村小学数学教学亟待解决的一个重大问题。

因此，我们提出此研究课题，力图找到城乡小学生计算学习效果差异及对策，使攀枝花农村小学学生计算学习效果有明显提高，从而提高农村小学数学教学质量。

（二）课题研究的目的

通过对城乡小学生数学计算学习效果差异的对比研究，分析学生产生计算学习差异的原因，从城乡小学生对计算的意识、兴趣、方法、习惯等方面，探究攀枝花农村小学数学教学中提高学生计算学习效果的最佳途径和方法，为攀枝花农村小学的计算教学提供可操作性模式及可资借鉴的经验，从而提高学生的计算学习效果，提高农村小学数学教学质量。

（三）课题研究方法

（1）文献研究法：通过对相关理论的查找和研究，建立有效的理论支撑，并在各阶段指导研究工作。

（2）调查研究法：在实验开始前，对攀枝花市仁和西路小学和成都市青羊区中育实验小学的小学生计算测试成绩进行对比分析，并通过问卷进行调查，摸清学生计算学习效果在哪些方面存在差异。

（3）课例分析研究法：通过对典型课例的分析，找到问题的实质，研究解决问题的有效策略。

（4）经验总结法：通过实际进行归纳、论证，形成课题研究报告。

（四）研究的对象与时间

研究的对象为攀枝花市仁和区西路小学和成都市青羊区中育实验小学一至六年级学生，研究时间为一年。

（五）研究的内容

城乡小学生计算学习效果差异现状；有效缩小城乡小学生计算学习效果差异的对策。

（六）本课题内涵界定及基本观点

1. 名词内涵界定

本课题的"计算学习效果"是指小学生在计算方面应达到的能力。它是运算能力和记忆能力、观察能力、理解能力、表述能力等互相渗透的一种综合能力。

本课题的研究对象为城乡小学生，主要指攀枝花市仁和区西路小学和成都市青羊区中育实验小学一至六年级学生。

2. 设计思路

通过对城乡小学生数学计算学习效果差异的对比研究，分析学生产生计算学习差异的原因，从城乡小学生对计算的意识、兴趣、方法、习惯等方面，探究攀枝花农村小学数学教学中提高学生计算学习效果的最佳途径和方法，为攀枝花农村小学的计算教学提供可操作性模式及可资借鉴的经验，从而提高学生的计算学习效果，提高农村小学数学教学质量。

（七）本课题采取的改革措施

（1）建立课题研究小组，明确研究人员的任务，确定研究方案，明确课题研究的主要方向和目标以及研究方式。

（2）研究人员加强理论学习，翻阅相关文献资料，主要是研读《小学数学课程标准》、《小学数学教学法》等相关书籍，另外还利用网络查阅了大量的相关资料。

（3）分析课堂教学中造成学生计算学习效果出现差异的原因。抽样攀枝花低、高段各90名学生进行问卷调查，了解学生计算学习效果存在差异的主要原因，了解学生计算中存在的问题。

（4）对学校一线的40名数学教师进行调查，了解教师认为学生计算学习效果存在差异的主要原因，了解目前教师计算教学中的共性问题。

（5）以成都市青羊区中育实验小学和攀枝花市仁和区西路小学2013—2014学年度上期期末数学质量检测计算部分成绩对比分析，找到计算部分平均分、合格率、优生率等方面的差距，并对差距做出具体分析，找到原因。

（6）进行城乡教师计算教学课例比较，深入分析城乡教师计算教学课例在内容、情景、与生活的联系、体现师生活动等方面的差异，并找到相应的对策。

（7）规范学生计算要求。

第一，计算规范是正确计算的前提和保证。在计算时，要求学生做到计算规范、书写工整，作业和试卷整洁，其中包括草稿在内。

第二，持之以恒，加强计算训练。只有提高计算能力，才能提高计算的速度和计算正确率。对学生进行必要的口算训练，做到天天练，坚持不懈。

第三，让学生在现实情境中理解计算的意义和作用，把计算教学置入现实情境之中。教学时选用学生熟悉的事例，创设生动的具体情境，让学生发现、提出数学问题，接着探讨计算方法，进而解决所提出的实际问题，激起学生学习的兴趣。

第四，要使学生会算，首先必须使学生明确怎样计算，也就是加强算理的理解。

第五，从算法多样化来突破计算的灵活性和思维简洁性。

第六，从数学计算习惯抓起，培养良好的习惯。

第七，收集错题，建立错题库，针对典型错例要在课堂上进行详细讲评。

（八）数据处理及分析课题全面实施阶段

在前一阶段理论研究和调查访谈的基础上全面开展以调查分析为着眼点，以计算教学成绩和课例进行分析和研究，找准问题症结所在，收集研究过程中的资料，并研究出相应的解决策略。

1. 分析造成城乡小学生计算学习效果存在差异的原因

（1）学生问卷调查各项所占百分比汇总表（见表1、表2）。

表1 低段学生问卷调查各项所占百分比汇总表

	3	4	5	6	7	8	9	10	11	12	13
A	82%	48%	59%	56%	24%	22%	40%	81%	10%	70%	71%
B	14%	50%	35%	18%	76%	72%	53%	11%	73%	22%	14%
C	4%	2%	6%	26%	0	6%	7%	8%	7%	8%	15%

表2 高段学生问卷调查各项所占百分比汇总表

	3	4	5	6	7	8	9	10	11	12	13
A	77%	62%	19%	34%	68%	50%	31%	63%	30%	58%	59%
B	23%	34%	53%	18%	32%	37%	56%	21%	30%	32%	11%
C		4%	28%	48%	0	13%	13%	16%	40%	10%	30%

本次研究采用问卷调查的方式，随机抽样攀枝花农村学校 1～6 年级学生共 90 名，发放问卷共 90 份，收回有效问卷 90 份。其问卷内容主要围绕学生是否喜欢做计算题、习惯等方面，共设计 11 道问题。最后把调查的数据进行整理分析。通过以上数据可以看出：

低段学生和高段学生对计算学习兴趣低，没有认真审题，没有养成良好的计算习惯，老师不够重视，练习少，口算能力差等原因是造成低段农村小学学生计算学习效果差的主要原因。

（2）教师问卷调查各项所占百分比汇总表。

表 3　教师问卷调查各项所占百分比汇总表

	1	2	3	4	5	6
A	85%	10%	67.5%	97.5%	7.5%	2.5%
B	15%	57.5%	10%	2.5%	75%	7.5%
C	0	32.5%	7.5%	0	17.5%	90%

本次研究采用问卷调查并同时配合一定访谈的方式进行，随机抽样共 40 名农村教师参与，发放问卷共 40 份，收回有效问卷 40 份。其问卷内容主要要围绕学校、教师、家长方面，共设计 6 道问题，最后把调查的数据进行整理分析。

从城乡小学生计算学习效果差异的原因及对策调查表情况可以看出：对"城乡小学低段学生计算学习效果有无差异"这一问题的调查，85% 的教师认为有差异，15% 的教师认为没有差异。造成差异的原因，教师们认为家长重视不够、教师的训练形式单一、学生的训练量不够。对"城乡小学高段学生计算学习效果有无差异"这一问题的调查，97.5% 的教师认为有差异，2.5% 的教师认为没有差异。造成差异的原因，教师认为家庭辅导不够、低中段欠账过多、学生学习能力达不到要求水平、教师训练方式单一（见表 3）。

2. 城乡小学生期末检测计算部分成绩分析

表 4　2013—2014 学年度上期期末数学质量检测计算部分成绩对比表

（把计算部分转换为百分制进行统计）

学校	成都市青羊区中育实验小学			攀枝花市仁和区西路小学		
年级	平均分	合格率（%）	优生率（%）	平均分	合格率（%）	优生率（%）
1	97.49	100	100	89.16	90.4	85
2	94.71	100	96	82.4	87.15	79.6
3	90.58	100	82.2	80	84.6	70.24
4	90.65	99.35	87.66	83.5	81.23	62.45
5	90.9	98	86	75	78.7	43.1
6	90.7	98.5	85.2	76.5	77.2	37.8

如表 4 所示，一年级计算部分平均分相差 8.33 分，一年级计算部分合格率相差 9.6%，一年级计算部分优生率相差 15%；二年级计算部分平均分相差 12.31 分，二年级计算部分合格率相差 12.85%，二年级计算部分优生率相差 16.4%；三年级计算部分平均分相差 10.58 分，三年级计算部分合格率相差 16.4%，三年级计算部分优生率相差 11.96%；四年级计算部分平均分相差 7.15 分，四年级计算部分合格率相差 18.12%，四年级计算部分优生率相差 25.21%；五年级计算部分平均分相差 15.9 分，五年级计算部分合格率相差 19.3%，五年级计算部分优生率相差 42.9%；六年级计算部分平均分相差 14.2 分，六年级计算部分合格率相差 21.3%，六年级计算部分优生率相差 47.4%；

从六个年级的计算部分平均分、合格率、优生率的对比情况，可以看出城乡学生数学质量检测中学生计算部分差距较大。农村学校的教学质量中计算部分失分较多，从而导致学生成绩差距较大，需有效提高学生的计算能力，从而缩小城乡教学质量的差距。

表 5 2013—2014 学年度下期期末数学质量检测计算部分成绩对比表

（把计算部分转换为百分制进行统计）

学校	成都市青羊区中育实验小学			攀枝花市仁和区西路小学		
年级	平均分	合格率（%）	优生率（%）	平均分	合格率（%）	优生率（%）
1	97.1	100	99.4	83	89	59
2	91.8	100	90.8	81.52	82.31	66.4
3	92.74	100	91.34	77.5	85.9	58.6
4	90.83	99.3	83	71.2	78.2	50.8
5	93.05	99	92	73.7	83	49.7
6	90.8	100	85	77	88	36.1

如表 5 所示，一年级计算部分平均分相差 14.1 分，一年级计算部分合格率相差 11%，一年级计算部分优生率相差 40.4%；二年级计算部分平均分相差 10.28 分，二年级计算部分合格率相差 17.69%，二年级计算部分优生率相差 24.4%；三年级计算部分平均分相差 15.24 分，三年级计算部分合格率相差 14.1%，三年级计算部分优生率相差 32.74%；四年级计算部分平均分相差 19.63 分，四年级计算部分合格率相差 21.1%，四年级计算部分优生率相差 32.2%；五年级计算部分平均分相差 19.35 分，五年级计算部分合格率相差 16%，五年级计算部分优生率相差 42.3%；六年级计算部分平均分相差 13.8 分，六年级计算部分合格率相差 12%，六年级计算部分优生率相差 48.9%；

从六个年级的计算部分平均分、合格率、优生率的对比情况，可以看出城乡学生的数学质量差距较大。越到高年级计算部分平均分和优生率相差越大。

二、城乡小学数学教学质量存在差距的原因及对策

城乡学生不同的生活环境和不同学习生活轨迹，导致其对学习数学的方法和对数学课程

的理解也有所不同。一个问题出现多种可能性的情况逐渐增多，如何提高数学教学质量以及学生数学能力和素养已成为亟待解决的问题。

（一）影响农村小学数学课堂教学效率的原因

1. 学校教学设施落后，教学资源匮乏

就我校而言，教学设施和教学资源都相对匮乏，无法真正运用远程教育资源来辅助教学，甚至连量角器、圆规、圆面积演示仪、圆柱体展开模型等基本的教具都没有，如此何谈教好学生？何谈有效教学？再加上我校住宿条件差，学生晚上容易着凉，随时有学生因此而生病，这样的条件如何保证课堂教学效率？

2. 教师提高课堂教学效率的观念淡薄

由于生源固定，全镇的学生都到中心学校就读，教师变动小，基本都是原来的教师，教师提高课堂教学效率的观念不强，很多教师没有认真处理好教材，从而使教学走入误区。

（1）对教材的理解肤浅。

如果数学教师不能对教材进行全面、深刻的理解，不能搞清数学知识的前因后果，不能把握数学教材的编写意图，可以肯定，这样的教学必然会使课堂教学效率大打折扣。

（2）教师缺少改革课堂教学的决心和信心。

当前学校对教师的评价仍是教学成绩占首要位置，领导、家长们往往也认准的是分数，班级学生成绩高了，老师就是会教书的好老师，否则就不是。受这一导向影响，数学教师们尽其所有本领，尽其所有时间，坚持"我说你听"，而对新课程新教学望而却步，生怕误了学生成绩。而要学生养成积极主动的学习思维习惯不是一朝一夕就能做到的，因此教师没信心去改革课堂，新的教学方法、新的学习方法想用却不敢用，数学新课程的课堂教学模式难以普遍形成。

（3）教学过程简单化。

传统教学与现代教学最大的区别就在于是否注意课堂教学，有效教学概念中的"有效教学活动"就体现了教学过程的重要性，要使教学活动有效，使课堂教学中知识与技能、过程与方法、情感态度与价值观"三维目标"同步达成，必须在教学过程中做足文章，因为没有过程的教学只能达到知识与技能目标，而能力和数学素养的提高只是一句空话。

3. 家长对子女的学习、生活不够重视

（1）农村小学留守儿童居多。

农村小学留守儿童多，大多缺乏关爱，有的即便家长在孩子身边，也多数疲于生活的奔波，很少真正关心孩子的学习。

（2）学生作息时间无规律，学习精力严重不足。

大部分学生周五放学回家后要从事诸如割草放养牲畜、煮饭、洗衣服、带弟妹等劳动。繁重的家务劳动，严重的营养不良是孩子们学习倦怠的罪魁祸首，上学成了不堪重负的孩子难得的休息时间。

（二）提高农村小学数学教学质量方法的探索

1. 增补教学设施，开发利用有效教学资源

教学设施和教学资源是提高教学质量的硬件保障，只有完善了教学设施，合理开发利用教学资源，才能提高课堂教学效果，实现教学质量的提高。

2. 教师转变教学观念

（1）建立良好的师生关系，营造和谐、民主的课堂氛围。

良好的师生关系应该是多种关系的集合体，应因人而异，因时而异，不断变换自己的角色。最主要的是以朋友身份平等地出现在学生面前，这样学生才能向老师袒露胸怀，学生喜欢老师，相应的也会喜欢老师所教的课程。

① 主动与学生交流沟通。农村小学的学生，每天面对的就是学校和田地，家庭里几乎没有电脑，也很少有课外读物，孩子们大多性格内向。课堂上，就算再简单的问题，也很少有人主动举手发言。为了改变这种情况，教师可以经常给他们讲外面的世界有多精彩，帮助他们树立远大的志向；课间休息和他们参加活动的时候，尽量跟他们待在一起，找他们聊天，鼓励他们有困难和困惑时，找老师帮他们分担，有快乐时能有幸与他们分享。当然，建立良好的师生关系绝不仅仅是上面所谈到的几个方面，还需要我们每个人在实际工作中不断地去探索，去总结，但是只要我们本着"一切为了学生，为了一切学生，为了学生的一切"的思想，就一定会建立起和谐、融洽的师生关系。

② 尊重学生、热爱学生。农村学生最容易接受到的"教育"就是打骂，长期的打骂不但不能帮助学生改正缺点，还容易导致学生产生逆反心理，性情冷漠，树立错误的人生观和价值观。如果能改变一些教育方式，多用心去倾听每一位学生的心声，给他们多一份关爱，更能打动孩子们的心，顺势引导他们用积极正确的态度去面对，解决学习和生活中的一些难题。

（2）提高学习兴趣，促进学生主动思维。

著名数学家华罗庚曾说过："人们对数学产生枯燥无味、神秘难懂的印象，原因之一便是脱离实际。"农村小学生的思维依赖性强，较多处于被动思维状态。而数学又是较为枯燥的一门学科，多数农村小学的学生不喜欢学数学，觉得难，没有兴趣。可见如何提高小学生学习数学的兴趣，是我们农村教师迫切需要解决的难题。 数学作为一门自然科学，它的很多规律和特性都全面反映在生活之中。我在教学中采取学生所熟悉的生活现象引入新课。例如教学"圆的认识"时，首先让学生举出生活中所见到过的哪些物体是圆形的。学生举出车轮、井盖等例子。为什么这些物体要做成圆形的呢?从而引出新课。由学生熟悉的生活现象导入新课，一下就把学生的注意力集中起来了，极大地增强学生进一步学习的乐趣。此外，我们还可以通过一些小游戏，激发学生学习兴趣，促进学生主动思维，使学生在轻松愉快的学习活动中掌握数学知识，从而提高课堂效率。

3. 转变家长对子女的教育观念

教育是一个系统工程，单靠学校、教师的力量不可能实现预期目标，需要社会和学生家长的大力支持。但由于农村人口的基本素质较低，尤其是学生家长的素质，直接影响教育效

果。面对农村小学，我们可以采用成立家长学校、召开家长会的形式，向家长仔细分析学生现在的年龄特征、身体发育情况、营养状况、学习及家务劳动的强度。让家长知道，孩子需要做家长的尽更多的责任，尽量的不给孩子添更多的家务劳动，理解孩子，向他们倾注多一点的关爱，保障孩子的学习精力。

4. 了解学生，做到因人而教

（1）了解学生个性，引领学生参与到学习中来。

大多数的学生在学习中都希望得到老师的夸奖。因此，在教学中，教师应经常采用各种竞争手段，激发学生的学习兴趣、增强其竞争意识，让全体学生都能够积极主动地参与到学习活动中来。

（2）了解学生原有认知基础，让教学与实际相联系。

任何人在学习新知识时，旧知识总是要参与其中的，用已有的知识学习新知，既提高了课堂教学的含量，也消除了课堂上的无效空间，减少了学生的学习障碍。教师应尽可能地从实际中引出问题，使学生了解数学知识来源于生活，同时又应用于生活实际，从而认识到数学知识在现实生活中的作用；让他们自己从日常生活中的具体事例中提炼出数学问题，用所学的数学知识去解决现实生活中的许多实际问题。

5. 培养良好的倾听习惯

要提高课堂效率首先要转变"发言热闹的教室"为"用心相互倾听的教室"。只有在"用心倾听的教室"里，才能通过发言让各种思考和情感相互交流，否则交流是不可能发生的。倾听学生的发言，好比是在和学生玩棒球投球练习。把学生投过来的球准确地接住，投球的学生即便不对你说什么，他的心情也是很愉快的。作为教师要擅长接学生投过来的每一个球，特别是学生投得很差的球或投偏了的球，这也是作为教师自身的专业素质和驾驭课堂能力的最好表现。

6. 充分的课前准备

新课程标准针对学生不同年龄段的身心特点，对不同学段的教学目标作出了科学而具体的规定。首先，教学目标的定位要难易适中。就跟打篮球一样，篮筐太高了学生再怎么努力也投不进，自然就丧失了信心；而篮筐太低了，学生就会轻而易举地灌篮，当然也就没有战胜困难的喜悦。其次，教师在制定教学目标的时候，要充分考虑到三维目标的统一。教学目标的制定也要兼顾好、中、差三个层次的学生。根据因材施教原则，教学目标的制定也要因人而异，不同层次的学生要求达到的目标也各不相同，要避免一概而论。

7. 课堂中优化教学过程

《数学课程标准》指出："有效地数学学习活动不能单纯地依赖模仿与记忆，动手实践、自主探索与合作交流是学生学习数学的重要方式。"而高效地数学学习活动应是在有效地数学学习活动基础上的更高层次追求。

农村教师所处环境单一，加上学习培训较少，与城区教师有较大的差距。学校应建立终身学习机制、团队共同学习机制、个体自主学习机制和全程学习机制，建立青年教师读书会、区域论坛、演讲比赛等学习交流平台。总之，只有领导重视，加大投入，严格控制择校，再通过行之有效的方法来更新教师教育理念，提高教师的教育水平，才能逐步缩小城乡学校之间的差距。

三、城乡小学生计算学习效果存在差异的原因及对策

（一）城乡小学生计算学习效果存在差异的原因

1. 农村儿童生活背景与教材情境存在差异，教学中难借生活经验来支撑教材情境

众所周知，兴趣是学生学习的最好老师。新课程标准、新课程教育理念也强调培养学生的学习兴趣。有了兴趣，学生才乐意走进课堂，才能体会学习的乐趣，才有展示自我的欲望，才有长久学习的动力。但现今农村小学生学习数学的兴趣普遍不高，常抱有应付的态度，究其原因，主要是农村学生对数学教材中的模拟情景不能理解，无法提起兴趣去学习他没见过和不了解的事物……新课程下的小学数学教材可谓结构全面，每册都有"数""图形""统计""数学广角"。这种结构全面式的设计，知识点较多，农村学生较难掌握。老师在教学时要花费更多的时间、精力，使表达更加形象化、生动化，以提高学生的学习兴趣。

2. 农村小学教具与学具匮乏，教学中很少有直观到抽象的算理算法教学过程

以往农村小学的教具与学具都是由老师自己制作，不但粗糙而且达不到好的教学效果。近年来，攀枝花市投入了大量数学教具到农村小学，但使用率较低。老师很少有精力去组织学生使用，而且没有专业的技术，大部分年纪比较大的老师都不能熟练操作，学生缺乏实干机会，并不能像城镇学生一样，可以有很多资源帮助理解。资源的匮乏，导致了乡村学生的抽象思维能力不如城镇学生。

3. 农村小学多偏远、分散、规模小的环境特点，制约教研活动的全面深入开展

农村小学多偏远、分散、规模小，大部分以村小形式存在，周边大多是大片的农田和山沟，学校与学校之间的距离也很远，农村学校的环境制约了老师的专业发展，让老师没有机会相互之间交流和学习，有些老师一待就是一辈子，从来没有离开过大山，更不要说参加教研活动。老师得不到进步，教法得不到改进，学法上就有所欠缺，农村学生在学习方法上就跟城镇学生差了很多。

4. 农村学生的生活环境受限，导致其逻辑思维能力不如城镇学生

很多人觉得城里小孩讲起话来一套一套的，有条有理，农村小孩讲话做事随意自由，条理性差，这实际上说明农村学生逻辑思维能力不足。思维具有很广泛的内容。根据心理学的研究，有各种各样的思维。在小学数学教学中应该培养学生什么样的思维能力呢？《九年义务教育全日制小学数学教学大纲》中明确规定，要"使学生具有初步的逻辑思维能力。"这一条规定是很正确的。从数学的特点看。数学本身是由许多判断组成的确定的体系，这些判断是用数学术语和逻辑术语以及相应的符号所表示的数学语句来表达的。并且借助逻辑推理形成一些新的判断。而这些判断的总和就组成了数学这门科学。小学数学虽然内容简单，没有

严格的推理论证，但却离不开判断推理。再从小学生的思维特点来看，他们正处在从具体形象思维向抽象逻辑思维过渡的阶段。因此可以说，小学，特别是中、高年级，正是发展学生逻辑思维的有利时期。农村小学生的数学成绩不好，主要是由于欠缺逻辑思维能力，分析题目无从下手。

（二）有效缩小城乡小学生计算学习效果差异的对策

针对调查中出现的问题及学习中出现的障碍，我们立足于课堂，以课例研究为着眼点，教师以研究者的角色从合作备课、授课、互动评课全过程的参与下，使问题逐渐清晰得以解决，并最终形成计算教学的模式，并将这些成果推广到示范、辐射、提升的解决层面上来。下面是我们在实验研究中的一些具体做法：

1. 培养学生学习数学计算的兴趣

（1）观察学生在课堂上的表现，分层次布置笔算作业。

培养学生学习数学计算的兴趣，既要关注计算能力相对强的学生，更要关心能力相对弱的学生，让他们体验到计算成功的喜悦，从而对自己充满信心。

（2）探索合理的激励评价机制，培养学生学习数学计算的兴趣。

在日常计算教学的过程中，只要学生有点滴进步，就要及时给予恰当的评价，决不要吝啬。定期开展一些计算比赛，如班级每个月开展一次，年级半学期开展一次，对表现优异者给予一定的物质和精神鼓励。通过这样的评价，让学生体验到自己的进步。以此激发学生的计算兴趣，调动学生参与计算练习的积极性，促进学生熟练掌握计算的技能技巧。

（3）采用丰富的训练方式，激发学生计算兴趣。

在课堂教学活动中，为避免计算练习的枯燥，可以设计一些形式多样的活动，如通过游戏、竞赛、抢答、开火车、听算、限时口算、自编计算题、扑克牌、同桌对问或小组比赛等形式来调动学生的积极性。同时通过作业练习、专题测试、考试检测等多种方法和手段进行强化训练，还可以通过"趣题征解""巧算比赛"等形式，挖掘学生的潜力，培养良好的意志品质。在过程中让学生体会审题的重要性，只有理解题目，不盲目动笔做题，正确率才会提高。

（4）创设情景，激发计算兴趣。

计算教学过多强调运算技能的训练，简单、重复、机械的训练使学生感到枯燥无味，对数学失去兴趣，甚至讨厌数学。把计算教学置入现实情境之中，让学生在现实情境中理解计算的意义和作用是今天所提倡的。教学时选用学生熟悉的事例，创设生动的具体情境，让学生发现、提出数学问题，接着探讨计算方法，进而解决所提出的实际问题。把探讨计算方法的活动与解决实际问题融于一体，学习材料富有生气，对学生有吸引力，容易激起学生学习的兴趣。

2. 规范计算要求

计算规范是正确计算的前提和保证。在计算时，要求学生做到计算规范、书写工整，作业和试卷整洁，其中包括草稿在内。采取一定的措施，要求三年级学生准备草稿本，并时常提醒，起到巩固效果。平时的作业，特别是考试要求连同草稿纸一起上交。因小学生在计算时缺乏一定的自觉性，还需要老师的督促、压一定的重力，才能认真地计算。

3. 持之以恒，加强计算训练

具体操作方法是：① 每天在课前用 3 分钟进行听算训练；② 学习笔算前先进行估算的训练；③ 教笔算时注重算理说的训练；④ 笔算后进行检验的训练；⑤ 每天课后 5 分钟笔算练习。对学生进行必要的计算训练，做到天天练，逐步达到熟能生巧、对而快的程度。训练重在坚持不懈，只有这样才能达到较好的效果。

4. 在课堂教学中加强学生对算理的理解

《数学课程标准》指出：让学生在自主探索中获得对计算过程与算理的理解，不再出现文字概括形式的计算法则。教学要引导学生利用知识的迁移，拾级而上掌握方法。不懂得算理，光靠机械操练也许能掌握其计算的方法，其迁移范围是非常有限的，无法适应千变万化的具体情况，更谈不上灵活应用。教师应归纳整理出笔算教学中应遵循的原则和方法，让学生理解算理，在四则计算、解决问题、几何问题等教学中渗透计算意识，培养学生能进行合理正确的计算，提高学生计算的能力。在解决问题的过程中，能根据具体的情景选择合适的计算方法灵活地进行计算。所以，我们首先处理好算理和算法的关系，在教学中加强学生对算理的理解。

5. 从算法多样化来突破计算的灵活性和思维简洁性

不同层次的学生都拥有适合自己发展的思维方式和解题策略，每个学生都认为自己的方法是最好的，我们尊重个体的教学现实，但也不放任自流，计算教学中给学生提供尝试计算选择优化的时间，让学生在计算中得出最适合自己的最优化的算法，更重要的是学习他人算法的长处，养成谦虚好学的品质，以此更加利于学生根据题型来灵活处理。

6. 快速估算得数范围也是检验的一种有效方法

培养学生的数感，提高计算准确率，估算也是一种有效的方法。一是在计算之前，通过估算，能推断出计算结果的大致范围，以提高计算结果的可信度；二是在计算之后，可以把估算作为检验手段，对结果进行估算。例如，计算 376+480，通过估算能知道其结果必然大于 700 而小于 900，不然，计算有误；计算 39×69，先估算，把 39 看成 40，把 69 看成 70，$40 \times 70 = 2\,800$，那么 39×69 的结果接近 $2\,800$ 且小于 $2\,800$，如大于 $2\,800$ 必定错误，究其原因是学生缺乏数感。同时，估算还有利于发展学生的思维能力。

7. 从日常生活入手，培养良好的计算习惯

（1）养成良好的审题习惯。

在教学中，对学生提出严格的要求，要求他们计算时要认真而仔细。除此之外，可以教给学生一些方法。如：计算的检查方法，总结了以下几条：一对抄题，二对竖式，三对计算，四对得数。审题的方法是两看两思。即：先看一看整个算式是由几部分组成的，想一想，按一般法则应如何计算；再看一看有没有某些特别的条件，想一想能不能用简便方法计算。学生按照这些方法去做，计算结果就有了初步的保证。

（2）养成良好的书写习惯和发现错误的习惯。

班级中的学生的态度存在明显差异，有的学生连书写都不规范，经常将"6"写成"0"，"+"写成"–"等，我便通过让他们去练字等手段来尽可能地使他们的书写令人"看得懂"，做到少抄错题、不抄错题。对做错的计算题，老师和学生一起建立错题库，进行点评或有针对性的练习。

（3）养成良好的检验习惯。

要培养学生良好的计算习惯，做到能口算的尽量口算，不能口算的要自觉地用草纸本，进行竖式计算，并要养成检验的好习惯。要教给学生一些检验的方法，一般可以运用四则混合运算的关系来检验，还可以灵活地运用一些检验方法，如方程的检验则可用代入法；笔算可以用估算的方法验算。

8. 熟记常用数据，提高运算速度

有些数在习题中出现次数特别多，它们常常是进行快速运算的基础，因此，学生要熟记这些数，如：20以内加减法、乘法口诀，高年级的计算圆面积、周长的一些公式，常用小数与分数互化等，它们是一切计算的基础，必须达到不假思索脱口而出。

四、提高农村小学生口算能力的有效方法

口算是小学数学计算中最基础的重要内容，是学好数学的基础。要想数学学科能学得优秀，就必须培养学生的口算能力。在小学生的数学计算中，算错的情况是屡见不鲜的，而且随着年级的升高，难度的增加，计算的错误仍然随处可见。这是一个必须认真对待且亟待解决的问题，不能不引起我们的关注。计算能力是人们学习、工作、生活所必需的一项基本能力，也是衡量一个人素质的一个基本标准。计算不准确，绝不是一个无足轻重的小问题。这就要求我们必须从小学起，就要为学生的正确计算打下坚实的基础。因此，在小学阶段学好数与计算的基础知识，并形成一定的计算能力，是终身受益的。由此可见，数与计算将伴随人的一生。

口算是计算中的重中之重，数学中的计算都是以口算为基础，再大的数字分解开了，还是口算的题。口算其实很简单，但是很多农村小学生的口算能力比城市小学生的口算能力差，导致整个农村小学的数学教学质量都比城市的差。下面我就浅谈一下农村小学数学教学中的口算的有效教学方法。

（一）评价和改错齐上阵

由于小学生感知事物比较笼统，不够具体，往往只能注意到一些孤立的现象，不能看出事物之间的联系，因而对事物的感知缺乏整体性，习惯不好，粗心大意。学生进行计算，首先感知的是数据和符号组成的算式，遇到相似或相近的数字、符号，往往还没有看清楚就动笔算，导致运算顺序错误、抄错符号或抄错数据等情况的出现。如"8"写成"3"，"25"写成"52"，"+"写成"÷"，以及抄着上一行而串到下一行，把验算的结果抄写成计算的结果，或者算对了结果却写错了，等等。

有些学生在学习新法则时，只顾高度注意法则的执行，而造成某些口算的错误。比如初

学除法竖式计算时，只注意商而未顾及观察余数是否比除数小，而造成商的位数增多等错误。还有些"粗心错误"，如草稿纸上的答案未抄到本子或试卷上，三步混合运算只算两步就以为得出结果。这都是由于没有发挥注意的监督功能，只注意前一方面，而遗漏了后一部分，显得"虎头蛇尾"。

小学生的情绪不够稳定，不同的情绪状态会直接影响计算过程，学生都希望算得又对又快，由于动机过强、急于求成，往往事与愿违。算式简单则麻痹轻视；计算复杂，又表现出厌烦、畏难情绪，导致错误。比如：$8×\dfrac{1}{8}÷8×\dfrac{1}{8}$，一眼看到这题觉得非常简单，许多同学会算成 $8×\dfrac{1}{8}÷8×\dfrac{1}{8}=1÷1=1$，产生运算顺序方面的错误。

当学生出现这些错误时，教师要及时评价，但不能直接告诉学生错在哪里，让学生自己观察，自己去发现，学生自己是找不出来的，可以让其他学生帮忙找出原因。这样可以让他更好地记住自己如何错的，并知道如何改正。

（二）算理和算法齐上阵

小学数学计算教学中，学生掌握并理解算法、算理，是计算教学的重要组成部分。但是有时有重算法、轻算理的现象，甚至有时仍沿用过去计算教学的模式：复习铺垫→新知讲授→练习巩固，学生的思维能力得不到提高，练习巩固更是以机械式计算为主。如：当学生计算异分母加减法，通分没有找最小公倍数，大多数情况下我只是简单地说明应找最小公倍数，对于深层的原因，提及过少，甚至只字不提。新课程下的教学模式为：情境导入→呈现算法→观察比较（学生自主探索为主）→明确算理→巩固算法。其中，算理比较抽象，我就引导学生通过实际操作探索算法、算理，让学生体验从直观到抽象的逐步演变过程，从而促使学生抽象思维能力的发展。注重探索算法、算理的同时，还应注意算法多样化与优化的统一。因此，在交流多种算法时，要认真分析，不能只看形式，要看实质——数学思想方法怎么样？同时，充分利用已有的各种算法，引导学生进行反思，理清思路，要及时寻求快速、简洁、容易的方法，这样效率就提高了。算法多样化不是教学的归宿，优化才是数学的本质。

（三）教材和创新齐上阵

数学知识如同链条般环环相扣，知识间存在着密切的联系，每一块知识都以螺旋式上升，不断推进学生的知识拓展。可是在具体的教学中，教师往往忽略这些知识的内在联系，常常采用单打一的教学方法，即一题一练。这样的教法，便于教师教学，便于使学生形成熟练的技能技巧，但学生在学习的过程中，无法整体把握知识的内在联系，形成良好的认知结构；无法掌握数学学习的方法，形成数学学习的能力。长此以往，他们只能成为被动学习的人，而不能成为一个会学习的人。因此，在教学中，我们把这些螺旋上升不断深化拓展具有极强类同关系的内容进行了适当的调整，注意揭示知识之间共同的本质属性，将知识的整体结构呈现给学生，帮助学生构建完整的认知结构，从而促进学生的知识迁移，让学生自己利用结构学习其他同类的知识。

另外，在数学知识中有不少内容反映了一件事物的两个方面，这样的数学知识对比性强，学生不易区分，很容易混淆。因此每每遇到这样的数学知识教师总是习惯于将它们分别讲授，待扎实巩固后，再进行对比性综合练习，其目的是防止学生过早混淆，但在进行对比练习时，却发现学生仍然无法跋涉出混淆的境地，仍然要花费很长的时间进行综合练习，才能完全掌握。为什么教师推迟了对比时间，却无法摆脱混淆的境地？当教师有意识地将对比时间推迟，却无形中将紧密联系的概念人为地割裂开来，知识一个个孤立出现，学生无法整体把握知识结构，揭示其本质，虽然推迟了对比的时间，但学生仍然无法摆脱混淆的境地。那么我们应如何处理这些有对比关系的数学内容呢？在教学中，我们把这些有对比关系的内容集中在一节课或一段时间内，采取整体交叉对比的形式呈现，将对比的时间提前，目的在于使学生在对比中进行辨析，抓住事物的本质特征，从而整体上把握知识结构，将知识融会贯通，达到灵活运用。

（四）形式和坚持齐上阵

1. 好玩的口算练习

大家都知道，计算题没有生动的情节，很难吸引学生的注意力，所以口算练习时只有形式多样，才能充分调动学生的积极性。口算的训练可采用多种形式进行，低年级可以采用游戏的形式：如"开火车""找朋友""找门牌号""送信""对口令""夺红旗""闯关"等；中年级可以采用口算板、口算表、卡片、幻灯片或游戏进行训练；高年级训练的方式可以是指名答、抢答、齐答、听算、视算等。以上不同形式的训练方法一定要适当运用并长期坚持，相信一定能够提高学生的计算能力。

2. 坚持训练

俗话说，要想练就一身过硬的本领，就必须得拳不离手，曲不离口，口算能力的培养也是如此。它是一个日积月累的过程。因此，教师可以根据每天不同的训练内容，在授课之前，结合教学内容和学生实际，利用 3 至 5 分钟时间，进行口算练习。这样长期进行，持之以恒，定能收到良好的效果。

口算是数学中的一项重要的知识，也是在日常生活中常常用到的知识，提高学生的口算能力很有必要。

五、新课程标准下提高小学低段学生数学计算能力的策略

数与计算是人们在日常生活中应用最多的数学知识，在小学数学教学中，计算贯穿着数学教学的全过程。计算能力的好坏直接影响学生学习数学的效果，是学生今后学习数学的重要基础。据调查发现 70% 的农村小学生的计算能力出现弱化趋势，影响数学教学质量的提高。但在平时的教学过程中，我们许多老师发现，小学生在做计算题时，一些计算题并不是不会做，而是由于计算题枯燥，学生不感兴趣，注意力不够集中、抄错题、运算粗心、不进行验算等不良计算习惯造成的错误，也可能是由于学生口算能力差造成的；经常出现的错题没有及时纠正、掌握，导致作业的质量不高，阻碍了学生成绩的提高。下面我从以下几个方面谈谈提高农村低段学生数学计算能力的对策：

（一）培养学习兴趣

计算枯燥乏味，学生很容易产生厌倦的情绪。俗话说："兴趣是最好的老师。"因此，在计算中如何激发学生的兴趣，由"要我学"，变为"我要学"就显得尤为重要。

1. 创设情景，激发计算兴趣

低年级学生的注意力很不稳定，情境创设在小学数学教学中有着极其重要的作用。新课程标准指出：教师应充分应用学生的生活经验，设计生动有趣的教学情景和直观形象的数学教学活动，如运用讲故事、做游戏、直观演示、模拟表演等，激发学生的学习兴趣，让学生在具体生动的情境中，设计习题，避免陈旧、呆板、单调重复的练习模式，保持练习的形式新颖，生动有趣，激发他们对知识的渴求，长久保持对数学学习的积极情感。如在二年级的两位数加减两位数的练习课中，我设计了超市购物的情景，并出示了牛奶、洗衣粉、钢笔、足球等一些学生非常熟悉的物品及其价格，让学生 "购买"自己最喜欢的两件物品，模仿顾客和超市营业员进行付款、找钱等操作。结果孩子们兴趣盎然，较有效率地完成了大量的计算练习。

2. 巧设游戏，调动学生积极性

爱玩是孩子的天性，所以在课堂上巧妙地设计一些游戏会把枯燥的计算变得有趣，从而很好地调动学生学习的热情。如在训练学生口算时，可以这样设计游戏：（1）扑克牌游戏。同桌两人一副或者两幅扑克牌，去掉花牌，然后每人出两张，算得数，谁快就赢得对方的牌。（2）钻山洞游戏。组织学生运用课外活动的形式，在活动中进行口算练习。如果一个同学被搭成山洞的两个同学罩住了，只要回答对两道口算题，就可以继续钻山洞，如果没有回答对，就只能退出了。（3）其他游戏。如夺红旗，两人一组你说我答，抢答，送信等。让学生在玩耍中提高计算能力。

3. 制定恰当的评价和激励机制，激发计算兴趣

低段学生年幼好胜，不甘落后，喜欢被人表扬。在日常计算教学的过程中，只要学生有点滴进步，就要及时给予恰当的评价，决不要吝啬，如：在进行计算练习时，对于那些做得又对又快的学生，可以说"你真棒！你是一个爱学习的好孩子!""你真了不起!""你在计算方面进步真大!"同时，我还会给他们画上一颗星星，当星星达到一定数量时可以得到一个小礼物。还可以定期开展一些计算比赛，如班级每个月开展一次，年级半学期开展一次，对表现优异者给予一定的物质和精神鼓励。通过这样的评价，让学生体验到自己的进步。以此激发学生的计算兴趣，调动学生参与计算练习的积极性，从而更好地提高计算能力。

（二）加强口算能力，设计形式多样的训练

培养学生的计算能力，要重视口算训练。只有口算能力强，才能加快笔算速度，提高计算的正确率。可以采用以下方式：（1）定时训练。低年级的教学内容相对来说少一些，老师可在课堂上做一些定时口算，这个时候学生的注意力很集中，计算速度也会有所提高。（2）制作表格进行训练（见表6）。

表 6　练习表格

+ / ×	1	2	3	4	5	6	7	8	9
1									
2									
3									
4									
5									
6									
7									
8									
9									

让学生两人一组，一人点空白格一人回答；也可以采取比赛读、比赛算的形式，并让他们记下对方常出错的算式，交给老师分析整理，再进行有针对性的练习。这样既可以调动学生的积极性，又能锻炼学生思维的敏捷性。（3）让学生熟记20以内的加减法和乘法口诀，以此促进口算的速度。（4）寻找合适的简便运算方法。如"2+9+8"可以先算"2+8"再"+9"；又如"13－8+9"可以先想"－8+9"就是"－1"，那么只要算"13－1"就行了。这样不断渗透，对将来学习简便计算也非常有效。（5）让学生在生活中加强运用。比如：跟父母外出购物时，帮助家长计算所购货物的价款等。（6）制作口算卡片，每天利用卡片看算式想答案或看答案想算式。这样既不会感到口算枯燥乏味，又能有效提高学生口算能力。

（三）培养低年级学生良好的计算习惯

我国著名教育家叶圣陶先生曾说过："什么是教育？一句话，就是要养成良好的学习习惯。"数学计算也离不开计算习惯的培养。良好的计算习惯，直接影响学生计算能力的形成和提高。许多学生对计算法则都能理解和掌握，但常常算错，老师和家长往往把计算错误归结为孩子的粗心，其实是没有养成良好的计算习惯。要提高学生的计算能力，必须重视良好计算习惯的培养。培养学生良好的计算习惯可以从以下几点入手：

1. 养成规范书写的习惯

认真书写不仅能提高作业的准确率，而且对端正学生的学习态度，养成认真负责的习惯有积极的意义。书写美观、工整是学生的基本功。而书写要美观就必须抓好学生的数字书写。老师在教数字书写时，必须严格要求，按照笔顺把数字写得胖胖的、圆圆的。在做数学作业时必须要求学生书写格式规范，阿拉伯数字和符号的书写也要规范。如：一些孩子写的"6"像"0"，"7"像"1"，结果计算时自己都分不清，而导致计算出错。除此之外，对于学生作业的书写情况，教师要经常点评，要以典型示范，以表扬为主，以此来激励学生规范书写。

同时，对于那些边写边玩的孩子，要让小组同学共同督促，使学生认真规范书写。

2. 养成良好的审题习惯

良好的审题习惯是正确计算的前提。在课堂上老师必须坚持不懈地进行训练。在做题前先勾出题目的要求或关键的词句，看清题目中的每一个数据和运算符号，确定运算顺序，选择合理的运算方法。如在计算 45－18+2 时，首先要弄明白是脱式计算还是竖式计算，再弄明白先算加还是减。在最初训练时，每次都要让学生画出来。

3. 养成自觉检查和估算的习惯

要求学生对所抄写下来的题目都进行认真校对，细到数字、符号，做到不错不漏。教师要教给学生验算和估算的方法，并将验算作为计算过程的一个重要环节进行严格要求，提倡用估算检验答案的正确性。同时要养成利用草稿本的习惯，对于口算不能算出又不要求笔算的计算题，要在草稿本上规范认真地列竖式。

4. 每天坚持练一练的习惯

口算能力的提高不是一蹴而就的，需要一定数量的口算练习。只有持之以恒地天天练、时时练，才能真正地提高学生的口算能力。每天中午安排学生进行 10 道口算题的练习或者 4 至 6 道笔算题目的练习，是一个不错的方法。但是对于这个练习，教师要及时批改掌握学生的练习情况，以便随时调整练习的题目，做到具有针对性。

（四）建立错题库，进行有针对性的点评和练习

心理学家盖耶认为："谁不考虑尝试错误，不允许学生犯错误，就将错过最富成效的学习时刻。"错误就是正确的先导，在上计算课时，教师每天可以利用课前 5 分钟加入前一天作业中的易错处，让学生进行诊断改错。教师还可以安排专门的改错课，有针对性地把学生经常出错的题目和类似的题目作为学生的课堂作业，采取"小医生找病因"比赛的形式，让学生在比赛中巩固提升计算能力。

改变农村小学生计算能力薄弱的现状不是一蹴而就的，教师要有耐心、有恒心，要严格要求，坚持不懈，一抓到底，才能收到一定的成效。

六、新课程标准下提高小学中段学生数学计算能力的策略

小学计算教学是数学教学的重要组成部分，《小学数学新课程标准》中要求学生在计算方面达到"熟练""正确""会"三个层次。因此，必须重视小学生计算能力的提高，特别是小学中段学生数学计算能力的提高，关系到小学生数学素养的高低、解决问题能力的强弱、良好数学学习习惯的养成等重要方面。它是学生今后学习数学的最重要的桥梁和纽带，也为学生在今后的数学学习中更好地发展奠定坚实的基础。可以说，中段学生计算能力的好坏，直接影响学生一生的发展和造诣。笔者根据近几年的数学计算教学的实践，就新课程标准下提高小学中段学生数学计算能力的策略，谈以下几点看法。

（一）把计算教学与学生生活实践有机地联系起来，使抽象的计算教学恰当地在学生感兴趣的具体生活情景中进行

计算来源于生活，生活离不开计算，在情景中理解计算，用计算解决生活中的实际问题。计算教学比较枯燥，学生学习起来抽象，不容易掌握。关于小学中段计算教学，过去的数学教学大纲中规定它的教学目标是要求学生理解并掌握计算法则，准确、熟练地计算。而新课程标准对它则有了新的要求：如"要求学生能结合具体情境进行计算，并解释计算"；"能结合现实素材、实际情况理解运算顺序，能选择适当的方法解决生活中的实际问题，并对结果的合理性进行判断"……因此，在小学中段计算教学时，把计算教学恰当地放入学生具体的生活情景中进行。从生活情境出发引出计算题，让学生体会计算的作用及其合理性，能使学生逐步形成美好的数感，提高其计算能力。如人教版义务教育课程标准实验教材小学数学三年级下册第七单元简单小数加减法的计算教学，教学时，我是这样把计算教学与学生生活实践有机地联系起来的。

师：小朋友们，你知道学校商店哪些零食或文具的价格，请在纸上写出来，并与同桌交流。

生写，写完的交流。

师：谁勇敢地站起来告诉老师你知道的零食或文具的价格？

生1：我知道每个文具盒是6.50元；每支钢笔是8.60元；每个笔记本是4.70元；每把小刀是0.50元……

生2：我知道每盒方便面是4.50元；每个蛋糕是2.30元；每个冰淇淋是1.50元；每瓶饮料是2.50元……

……

小朋友们对学校商店里各种零食或文具的价格说个不停，因为他们自己几乎天天都要买这些零食或文具，对这些零食或文具的价格已经达到了倒背如流的境界。这时，教师引导学生用所说的条件编加法或减法应用题，从而引出小数加法或减法的计算教学。通过把计算教学与学生生活实践有机地联系，让学生对新知识的学习充满了期待，充满了渴望，把学生带进了学习的最近发展区，使学生以最佳的心理状态投入到学习新知识的活动中去。真可谓"一石激起千层浪"，既充分调动了全体学生参与的积极性，又激发了学生学习新知识的兴趣，还渗透了学生对小数加减法意义的理解。

（二）让学生读懂计算题的要求，说出计算的算理和过程，合理选择得出结果的计算方法，进行迅速、正确的计算，即以读—说—算的模式进行计算教学

计算题的读，是指要正确读出每个数字，规范读出每个运算符号。计算题的说，是指说出为什么这样算、计算的过程、计算的方法。计算题的算，是指在读说的基础上正确得出结果的过程。长期以来，很多数学教师在小学中段的计算教学中只注重在传统的讲解计算方法后，让学生周而复始地反复练习。即讲后练，练后讲。到了新课改的今天，这种计算的教学方式在一些学校和课堂上仍旧可见。这样的计算教学方法，只能让学生在枯燥无味的数字迷宫中走出走进，找不到正确的计算途径，体会不到计算之美，更感觉不到计算的魅力。《小学

数学新课程标准》倡导要理解计算的含义和计算的方法，让学生用自己喜欢的计算方法进行灵活的计算，从中提高学生计算能力，培养学生创造性思维和发散思维。要提高学生计算能力，培养学生创造性思维和发散思维，就必须让学生读懂计算题的要求，说出计算的算理和过程，合理选择得出结果的计算方法，进行迅速、正确的计算。如人教版义务教育课程标准实验教材小学数学三年级下册第五单元两位数乘两位数不进位笔算乘法的教学，有一位数学教师是这样进行的。

教师首先出示准备题：明明去书店买一套有 10 本的《故事大王》书，每本 24 元，应付多少钱？让学生列式知道 24×10=240（元）后，紧接着改数字变例题：明明去书店买一套有 12 本的《故事大王》书，每本 24 元，应付多少钱？

师：请小朋友们理解题意，列出算式后读算式。然后抽举手的同学汇报。

生 1：因为是求 12 个 24 是多少，所以我列出算式；12×24，读 12 乘 24。

生 2：因为是求 12 个 24 是多少，所以我列出算式；24×12，读 24 乘 12。

生 3：因为是总价是多少，总价等于单价乘数量，所以我列出算式；24×12，读 24 乘 12。

……

师：应怎样计算 24×12 呢？请大家自己想办法计算。最先计算出来的同学请上讲台汇报。

2 分钟后，有同学举手，老师巡回指导学生后，让学生开始汇报。

生 1：买 10 本需付钱 24×10=240（元），买 2 本需付钱 24×2=48（元），买 12 本需付钱 240＋48=288（元）；

师：还有不同的方法吗？

生 2：24 乘 2 等 48，24 乘 10 等 240，48+240=288。

生 3：我用一位数乘两位数的笔算方法计算的。

$$
\begin{array}{r}
24 \\
\times\ \ 12 \\
\hline
4\,8 \cdots\cdots 2 \quad 24\ 的积 \\
2\,4\,0 \cdots\cdots 10 \quad 24\ 的积 \\
\hline
2\,8\,8 \cdots\cdots 两次乘得的积相加
\end{array}
$$

师：24 乘 10 等 240，个位的 0 起什么作用?可以不写吗?

生展开讨论后总结：240 个位的 0 起占位作用，可以不写。

……

在两位数乘两位数不进位笔算乘法教学中，教师通过引导学生读、说、算，让学生在读、说、算的过程中，明白和深刻理解了两位数乘两位数不进位笔算乘法的算理和计算方法，达到了小学中段的计算教学的目的。

（三）重视和加强小学中段计算的算理教学，反对机械、死板的题海式重复计算，减轻学生的负担，提高学生计算的速度、准确率和思维能力

目前，从小学中段数学教师计算教学的现状来看，存在着重视不够，重计算方法和结果，

轻算理的推导和理解的现象。究其原因，主要是由于教师教学认识上的主观偏差。许多老师认为，学生会用计算方法正确算出结果就可以了，懂不懂算理的推导和理解算理无关紧要，多训练就能提高计算能力，教师没有意识到算理教学的作用，不知道算理会对学生的数感、思维及笔算能力产生这么深远的影响。正是受这种认识及心理的误导，很少有教师把心思和精力花在算理教学上。现在小学中段计算教学的现状不尽如人意，算理主角的教学很少在数学教学中"登台亮相"，成了几乎被遗忘的角落，即使有老师认识到了算理的重要性，但在教学实施中也是走形式，无实效。在一定程度上忽略了学生良好计算习惯的养成以及实际计算能力的提高，或者说在计算教学这一块花的力气小了，导致学生在计算过程中，经常会出现这样或那样的错误，没让学生体验计算方法形成的过程。从学生方面看，计算习惯差，不会计算，害怕计算，计算速度、正确率低。究其原因分析，是对枯燥的计算没有兴趣，对算理和算法不理解等因素造成的。因此，只有重视和加强小学中段计算的算理教学，反对机械、死板的题海式重复计算，减轻学生的负担，才能提高学生计算的速度、准确率和思维能力。如人教版义务教育课程标准实验教材小学数学三年级下册第二单元除数是一位数的计算教学，一位数学教师是这样进行算理教学的。

师：出示例题：赵伯伯 3 次共运 60 箱蔬菜，平均每次运多少箱？让学生理解题意。

生 1：赵伯伯 3 次共运 60 箱蔬菜，求平均每次运多少箱，就是把 60 平均分成 3 份，求一份是多少。

生 2：列式：60÷3

师：60÷3 得多少呢？请看我带来了什么？（小棒）师紧接着让学生上台把 10 根一捆的60 根小棒平均分成 3 份。

生：上台进行实物演示。

师：根据演示，让学生探索计算方法。学生讨论后进行交流。

生 1：因为 6 个 10÷3=2 个 10，所以 60÷3=20。

生 2：因为 6÷3=2，所以 60÷3=20。

生 3：因为 20×3=60，所以 60÷3=20。

师：几种算法比较：你认为以上算法哪一种比较好？为什么？

生举手回答后，再让学生计算 600÷3 和 6000÷3。在学生计算的基础上师生共同总结；在计算一位数除整十、整百、整千的除法时，可以把几十看作几个十，几百看作几个百，把几千看作几个千，再进行口算。

……

非常简单的口算除法，教师却用了近 30 分钟的时间，让学生演示、探讨，经历其计算的过程，重视和加强了小学中段计算的算理教学，减轻了学生的负担，充分让学生理解算理，掌握了其计算方法，大大提高了学生计算的速度、准确率和思维能力。

总之，小学中段学生数学计算能力的提高，是新课改的要求，是学生学会生存不可缺少的必备条件。它关系着学生一生各方面的发展。影响着学生一生的学习、计算、思维……更关系到学生自觉养成仔细、认真、动脑等方面的良好习惯和不怕困难、顽强拼搏的良好意志品质的形成。小学中段学生数学计算能力的提高，任重而道远。其提高小学中段学生数学计算能力的策略也很多，方法也多样。各位数学教师们，让我们在新课程标准的指导下，为提高小学中段学生数学计算能力努力探索吧！

七、新课程标准下提高小学高段学生计算能力的策略

（一）高段学生计算错误原因分析

1. 教师对培养高段学生的数学计算能力认识不到位

很多教师在教学上都比较重视培养学生的逻辑思维能力和空间观念，忽视其计算能力的培养，觉得现在能用电脑、计算器计算，学生只要会算就可以了，产生观念上的偏差，而有些老师只重视学生的笔算能力，忽视学生的口算能力和估算能力，实际上培养学生的口算能力很重要。在四则计算中，口算是基础，基础必须打好，学生笔算正确率的高低，与他口算能力的强弱成正比。在日常生活中，处处有计算，也处处离不开估算。随着计算工具飞速发展，计算机的广泛使用，大数目计算的内容和要求在调整。所以，从某种意义上来说，估算的应用已大大超过精确计算。

2. 教师对学生的计算只重结果不重过程

其实计算是一个复杂的运算过程，需要很多的运算步骤才能得到一个结果，特别是高段学生的脱式计算。所以教师在批改作业时，应认真分析错在什么环节，要按学生的计算顺序，指出学生错在哪一步，让学生知道错误原因以后再订正。

3. 高段学生概念不清

概念是思维的基本形式，只有概念明确，才能判断正确，运算推理才会合乎逻辑。而高段学生对概念掌握不好，多表现为对概念本质属性理解的深广度不够，变通性差，学了一个忘了另一个，在计算时就不能把各种数学知识相互联系起来进行综合思考，往往抓住了题目的某一方面特征而又忽略了其他方面，不善于深入分析，只见现象不见本质。

4. 基本口算不熟

任何一道整数、分数或小数的四则运算，最终都要分解成一些基本口算题加以解决。口算不熟会导致计算缓慢，所有口算中只要有一个错误，计算结果必然错误。

5. 运算法则运用不妥

掌握运算法则是高段学生正确进行运算的基础。小学生年龄小、经验少，容易被假象所迷惑，对一些运算法则必须加强复习、强化训练，否则计算时便会出现一些算理算法上的错误。例如：$90 \div 20 = 9 \div 2 = 4 \cdots\cdots 1$（滥用商不变性质），$120 \div 4 + 120 \div 6 = 120 \div (4 + 6)$（突出的数字特征引起学生好感，以为能简便运算，"无意"中违背了运算顺序）。

6. 思维定势

定势是由于先前的活动而形成的一种习惯性的心理准备状态，它会使人按照一种比较固定的方式思考问题或解决问题。学生的思维定势有其积极的一面，但其副作用常使学生按"常规"计算，而产生"累积性"错误。如在接近整十、整百数的加减法的练习题 $16+99$、$35+198$、$74+297$ 中夹一道 $68+101$，学生依据简便算法中"多加了要减去"这一定势思维，把 $68+101$ 变成 $68+100-1$ 来计算，造成错误。再如整数加法的法则是"数位对齐，个位算起"，学生在

计算小数加法时却将末位对齐。

7. 计算心态不良

学生计算时希望很快算出结果，急于求成。当习题数目特点"明显"时，演算草率马虎；当习题数目大，计算繁复时，往往不耐心、厌烦。这两种计算心态均不利于学生全面审慎地研究题目、精心演算，有时甚至不看清题目就匆匆动笔，做完亦不检查，许多错误由此而生。例如 $24×0.25 = 24×（0.5×0.5）=（24×0.5）×（24×0.5）$（滥用乘法分配律），$12.5×8÷2.5×4 = 100÷10$（误用乘法结合律），还有看错题、抄错数，等等。

8. 注意力不稳定

学生注意力不稳定，分配转移能力差也是导致运算错误的一个原因。例如在竖式中忘了进位、退位，忽略了小数点位置的移动等。尤其是小学生随意注意不稳定，缺乏自我调节意识活动的内部手段，而其整体思维意识和能力都处在较低水平，演算时往往容易被一些强信息干扰。如同数相减得 0、0、1 在计算中的特性，以及 $25×4 = 100$、$125×8 = 1000$ 等在学生脑中印象深刻，这种信息容易被学生接收，而同时又往往掩盖了其他信息，从而导致在练习中，在精心设计的习题前频频"中计"。例如：$60 - 60×24÷8 = 0×24÷8 = 0÷8 = 0$，错态可谓无奇不有。另外，单调的练习方式、过久的练习时间、过多的练习内容，都会使学生产生疲劳厌倦情绪，大脑皮层处于抑制状态，思维活动不能积极进行，注意力也就难以集中。

（二）提高高段学生计算能力的方法

从学生计算错误的原因出发，对高段学生计算能力的提高也应从两方面同时着手，即：学生情感态度方面与技能技巧方面。

1. 兴趣引路，提升计算欲望

要培养学生的计算能力，教师首先要激发学生的计算兴趣，使学生乐于计算。我以介绍中外数学家的典型事例、在计算题的教学中创设学生感兴趣的情境、开展计算比赛活动等形式来激发学生计算的兴趣，收到了比较好的效果。同时，改善评价的方法，像分小组竞赛、个人加分、评选计算标兵、计算不出错的免去当天晚上的家庭作业等方法，也确实调动了学生的积极性，使他们在整个数学学习过程中产生了不同的感受。当计算出现错误时，学生会产生自责感；当自己找到错误的原因时，他们会有喜悦感；当计算正确时，他们会产生成功感；当连续几次正确率在 100% 时，他们会产生自豪感……这些不同的感受都会从他们的言行中表现出来，更加增强了他们正确计算的欲望。

2. 老师进行系统的计算训练

（1）简单的口算训练。

《九年义务教育全日制小学数学教学大纲》指出："培养学生的计算能力，要重视基本的口算训练，口算既是笔算、估算和简便运算的基础，也是计算能力的重要组成部分。"只有口算能力强，才能加快笔算速度，提高计算的正确性。培养学生的计算能力，要重视基本的口算训练，要坚持经常练习，逐步达到熟练，因为任何一道题都是由若干个口算题组成的，它是笔算的基础，口算能力直接影响到笔算的正确率和速度。口算能力强的学生，笔算的正确率高且速度快；口算能力差的学生，往往笔算速度慢且错误率高。口算能力加强了，计算的速度就会提高。口算能力作为计算能力的一个方面，是不可忽视的。所以我认为注重口算是提高计算能力的重要环节。

从小学生不同的年龄特点上看，口算的基础要求不同。高年级把一位数乘两位数的口算作为基础训练效果较好。具体口算要求是，先将一位数与两位数的十位上的数相乘，得到的三位数立即加上一位数与两位数的个位上的数相乘的积，迅速说出结果。这项口算训练，有数的空间概念的练习，也有数位的比较，又有记忆训练，在小学阶段可以说是一项数的抽象思维的升华训练，对于促进思维及智力的发展是很有益的。这项练习可以安排在两段的时间里进行。一个是早读课，另一个是课前 5 分钟。如：做减法，想加法；转化为整十数加减一位数；转化成 20 以内的加减法；把两位数加减整十数转化成一位数减一位数；先把两位数加减两位数转化成两位数加减整十数，然后再转化成两位数加减一位数；用乘法口诀直接求积、求商；根据乘法分配律进行口算；在四则混合运算中，教给学生一些运算技能，不断提高口算能力。其次，有些知识，要通过课堂教学的训练，使学生能脱口而出，并做到准确无误，只有这样，计算起来才能正确迅速。如 20 以内的加减法、乘法口诀，假分数、带分数的互化，求较小的两个数的（或三个数）最大公约数和最小公倍数，小数、分数、百分数的互化，一些计量单位的进率，这些看起来很简单的计算却是学生最容易出错的地方，特别是 1~9 各数乘以 π（3.14）的值，这个对于六年级的学生是一个易错点，应要求学生熟记。

（2）基础的分数训练。

小学高年级数的主体形式已从整数转到了分数。在数的运算中，异分母分数加法是学生费时多又最容易出差错的地方，也是教与学的重点与难点。这个重点和难点如何攻破呢？经研究比较和教学实践证明，把分数运算的口算有针对地放在异分母分数加法上是正确的。通过分析归纳，异分母分数加（减）法只有三种情况，每种情况中都有它的口算规律，学生只要掌握了，问题就迎刃而解了。

① 两个分数，分母中大数是小数倍数的。如"1/6 + 1/2"，这种情况，口算相对容易些，方法是：大的分母就是两个分母的公分母，只要把小的分母扩大倍数，直到与大数相同为止，分母扩大几倍，分子也扩大相同的倍数，即可按同分母分数相加进行口算：1/6 + 1/2 = 1/6 + 3/6 = 4/6=2/3(而像这样的题学生容易错在没有约分直接写出得数,这个地方老师应注意强调)

② 两个分数，分母是互质数的。这种情况从形式上看较难，学生也是最感头痛的，但完全可以化难为易：通分后公分母就是两个分母的积，分子是每个分数的分子与另一个分母的积的和（如果是减法就是这两个积的差），其实完全可以让学生把互质的数记下来，有些学生说："我们学的是数学不是语文，为什么还要背呢？"其实熟记互质数对于提高学生的计算速度和准确性有很大帮助。如果两个分数的分子都是 1，则口算更快。如"1/7 + 1/9"，公分母是两个分母的积 63，分子是两个分母的和 16。

③ 两个分数，两个分母既不是互质数，大数又不是小数的倍数的情况。这种情况通常用短除法来求得公分母，其实也可以在式子中直接口算通分，迅速得出结果。可用分母中大数扩大倍数的方法来求得公分母。以上三种情况在带分数加减法中口算方法同样适用。

（3）基础的笔算训练。

高年级的学生在笔算这一部分虽然没有太大的问题，但是往往在做题时容易疏忽大意，对于细节掌握得不是很好，容易因小失大。所以应注意以下几点：

① 在四则混合运算中，熟练掌握四则运算顺序。

② 计算加减法，数位要对齐。

③ 加法进位别忘记，退位减法要仔细，加 "0" 减 "0" 别大意。

④ 乘法口诀要记清，乘积定位要分明，乘加口算要熟练，乘积相加莫小看，并慎重处理乘法中的 "0"。

⑤ 除到哪位商哪位，不够商 1 "0" 占位，余数要比除数小，当心余数别错了，试商、调商有规律，商数是几记清晰，商后乘、减要准确。

（4）特殊的估算训练。

加强估算，能促进学生数感的发展，估算在计算教学中起着重要的作用，在计算教学中应逐步渗透估算的意识和方法，指导学生养成 "估算—计算—审查" 的习惯，有助于学生适时找出自己在解题中的偏差，重新思考和演算，从而预防和减少差错的产生，提高计算能力。例如，在计算 49×487 时，可以让学生大致说说积大概是多少，从而知道积的位数，不至于出现较大的错误；在简算 $4.74 \times 9.8 = ?$ 时，学生经常出现 $4.74 \times 9.8 = 3.74 \times（9.8 + 0.2）$ 的错误，在教学时引导学生先估算 4.74×9.8 两个因数分别是两位、一位小数，则积一定是 3 位小数，末位 $4 \times 8 = 32$，则积的末尾一定是 2，可见，结果肯定是错的，再分析原因，问题就解决了。

3. 从日常生活入手，培养良好的计算习惯

学生的计算错误，从现象来看，似乎大多是由 "粗心" 造成的，而 "粗心" 的原因不外两个方面：一是由于儿童的生理、心理发展尚不够成熟，另一方面则是由于没有养成良好的学习习惯。良好学习习惯的培养，又有助于身心的发展。从小养成的好习惯，让你受益一生。所以，培养学生良好的学习习惯是素质教育的要求，也是提高计算正确率的前提。学生有以下常见错误：看错抄错题目、列竖式时数位没对齐、计算时不打草稿等。根据学生发生计算错误的原因分析，有相当一部分因素是属于学习习惯方面的问题，因此，培养良好的学习习惯是防止计算错误，让学生养成抄完题检查的习惯；计算结束用估算方法快速验算的习惯，结合题意回头看的习惯等，这些都是提高练习质量的重要途径。

（1）养成良好的审题习惯。

在教学中，我对学生提出严格的要求，要求他们计算时要认真而仔细。除此之外，我还给学生一些方法。如计算的检查方法，我总结了以下几条：一对抄题，二对竖式，三对计算，四对得数。审题的方法是两看两思。即先看一看整个算式是由几部分组成的，想一想，按一般法则应如何计算；再看一看有没有某些特别的条件，想一想能不能用简便方法计算。学生按照这些方法去做，就能使计算有了初步的保证。高段的学生已经做过很多的题了，可能会有倦怠感，为了让学生始终有新鲜感，计算练习的形式要多样，如通过游戏、竞赛、抢答、开火车、听算、限时口算、自编计算题、扑克牌、同桌对问或小组比赛等形式来调学生的胃口。还可以通过 "趣题征解""巧算比赛" 等形式。挖掘学生的潜力，培养良好的意志品质。在过程中让学生体会审题的重要性，只要理解题目，不盲目动笔做题，正确率就会提高。

（2）养成良好的书写习惯和发现错误的习惯。

班级中学生的态度存在明显差异，有的学生连书写都不规范，经常将 "3" 写成 "5"，"1"

写成"7"等，我便通过让他们去练字等手段来尽可能地使他们的书写令人"看得懂"，做到少抄错题、不抄错题。对做错的计算题，让学生建立病题卡片，可以起到预防错误再次发生的作用。可以让学生按病号、症状、诊断、治疗四个程序填卡登记。

（3）养成良好的检验习惯。

要培养学生良好的计算习惯，做到能口算的尽量口算，不能口算的要自觉地用草纸本进行竖式计算，并要养成检验的好习惯。要教给学生一些检验的方法，一般可以运用四则混合运算的关系来检验，还可以灵活地运用一些检验方法，如方程的检验则可用代入法。

培养学生良好计算习惯时，教师要有耐心，有恒心，要统一办法与要求，坚持不懈，一抓到底。

计算教学是一个长期复杂的教学过程，要提高学生的计算能力也不是一朝一夕的事，要做到经常化，有计划、有步骤，在时间上要讲求速度，在数量上要有密度，在形式上、内容上要求灵活新颖；只有持之以恒，教师和学生共同努力才有可能见到成效。

八、城乡小学生计算学习效果差异案例分析

（一）攀枝花市农村小学课例

《口算乘法》教学设计

教学目标：

1. 使学生掌握整十、整百、整千数乘一位数的口算方法，提高口算的准确性。

2. 培养学生知识迁移、类推的能力，进一步提高学生的计算能力。

教学重、难点：掌握整十、整百、整千数乘一位数的口算方法。

教学用具：课件。

教学过程：

（一）创设情境，激趣导入

师：同学们，你们喜欢去游乐园吗？游乐园里也有我们的数学，看看这张游乐园的照片，说说你们知道了什么。（出示第56页情境图）

问：你能提出用乘法计算的问题吗？（请同学们独立思考，再举手回答）

今天我们就一起来研究与这些有关的乘法口算的问题。

（二）教学例1

课件出示例1。

1. 读题，说说你了解到哪些信息。

问：请找出题中的条件和问题。

问：怎么列式？并说说你是怎么想的？

师：该怎样计算呢？跟同桌说说你是怎样算的。

师：谁愿意把你的想法跟大家说一说。

2. 引导学生推想：200×3、2000×3得多少？

师：谁愿意把你的想法跟大家说一说？

3. 引导学生归纳口算方法。

（三）巩固练习

1. 口算下面各题，说一说你是怎样想的。

20×4　　200×4　　2000×3　　30×4　　3000×7

2. 指导学生完成课本的"做一做"，找出规律。

3. 抢答。

4×2	30×3	200×3	5×4	40×2
300×3	4000×2	600×3	3000×3	
1000×6	90×3	1000×5		

4. 解决问题：一盒钢笔有 10 支，5 盒钢笔共有多少支？如果每支钢笔的价格为 2 元，购买这些钢笔共需多少钱？

这节课你学会了什么？有什么收获？

（二）成都学校课例

《小树有多少棵》教学设计

教学目标：

1. 探索并掌握一位数乘整十、整百数的口算乘法的计算方法，并能够正确地进行计算。

2. 进一步理解乘法的意义，体验数学与实际生活的密切联系。能结合具体情境，在解决具体问题的过程中发展提出问题和解决问题的意识和能力。

3. 培养学生的观察能力、自主探究能力、动手操作能力以及归纳概括能力。通过发散算法，培养学生思维的灵活性

教学重点：

探索并掌握整十、整百、整千数乘一位数的口算方法，并能正确地进行计算。

教学难点：

结合具体情境，在讨论解决实际问题的过程中培养学生提出问题和解决问题的意识和能力。

教学用具：课件。

教学过程：

（一）情境引入

同学们，今天是开学的第一天，大家一进校园就会看到花坛里盛开着美丽的鲜花，它在装点着我们美丽的校园，这么美的环境大家喜不喜欢。（喜欢）要有美丽的环境，就需要花草树木。

（出示主题图）请大家观察图，你能说说这幅图的意思吗？（图中有三捆小树，每捆有30棵）

看到这幅图你能够提出什么数学问题？（小树一共有多少棵？）

板书课题："小树一共有多少棵"今天我们就来研究"小树一共有多少棵"的问题。

（二）探索新知：出示课件

问：谁知道小树到底一共有多少棵？（写下你思考的过程，再进行小组讨论，教师巡视了解情况。）

学生汇报，教师板书：

（1）20＋20＋20＝60

（2）

共 60 棵

把每捆树的数量加起来就是一共的。

（3）20×3＝60

20 表示每捆有 20 棵，3 表示有 3 捆，60 表示一共有 60 棵小树。

这两个算式哪个是我们早就学过的？（第一个）那第二个你是怎样计算的呢？在小组里商量一下，然后请代表汇报结果。

教师在学生说出第三种方法的时候顺势板书：

$$2×3＝6 \qquad 20×3＝60$$

现在请同学们来比较一下这两个算式，你发现什么了？

引导学生小结：一个乘数后面多了一个 0，结果后面也应该多一个 0；由第一个算式我知道 3 个 2 是 6，那么 3 个 20 就是 60。

试一试：4 捆一共有多少棵？5 捆呢？

思考：（1）100 捆一共有多少棵？300 捆呢？并说说你的想法。

（2）你能算出 1 000 捆一共有多少棵吗？2 000 捆呢？并说说你的想法。

（多给学生机会练习叙述思考过程，只要合理就要给予表扬和肯定。）

（三）练习

1. 口算并说出你的算法。

3×2	5×4	6×7
30×2	50×4	6×70
300×2	500×4	6×700

你发现了什么？

2. 让学生理解图意，说说情境表达的意思。

香蕉每堆 200 根，

小象每天吃 60 根，。

大象每天要吃 90 根。

（1）3 头小象吃一堆香蕉，够 1 天吃吗？

（2）1 头大象一个星期要吃多少根香蕉？

（3）你还能提出哪些数学问题？

3. 数学游戏。

教师先向学生说明游戏的规则，并演示几次，让学生明白玩法后，再互相进行游戏。

（1）各抽两张计算乘积。

（2）给积找因数。

（四）小结

在这节课中，我们学习了什么新知识？应该用什么方法计算比较简便？谁能说说怎样计算整十数、整百数、整千数乘一位数？

（三）课例对比分析

1. 城镇学校老师设计的计算教学的教案内容体现的是生活化的数学

城镇学校老师设计的计算教学的教案体现了数学源于生活又应用于生活的特点，打开一年级数学课本，首先映入我们眼帘的是生动有趣、图文并茂、丰富多彩，与学生生活息息相关的图示，它把所有的知识点都蕴藏在情景图中，而这些情景图都是学生日常生活中所能接触到的东西，都是学生生活中看得见、用得着、听得懂、体会得到的，密切了数学与现实的联系，如乘车问题、购物问题等等。让学生从身边的事例或者感兴趣的问题入手，学习数学，理解数学，应用数学。使学生感受数学与现实生活的联系，感觉数学的趣味和作用，增强对数学的理解，增强学习和应用数学的信心。

2. 城镇学校老师设计的计算教学的教案内容体现的是活动化的数学

城镇学校老师设计的教案内容里没有给出例题的字样，而是以认一认、说一说、做一做、数一数、比一比、摆一摆等形式让学生在有趣的活动中体验和学习数学。每一个知识点的学习都是以数学活动为线索去安排教学内容，教学过程基本按照"问题情境—建立模型—解释与应用"的基本叙述模式，例如在教学"十几减8、9"时，先创设一个买铅笔的情景，让学生通过摆小棒等方法，在自主探究、合作交流的过程中建立减法这一数学模型。在教学中灵活地设计符合低年级学生好动、好说、好玩的特征的活动情境，调动了学生的参与意识，激发了学习热情和求知欲，同时，也充分地体现了学生的主体作用，使学生们在有趣的活动情境中互动互爱，轻松、愉快地体验和学习数学，锻炼学生动口、动脑、动手的能力，达到了较好的学习效果。

3. 城镇学校老师设计的计算教学的教案内容体现的是问题化的数学

城镇学校老师设计的教案注重在教学中诱发学生大胆思维，猜想，探索，尝试，发展学生的创造性。"学启于思，思启于问"，问题是数学的心脏。教师要培养学生发现问题的能力。在教学中采取开放式教学，在课堂教学中把大量的时间和空间留给学生，培养了学生良好的学习方法和解决问题的能力，为今后的继续学习打下了扎实的基础。

4. 城镇学校老师设计的计算教学的教案关注学生的情感体验，创设宽松和谐的学习氛围，发展了学生的学习兴趣

在教材中引进了"智慧老人""淘气""笑笑"等卡通人物，让学生们和这些卡通人物一起学习，从而获得积极的情感体验，享受从事数学学习活动的喜悦。同时还设置了"数学故事""你知道吗？""数学游戏"等环节，渗透了数学知识，这不仅拓展了学生的知识面，而且使学生体会到数学的奥妙之处和生活中处处蕴藏着数学知识，充满趣味的数学游戏常常能激发学生的学习兴趣，而玩这些游戏又需要学生调动已有的数学知识，真正让学生体会到知识中有玩，玩中有知识，有利于鼓励引导学生积极学习，使学生保持对数学的兴趣和学好数学的信心，学到的不再是枯燥无味的数学知识。

虽然城镇学校老师设计的计算教学的教案有很多优点，但是很多方面不适合农村学校，比如：

第一，过分偏重城市的特点，忽略了农村的实际。

《小学数学新课程标准》中指出"数学学习内容应当是现实的，有意义的。"因此教材中创设了一系列的生动的、有趣的学习情景，例如"超市""买鲜花""发新书"，但这些主题情景图虽说和我们的现实生活有密切联系，但是绝大部分的情景图都与购物有关，而且许多情景都是生活在都市的孩子才会接触的生活情景，例如公车站牌、图书馆之类的。我们的课程改革是否更加应该关注我们农村孩子的生活实际呢？如果让老师们结合当地和自己的实际情况去创造性地改编教材，试想有几个老师在一天上完5节或6节课之余，面对一堆作业，还能去创造，去改编教材呢？即使改编教材，也不仅仅是只改编其中的一节课、两节课那么简单，不可能把所有不适合农村使用的教材统统改编。例如在教学"买鲜花""过河""租船"之后问学生，你学会了什么，学生说我学会了"买鲜花""过河""租船"，甚至他们都说不出自己这节课学到了什么，只有很少人能知道这节课学的知识是混合运算等。因此，我们是否可以在主标题的下面再写上一个副标题，带领学生回顾一下本课学习了哪些数学知识呢？

第二，教案强调让学生在解决实际问题的过程中去学习数学，构建数学模型。

为了让学生对所学知识加以巩固，教案在习题的设计上也十分强调去体现这一点，但是有些习题的信息却是指向不够明白。在教学了混合运算之后，出现了一道图文应用题，编排这道题是在初步学习了两步计算解决问题后出现的有针对性的练习，引导学生分析数量间的关系，促进学生弄清楚解决两步计算的解题过程。题里的情景图中的男孩说了一句话"单人椅有34把"并且教材把34张单人椅全部呈现出来，女孩说了一句话"双人椅有8把"同时也把这8把双人椅子全部呈现出来，要求学生算出一共能坐多少人。很多学生是直接用"34+16=50（把）"计算出来的，当我们追问"16"从哪里来的？学生回答说是数出来的。在一年级的时候我们已经学习了从题目的文字中找出条件来，因此在这里我们是否能够不把全部的双人椅子全部呈现出来，而是隐藏在一些文字里面，促使学生思考要解决这个问题，已经知道什么信息，还缺乏什么信息？怎么列式计算才能正确解决？

第三，在例题中知识点渗入过多。

第四册第76页的第八单元加与减2.，要求学生学习并掌握得数在1000以内数的加减混合运算。而且在这一节课中既要学生学会对这些大数进行估算，还要学会综合算式，运用竖式计算等。我们认为在一节课要学生学习这么多的东西，学生很难消化，必然会顾此失彼，如果说让学生只需要用他认为最好的方法来进行计算，那是不是就不需要他们掌握口算或者笔算呢？而教师用书在习题"民族小学一共捐书多少本？"的说明中，却并没有提到口算的方法，试问是不是在这节课中不需要学生进行口算？那么在例子中又为何要出现口算方法呢？在预测学生可能出现的笔算方法时，它出现了两类的计算方法，一种是列递等式，另一种是列竖式，《教材说明》指出学生喜欢用哪种方法就用哪种方法。难道说学生只需要学会其中一种而另外一种就不需要学了？同时在学习三个三位数相加这节课之前已经学过了两个三位数相加了，那么是否还需要出现三个三位数相加的格子图来叙述三个三位数相加的算理呢？

第四，教案对学生估算方法的指导比较少。

教案的题目中虽然也大量要求学生进行估算，例如"50元能买哪两样东西？"由于教材例题缺乏对估算方法的指导，都是在习题中才提出这样的要求，因此大多数学生并不知道如何进行估算，都是计算出结果后进行比较，然后再回答的。既然估算有利于我们对计算结果是否正确进行初步判断，那么教材是否应该加强对估算方法的指导力度呢？

第五，教案中总结性的词语太少。

教案中图多字少，处处体现着趣味性，却很少能见到有关知识的总结。我们认为，学生学习数学的过程和方法固然重要，但是相关的知识结论是对学生的研究过程的概括和提升。没有概括和提升，探究过程再开放再精彩也只是停留在浅表的思维层面。例如教学"花边有多长"时，我们在让学生用多种算法计算长方形的周长后，我们是否应该对所学的知识加以归纳、总结、升华，总结出计算长方形周长的方法呢？我们认为这样能便于学生牢牢地掌握数学知识。

第六，过分强调算法多样化，失去了计算的本质。

我们在教学中发现学生们提出的问题通常都是把课本里面的问题读出来而已，而在要求学生独立思考、探究计算方法时，很多学生并没有开动脑筋，仅仅把课本里面的做法直接说出来而已，问他们为什么，他们通常也是哑口无言。我们觉得在学生用书中是否应该把这些方法省略了，留出空白的地方，让学生在探究之后把自己探究出来的方法写在空白之处，这样他们就能理解每种方法的意义了，而在教师用书中就可以把这些方法板书出来，供老师们参考。

参考文献

[1] 傅道春. 新课程中教师行为的变化[M]. 北京：首都师范大学出版社，2002.

[2] 赵小雅. 教师水平决定城乡教育质量差距[J]. 中国教育报，2009-3-13.

[3] 涂荣豹，王光明，宁连华. 新编数学教学论[M]. 上海：华东师范大学出版社，2006.

[4] 高玮玮. 浅析提高低年级学生数学计算能力的策略[J]. 中国科教创新导刊，2010（30）：80.

[5] 巩永红. 培养小学数学计算能力的策略[J]. 读写算：教研版，2012（16）：108.

[6] 曹惠清. 提高小学数学计算能力的策略[J]. 新课程：上旬，2014（1）：149-149.

[7] 刘海玲. 小学生计算能力培养的策略研究[J]. 新课程学习：上旬，2014（2）：45-45.

附件1 小学生计算学习调查问卷（学生问卷）

1. 你所在学校是？（　　）

A. 农村乡镇学校 　　　　　 B. 市区学校

2. 你所在的学段？（　　）

A. 低段（1~3年级）　　　　 B. 高段（4~6年级）

3. 你做计算题时注意力集中吗？（　　）

A. 很集中 　　　　 B. 受干扰，不太集中 　　　 C. 边玩边写

4. 你喜欢做计算题吗？（　　）

A. 喜欢 　　　　　 B. 一般 　　　　　 C. 不喜欢

5. 你认为你的计算水平怎样？（　　）

A. 很好，我很满意 　　 B. 一般，有待进步 　　 C. 很不满意，要努力提高

6. 你计算中产生错误的原因有哪些？（　　）

A. 没有看清题 　　　 B. 计算方法没掌握 　　 C. 粗心

7. 在做题时，你一般？（　　）

A. 先审题，弄清计算顺序和计算方法再计算

B. 读一遍题后，直接就计算

8. 你做完题后有检查的习惯吗？

A. 有 　　　　　 B. 有时有 　　　　　 C. 没有

9. 你认为平时的计算练习的量如何？（　　）

A. 较多 　　　　　 B. 一般 　　　　　 C. 较少

10. 每天坚持练习几道计算题来提高计算能力你认为有必要吗？（　　）

A. 有必要 　　　　 B. 效果一般 　　　　 C. 没必要

11. 简便运算和按计算法则进行的普通计算哪个运用起来更让你得心应手？（　　）

A. 简便运算 　　　 B. 普通计算 　　　 C. 都可以

12. 你对草稿本的看法？（　　）

A. 很重要，经常用 　　 B. 一般，偶尔用 　　 C. 不重要，基本不用

13. 对于笔算题，你失分的主要原因是？（　　）

A. 其中一步口算错误

B. 没有进位或退位

C. 太粗心，看错符号或等号后没写答案

附件2 城乡小学生计算学习效果差异的原因及对策调查表（教师问卷）

1. 城乡小学低段学生计算学习效果有无差异？（　　）

A. 有 　　　 B. 没有

2. 造成城乡小学低段学生计算学习效果出现差异的原因？（　　）

A. 学校重视不够 　　　 B. 教师重视不够 　　　 C. 家长重视不够

154

3. 解决城乡小学低段学生计算效果出现差异的对策？（　　　）

A. 配置专职教师　　　　　　B. 改变教师教学方式　　　　　　C. 家校合作

4. 城乡小学高段学生计算学习效果有无差异？（　　　）

A. 有　　　　　　　　　　B. 没有

5. 造成城乡小学高段学生计算学习效果出现差异的原因？（　　　）

A. 学校重视不够　　　　　　B. 教师重视不够　　　　　　C. 家长重视不够

6. 改变城乡小学高段学生计算效果出现差异的对策？（　　　）

A. 配置专职教师　　　　　　B. 改变教师教学方式　　　　　　C. 家校合作

专题 9

攀枝花市农村家长对教育认识的偏差研究

程晋华[①]　吴忠明[②]　王从贵[③]　李吉武[④]　陈世会[⑤]

导师：于苏滨[⑥]

（① 四川省攀枝花市务本中小学校；② 四川省攀枝花市总发中心校；
③ 四川省攀枝花市大田镇中心学校；④ 四川省攀枝花市同德中心校
⑤ 四川省攀枝花市大龙潭中心校；⑥ 成都大学师范学院）

一、研究基本概况

认识偏差是指"有问题的、错误的、不良的观念或想法，这种观念或想法会导致个人学习、工作、生活、交往产生问题，造成不适应的情况，甚至会导致情绪障碍。"这个概念是从结果的角度，而不是消极情绪的角度来进行定义的。从定义看出，产生情绪问题是认知偏差会导致的结果之一，但却不是必然结果。当前家长对于教育认识的偏差的总体情况不容乐观。对部分小学的家长的认识偏颇进行了深入的研究，了解其与家庭教养方式的关系，探讨家庭教育对其的影响以及作用机制，揭示出导致家长对教育认识的偏差的部分原因，将对我们现阶段中小学生的认知水平、心理发展、心理健康状况具有非常重要的现实意义。同时，研究得到的成果对实际的学生学业指导具有积极的指导作用，对防止和克服认识导致的行为偏差也会有积极作用。

本研究采用文献研究法、个例研究法、行动研究法和经验研究法等方法，围绕课题研究的重点，将研究内容分为三大部分：分别是转变家长错误的教育认识的研究，树立家长正确教育认识的研究，以及家校结合，发挥家长在教育中的作用的研究。

2014 年 10 月至 11 月，我们研究小组在原有研究的基础上，对"家长对教育的认识偏差"进行了更加深入的研究和全面探索，经过了 2 个月的有效研究调查，达到了预期的目的。

（一）问题的提出以及研究的过程

1. 问题的提出

教育是人类社会特有的传递经验的形式。苏联著名教育学家苏霍姆林斯基曾把儿童比作一块大理石，从排序上看，家庭被列在首位，可以看出家庭在塑造儿童的过程中起到很重要的作用，因此让家长了解家庭教育的重要性是十分重要的。现今，不管家长还是教师，都想望子成龙、望女成凤，可是，仅凭良好的愿望是不够的，最重要的是能力和能量，即你有没

---

* 于苏滨，成都大学师范学院小学教育系主任，主要研究方向：小学数学教育；课题组组长：程晋华。

有将孩子培养成才的能力，你是否具备足够的能量。"一个人事业上再大的成功也弥补不了教育子女失败的缺憾！"李嘉诚这样说过，"优秀孩子背后一定有优秀的教育方法。"但是往往很多家长都误解了教育。他们认为：孩子只听老师的话，我什么都不会，只能在经济上给他提供最好的，我要努力挣钱把最好的都给我的孩子。因此，导致了留守儿童、问题儿童的出现。

为了减少这些问题儿童的出现，我们提出了该项研究课题，希望能及时找出原因，找到解决的方法，让我们的孩子能够健康快乐地学习和成长。

2. 研究过程

我们的研究大致分为四步：

（1）调查研究阶段。根据设定的目标，结合已经掌握的研究现状，整合相关资料，制定课题研究的方案，并作出适当的安排。

（2）理论研究阶段。这一过程主要是通过对相关文献进行系统学习和研究，开展有关转变家长认识的初步探索，初步提出如何利用学校和家庭的关系，发挥家长在教育中的作用的基本理念、结构及方法。结合"树立家长正确教育认识"活动的开展，重点探讨发挥家长在教育中的作用的实施途径和方法。

（3）实践研究阶段。

首先，对现今学校和家长对教育的认识情况进行调查，制作调查报告。对五个不同的小学进行抽样调查，发放五百份调查问卷，并根据调查结果分析情况（详细材料见附件1：《问卷调查表》）。

其次，在全校出现问题的学生家长中，全面进行实验，及时发现问题，适当改进方法，提炼成功范例并撰写成功转化问题学生案例集。

（4）研究总结阶段。针对实验以及相关材料进行细致的分析并加以总结，归纳筛选，进行归因分析，撰写研究报告，并积极推广和应用本课题的研究成果，促进学校教育水平的全面提升。

（二）课题研究的组织机构和人员分工

1. 组织机构

指导老师：于苏滨　　成都大学师范学院
组长：　　程晋华　　四川省攀枝花市务本中小学校
成员：　　王从贵　　四川省攀枝花市大田镇中心学校
　　　　　陈世会　　四川省攀枝花市大龙潭中心校
　　　　　吴忠明　　四川省攀枝花市总发中心校
　　　　　李吉武　　四川省攀枝花市同德中心校

2. 人员分工

"家长对教育的认识偏差情况的调查"：程晋华　　王从贵
"如何树立家长正确的教育认识方法研究"：陈世会　　吴忠明　　李吉武

二、攀枝花市农村家长对教育认识的偏差调查[①]

（一）调查对象

这次研究调查的主要对象是针对攀枝花市不同区的各个小学，针对不同年龄段的孩子，一共发放了500份问卷，有效问卷400份。

（二）调查内容

调查内容包括：家长对学校教育的认识；家长对学生学习情况的了解；家长对学生学习的帮助等。

（三）调查时间

2014年10月至11月。

（四）调查过程

（1）确立课题与任务分工；（2）前期相关文献查阅；（3）拟定调查问卷；（4）确定调查时间与地点；（5）实施现场调查测试并现场回收；（6）问卷整理与分析；（7）撰写报告。

（五）调查结果

研究对象的年龄一般在30~40岁的占64%，学历在中学及以上的占87%，小学及以下的占13%。

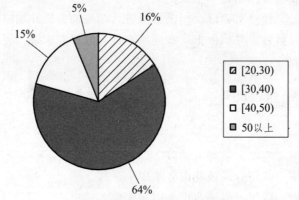

图1　抽样家长的年龄结构

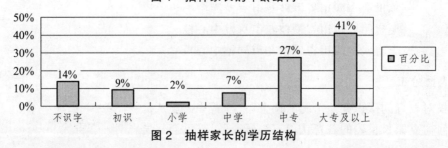

图2　抽样家长的学历结构

---

① "攀枝花市农村家长对教育认识的偏差调查"由程晋华完成。

研究组还分别对家长在家庭作业辅导方面，参加家长会情况，与孩子交流学习情况，带孩子出行旅游，教育对家庭经济影响的看法，孩子测试成绩的看法，带孩子上辅导班、才艺班等方面进行了调查了解。

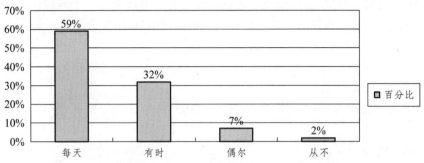

图 3　抽样家长对孩子的家庭作业进行辅导的频率

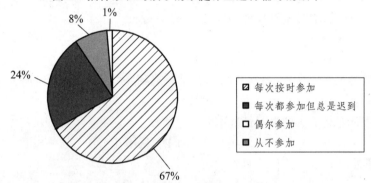

图 4　抽样家长的参加家长会情况

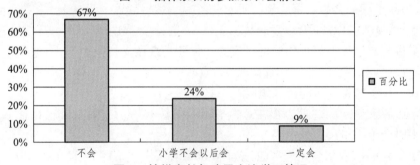

图 5　抽样家长与孩子交流学习情况

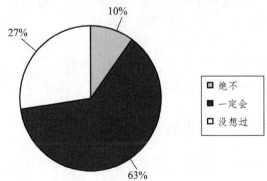

图 6　抽样家长判断教育对家庭经济影响情况

（此问卷调查表为无记名调查，仅仅是调查统计改进现有相关工作，不存在任何负面影响，您的回答对我们的调查非常重要，期望您能以认真负责的态度对每一个问题作出诚实的回答。您的认真负责是我们有效研究的基础，将赢得我们的敬意和感谢！）

1. 您的性别：A. 男（　　）　　B. 女（　　）

2. 您的年龄：A. [20，30）（　　）　　B. [30，40）（　　）　C. [40，50）（　　）　D. 50

3. 以上你的学历是什么？

A. 不识字（　）B. 初识（　）C. 小学（　）D. 中学（　）E. 中专（　）F. 大专及以上（　）

4. 你对孩子的学历要求？

A. 小学（　）B. 中学（　）C. 中专（　）D. 高中（　）E. 大学及以上（　）

5. 你辅导、检查孩子的家庭作业情况如何？

A. 每天（　）B. 有时（　）C. 偶尔（　）D. 从不（　）

6. 你参加学校老师组织的家长会情况如何？

A. 每次按时参加（　）B. 每次都参加但总是迟到（　）C. 偶尔参加（　）D. 从不参加（　）

7. 你和老师交流孩子在校学习情况吗？

A. 经常（　）B. 有时（　）C. 极少（　）D. 从不（　）

8. 你带孩子外出旅游增长见识吗？

A. 经常（　）B. 有时（　）C. 极少（　）D. 从不（　）

9. 你认为孩子读书会影响家庭经济吗？

A. 不会（　）B. 小学不会以后会（　）C. 一定会（　）

10. 如果供养孩子读书超出你的经济实力，你还会继续支持吗？

A. 不会（　）B. 会（　）C. 看情况（　）

11. 你在意孩子的每一次测试成绩吗？

A. 不是很在意（　）B. 期末很在意，平时不在意（　）C. 每次都很在意（　）

12. 你平时会给孩子买课外书吗？

A. 不会（　）B. 偶尔会（　）C. 孩子要求了会买（　）D. 主动买（　）

13. 孩子成绩差，你会送他去辅导班吗？

A. 绝不（　）B. 一定会（　）C. 没想过（　）

14. 为了孩子的将来，你会主动出钱送孩子去才艺班吗？

A. 绝不（　）B. 一定会（　）C. 从来没想过（　）

15. 您对学校的教育教学还有什么意见和建议？

三、农村学生家长对教育认识的偏差[①]

江泽民同志在中国共产党第十六次全国代表大会上的报告中指出："教育是发展科学技

---

① "农村学生家长对教育认识的偏差"由吴忠明完成。

术和培养人才的基础，在现代化建设中具有先导性全局性作用，必须摆在优先发展的战略地位。"农村的发展需要农村教育，农村发展要走向现代化，需要现代化的农村教育，而我国大部分农村教育还很落后，其中，家长对教育的一些误解是实现农村教育现代化的一个重要制约因素。所以，明确农村家长对教育认识的误区和寻找其解决对策并实施是当务之急。

中国农村教育最大的问题，是对教育目的的认识问题。在农村，很多人把教育看成是一种"跳农门"的功利行为，从而忽视了教育根本的价值取向。部分农村家长将孩子受教育的目的定义为：有了知识以后就可以找到好工作，挣大钱，让自己在其他人面前有面子，让孩子为了他们所定义的目的而学习。这将对孩子的人生观、价值观定位造成很大的误导作用，这样学生很容易养成自私的坏习惯，并向拜金主义靠拢。农村家长不知道教育目的的分为社会的教育目的和个人的教育目的两类。他们知道个人的教育目的（个人的教育目的是指教育对于个体身心发展的促进，为个人的全面和自由的发展以及未来幸福生活的目标服务），而不知道社会的教育目的（社会的教育目的主要反映社会对于教育系统的总要求，要求教育为一定社会的政治、经济和文化及其发展服务），也不知道教育的社会目的和个人目的应当是相互联系的两个方面，他们共同组成完整的教育目的的整体。

有效的个人教育目的必须考虑到社会教育目的，以社会教育目的为设定和实现的前提，孤立或割裂两者的关系，就会形成片面的教育目的乃至导致整个教育观念上的个人本位，所以农村家长要认清受教育不仅是为了自己个人，还要为国家。家长应该让孩子知道受教育是为了实现自己的理想，也是为了国家的崛起。如今孩子的竞争已演变成了父母的竞争，所以父母总是拿一种近乎完美的标准要求孩子，当孩子不能达到父母的完美的要求时，父母总是不满意。有一天，孩子终于发现自己所遭受到的责难都是因为学习，就对学习产生了厌恶。是我们在孩子心中把学习和痛苦链接到一起的，没有人愿意做痛苦的事情。甚至有时管教孩子完全是怕丢面子。如果孩子的成绩和各方面的表现都很差，父母最怕其他的家长议论别人的孩子如何不成器或者炫耀自己的孩子是如何的优秀，这使很多父母无地自容，感觉很没面子，无形中压力更大了，当这种压力爆发的时候，就会用各种极端的方式管教孩子。

部分年轻父母无疑也非常重视对孩子的教育，对孩子的期望很高，要求高，希望一天孩子能够光耀门楣。望子成龙是我们每个父母的美好心愿，画龙需要点睛才能实现龙腾四海的教育理想。画龙是希望，点睛是行动。那么我们家长如何才能具备点睛之术呢？多年的家庭教育经验告诉我们，仅有爱和期望是不够的，我们还要有一颗敏感宽厚的心，以及发现问题并解决问题的能力。我们失败的原因是大多数家长只会发现问题，不会解决问题，并把这些问题扩大化，愁在心里，恨在脸上，眼看着孩子的成绩一天天下滑，却无计可施，如我班某学生的家长对其子女的期望很高，但孩子成绩总是上不去，家长却不知道该怎么办。然而，部分家长错误地认为教育孩子是学校的事情，与家长没有什么关系。在孩子年龄很小的时候就让其到学校住校，如我班某学生的家长，一年级就开始让其子女住校，平时从来不到学校来看孩子，从来不跟老师交流。有的家长热衷于打麻将，对孩子管教甚少，与孩子缺少沟通，如我班的×××，其母亲非常喜欢打牌，从不关心孩子的学习。甚至有些家长常年在外地务工，使孩子在亲情上严重缺失，如我班的×××和××两位留守儿童，父母几年都不回家，孩子的性格变得孤僻，不善于跟同学交流。

而在那些关心孩子的家长中，一些家长只重视孩子的知识教育和学习成绩，却忽视了对其健全人格的培养。大部分的家长只关心孩子的成绩，忽视孩子在学习中存在的问题，还仅仅认为是孩子的智商或者是教师教育的缺陷造成孩子学习成绩的落后。总是喜欢拿孩子的缺点和其他孩子的优点比，好像只有这样孩子才能认识到自己的不足，才会努力上进。事实上，这只能使孩子感到强烈的无能和自卑，当孩子一次次的努力失败后，孩子就会告诉自己："你不行，算了吧!"

　　更加严重的是，有些家长用不打不成才，棍棒底下出好才的教育方法教育孩子。只要孩子有一点过失和错误，不是打，就是骂，打骂后还要罚站、罚跪、不准吃饭，如我班的×××，家长只要知道孩子犯错，就是一顿暴打，老师都不敢跟其父母交流孩子的情况。如果这样的家庭教育充满孩子的生活，让其随时生活在恐惧中，将给他们的童年留下阴影，可能导致未来更加严重的行为问题。

　　其实，这种教育方法不但不能使孩子认识到错误，还会使孩子为逃避打骂而学会撒谎，不讲真话。个性强的孩子还容易产生抵触情绪而变得更倔强、暴躁，更不听话。因此，打骂、体罚会给孩子的身心健康带来极坏的影响。还有些家长利用哄骗、利诱的方法让孩子做某些事，这将会使孩子慢慢养成做什么事都以物质要求要挟大人的坏习性，心中只有物质标准，没有正确的道德行为标准。有的家长甚至还会讽刺、挖苦孩子。有的孩子生理上有缺陷，就取种种难听的绰号挖苦他，这很伤孩子的自尊心。有的孩子刚学会做事，但做得不好，家长不是鼓励和帮助，反而用"笨猪""木头"等讥讽孩子。这会使孩子产生自卑心理，失去学习的信心并产生反感，引起其对家长的不满，逐渐和家里的人疏远起来。 但又有的家长溺爱、迁就孩子，认为爱孩子就是孩子要什么就给什么，他要怎样就怎样，只要孩子能提出来，家长有求必应，千依百顺，不管孩子的要求是否合理。其实，这是害了孩子，使孩子变得骄横任性，为所欲为，蛮不讲理。长此以往，孩子会养成一些不良的习惯，最终一发不可收拾。每个孩子都会犯错误，犯错误是孩子成长中必须经历的事。父母帮助孩子改正错误，把自己的经验传递给孩子有助于孩子的成长。但是批评和抱怨并不能使孩子快速提高自己的认识能力和避免孩子犯错误，孩子犯错误往往是因为自己并不知道这样做是不对的，或者不知道该怎样做，有的是为了保护自己。比如孩子考试没有考好，或者与父母不喜欢的朋友在一起玩，为了不使自己被责骂往往会对父母撒谎。有的孩子上课犯困，影响听课效果，这时我们骂孩子不仅没用而且容易冤枉孩子，孩子也知道努力听课，可是不知道怎样集中注意力，我们应该做的是给孩子提供克服犯困的方法。几乎每个家长都希望孩子能理解自己的苦心，看到自己为他们所做的辛苦努力。但是，我们却没有看到孩子为我们所做的辛苦的努力，那就是考个好成绩让父母高兴。孩子每天从早上6点到晚上10~12点不停地拼命学习，父母还觉得孩子努力得不够，不断地督促唠叨，我们认真地想过孩子也很苦吗? 不懂孩子的心理感受，却要求孩子了解自己的苦心确实是不应该的。

　　值得一提的是，现在还存在另一种教育极端。一些家长不知道溺爱是甜蜜的毒药。只有爱是不够的，还要明智、冷静，否则就是溺爱。溺爱就是甜蜜的慢性毒药，每天喝一点，每天喝一点，不知不觉孩子就被"毒"死了 ——孩子的能力和意志都丧失了，只剩下贪图享受的躯壳，什么事也不会做，更不会克服困难。部分家长总是对孩子有过多的担心，怕孩子犯错误，怕孩子受苦累，所以一方面管制太严，一方面替孩子做的又太多，造成孩子脆弱幼稚，心智和心理年龄偏低，长不大，不成熟，什么事都离不开父母，有的孩子十几岁了还怕黑，没有父母陪着就不能学习，学习又不能持久。

孩子是培养教育的对象，不能把孩子当宠物，不要剥夺孩子的权利。作为家长首先要做到：赏识孩子所做的一切努力，赏识孩子所取得的点滴进步，甚至要学会赏识孩子的失败，让孩子感到家长永远是他的坚实后盾。作为学校和老师要在提高家长认识的基础上，采取统一的内容统一的标准来对学生进行教育与评价。学校重在"如何做"，家庭重在"怎么做"。学校和家庭密切配合，以实践为重点，及时反馈，树立榜样，找出差距，再教育，再实践，从根本上克服"教育靠学校包打天下"被动局面。教育重要的是做到家庭和学校密切配合，学校和老师要给予家长正确的指导。家庭教育指导是一项长期而又艰巨的工作，作为老师要经常和家长交流，不光讨论学生的学习，还要把学生行为习惯的养成当作重要的工作来抓，做到学校、家庭密切配合，把学生的学习搞上去的同时，把学生的其他方面也要抓好。重视家庭教育是现代教育的必然要求，也是学校实施素质教育成败的关键所在。作为学校和老师，我们有义务、有能力对家庭教育进行适时、适当的指导。为了共同的目标，我们必须"心往一处想，劲往一处使"，只有这样我们的教育才有效益和希望。

四、农村学生家长对家庭教育认识的偏颇[①]

1986年4月我国颁布了《中华人民共和国义务教育法》。这是我国首次把免费的义务的教育用法律的形式固定下来，也就是说适龄的"儿童和少年"必须接受九年的义务教育。九年义务教育在我国普及，但是城乡教育之间仍然存在着差异。而这种差异并不只是来源于师资力量和学校教育资源之间的差异，还有一部分来源于孩子们的成长环境，即家庭教育。教育心理学中明确提出家庭教育对人一生影响至关重要。

家长正儿女易行善，家长邪儿女易行恶。家长民主儿女生平等之心，家长独断儿女生专行之念；家长仁慈儿女博爱，家长暴戾儿女残忍。孟母三迁，岳母刺字，"近墨者黑，近朱者赤"等，都说明家长的素养、家庭的环境对人一生的影响。人类教育共同的三大基本内容：健康、情感、求知，对应的三个习惯：整洁、微笑、阅读，保证这三大内容落到生活实际中的三个习惯的养成，离开了家庭教育几乎是不可能实现的。然而农村家长对教育的认识却存在一定的偏差。

经过这几年农村一线教学实践经历，我发现农村家长对教育认识的偏差主要表现在以下几个方面：

（一）农村家长过分依赖学校

许多农村家长认为只要把孩子送到学校，教育子女就只是老师的责任，学会一些文化知识就可以了。在平时的生活中，他们为子女大多提供的只是物质条件，而忽略了从精神上关心孩子，尤其是与孩子进行平等、积极有效的沟通。通过询问一些从事班主任工作的老师们，也了解到现在农村学生家长主动与老师沟通的很少。一个学期过去了，如果没有特别的事件发生，家长一般不会主动打电话或主动到学校与老师联系、沟通、交流有关教育孩子的事。

[①] "农村学生家长对家庭教育认识的偏颇"由王从贵完成。

（二）农村家长比较注重孩子的分数，很少关心孩子的能力、习惯等其他
　　　方面

　　农村家长自身受教育程度普遍不高，大多靠务农、做小生意或务工为生计来源辛苦地奔波，父母回到家里也无暇顾及孩子的学业，也没有时间陪孩子玩耍，更别说耐心进行教育了。而且在学习方面，大部分家长对子女的教育方法不当。学习上一味追求成绩。学习成绩固然重要，但是培养孩子们的自主动手能力同样不能忽视。由于部分家长只看中学习成绩，一部分成绩差的学生经常受到家长的责备，使这些学生对学习产生抵触情绪，甚至是逆反心理。

（三）农村家长在孩子犯错时的教育方式存在问题

　　农村的有些家长因为自身教育的缺乏，对于孩子的教育也是懵懵懂懂，他们认为孩子做错了，就要打他们，打了孩子，问题就解决了，这也是这些年许多家庭暴力案例出现的原因之一。而生活在这样的家庭中的孩子充满了恐惧，而缺乏了童年应有的欢乐。比如我校四年级某班的一个孩子，几乎所有的老师都快要放弃他了，但是听他幼儿园的老师说，他在上幼儿园的时候也是很善良的。而现在的他变得暴戾，脾气古怪，完全无视老师的教导。他的爸爸在教育上就只有一种方式，那就是打，而他的妈妈就只能告诉老师一句："我根本管不了他，只有他爸爸才能收拾他。"生活在这样一个没有言语和心灵教育，只有棍棒教育的家庭中，这个孩子的心理早就已经扭曲了。有一部分家长忙于生计或感情不和打闹不休，无暇顾及孩子，连家长会都拒绝参加，认为孩子进了学校就万事大吉，一旦出了问题则把责任全部推到学校。这种完全依赖于学校的脱节教育，这种错误的教育方式也是造成孩子学业不成、道德迷失、人格缺陷，甚至走上犯罪道路的重要原因。

（四）部分农村家长自身知识不足，无力指导孩子的学习

　　在调查中发现农村家长的学历普遍较低，家长大多文化水平不高，对于现在子女所学的课程，基本上是没有能力进行专业的指导的，同时出现了漠不关心、过分溺爱、求全责备、过度关心等问题，不利于孩子的学习。当孩子出现不良行为时，有的家长会做出体罚孩子等不适当的处理方式等。举个例子，我们班上有一位同学经常不做作业，找到他的家长，他的妈妈是这样说的："老师，我每天问他有没有作业，他都说没有，他没做作业你就收拾他，没事。"这是这位妈妈在知道孩子经常不做作业后说的第一句话。相信许多的家长都会是同样的反应。家长在知道孩子的情况后不是说在今后的学习中多注意孩子，而是说让老师收拾孩子，这就是农村家长对教育认识的一个很大偏差。并且很多农村家庭并不重视孩子课外阅读方面，家里藏书少，而且也没有良好的阅读氛围。观察了每个班的图书角，发现除了个别孩子带来的几本课外书之外，其他的学生连一本书都拿不出来。我也问了一个学生，为什么没有课外书呢，他说，他的爸爸是这样说的："学校发的书你读好了吗？还要什么课外书！"这反映了家长平时自己不学习，也没意识到读课外书对孩子的重要性。

　　针对以上问题，笔者提出如下几点建议：

　　（1）组织家长多参加亲子活动，让家长了解学生在学校的学习状态，使每位家长认识到家庭教育的重要性。

（2）有的时候可以布置一些需要家长一起完成的家庭作业，让家长关注孩子的成长。

（3）为家长开办一些座谈会，让家长们了解我们对孩子进行教育时应因材施教、循循善诱。教育孩子要多做换位思考，多想想，决不能简单行事，体罚孩子，这种粗野、蛮横的方式，让孩子口服心不服，起不到任何教育的效果，甚至容易让孩子产生逆反心理。同时也不能纵容孩子，教育孩子应动之以情、晓之以理，既堵又疏，才能水到渠成。

教育往往是双向的，学校的管理必不可少，但家庭的管理的作用也不容忽视。把家庭教育做好了，给孩子一个良好的成长环境，将会为孩子的一生打下基础，相信在学校和家长的共同努力下，农村的孩子也能健康成长，全方面发展。

五、农村小学生家庭教育存在的问题与对策[①]

家庭教育是学校教育、社会教育的基础。与学校教育相比，家庭教育侧重于良好的品质、行为习惯，以及健康心理的培养，它对孩子的一生都有着重要的影响。家庭是每个人来到人世间的第一个生活环境。家长与子女生活在一起，接触最多，交流最方便。孩子时时观摩着成人的生活方式。家长是孩子的榜样和老师，这种教育是终身的，随着大教育观的形成和经济的发展，家庭教育越来越体现出其重要的地位。笔者根据近年的教育实践，就农村家庭教育的的现状与对策，谈以下几点想法。

（一）农村小学生家庭教育存在的问题

（1）绝大多数农村家长较重视其子女的教育，希望其将来能"飞上枝头""鱼跃龙门"。

（2）父母亲的文化水平在某种程度上决定着家庭教育的思想与方法。父母亲的学历层次在一定程度上反映了其文化水平的高低状况。在家庭教育内容上，很多农村的家长只重视智力教育，常常把大量的时间和精力放在务农赚钱上。

（3）农村家长大多只重视孩子的学习，忽视孩子特长的培养，孩子是被动地学习。

（4）在农村家庭中，一些家长虽然懂得教育子女的方法，但当孩子犯了错误时，还是认为最有效的方法是"打一顿""全家人不理他""罚站""关在家里不许出去""增加作业量"等。这说明，大多数农村家长教育孩子的理论水平与实际操作不相符。

（5）现阶段的家校联系工作主要是由学校、老师承担；家长主动参与的意识薄弱，只是处于被动的状态；而且现阶段的家校联系工作由于种种原因，家庭教育与学校教育协调不够，效果还不够理想。

（6）农村家长教育方法不当。粗暴型的家长在家庭教育中动辄棍棒相加，稍有不如意便严厉惩罚，打骂时有发生，造成孩子心理上的扭曲.有的家长并不顾及孩子的自尊，不懂得孩子成长的规律，更不知道怎样去帮助和指导孩子。放任型的家长由于工作忙，无暇照顾孩子，或者只顾及自己享受玩乐，对孩子听之任之"随他去"。忘记了家长的义务和社会责任。作为家长对孩子不仅是生之就了事，还得养之、教之，子不教父母之过。溺爱型的家长过分地娇惯孩子，使得其唯我独尊，成了名副其实的"土皇帝"。有的家长对孩子过分溺爱，要什么给什么，就算是天上的星星、月亮都要摘下来。家长宁可自己吃苦受累，也不让孩子做一丁

---

① "农村小学生家庭教育存在的问题与对策"由李吉武完成。

点事，导致很多孩子缺乏艰苦奋斗的精神。还有些家长只关注学生的学习成绩，如考试得多少分，班里第几名，至于其他，家长很少过问。这势必对孩子造成误导——自己的任务除了学习还是学习，生活平淡枯燥会使学生产生厌学心理。其实，孩子成长中不光是学习的事，还应该有别的事。他们的生活应该是多彩的、丰富的、充实的。由于家长疏于与孩子沟通，导致孩子与家长经常见面却感到陌生。面对孩子的成长欲指导却无从入手。孩子心理存在问题却不能得到有效解决，这样自然就形成了代沟。

（二）搞好农村家庭教育的对策

1. 农村家长要更新教育观念

每个家长都要具有全面而长远的素质教育意识，特别要注意对孩子的品德和能力的培养。很多家长充分认识到品德和能力的培养在家庭教育中的重要性。然而，一旦当它与孩子的学业发生冲突时，这个重心又发生了位移。调查表明，每个家长都希望自己的孩子尽快成才，但是这种成才观念经常带有一定的片面性。在许多家长看来，人才就是掌握高深学问的专家学者，从而忽视了在各行各业中数以亿计的有道德、有一技之长的劳动者。许多家庭对孩子的智力投资，还是忽视精神软件方面。一些家长舍得给孩子买钢琴和电脑，但却不愿花钱学习教育的方法和思想，以加强对孩子的素质教育。因为家长必须先懂得教育孩子的基本原理，提高自身各方面素质，才能教育好孩子。因此，家长应通过学习，参加培训，了解少年儿童心理发育特点和教育规律，与孩子建立平等、和谐、民主的家庭关系，努力与孩子一起成长。

2. 给孩子成长的空间

许多家长利用双休日为孩子请家教、报补习班，让孩子在这两天内大补特补功课，使孩子比平时更忙、更累。专家建议，每周为学习差的孩子补上两小时的功课，使其不掉队是有必要的，但大部分时间还是要让孩子自行安排。如果家长自觉不自觉地将孩子禁锢于文化学习的小天地里，在一定程度上就抑制了孩子的全面发展。

3. 农村家长尤其是母亲要不断充电

周末、假日，街头经常能看到望子成龙的父母们不辞劳苦地伴送孩子去参加各种辅导班，使孩子们能够从校园之外多渠道获取知识，助他们一臂之力。但是，有的家长整天督促孩子念书答题，自己却不读书不看报；有的家长一边要求孩子努力学习，不断进步，自己却安于现状，不思进取，没有想到自己也需要进修、充电。事实上，家长忽略了最重要的一点，在孩子成长的过程中父母不仅要在为人处世方面给予潜移默化的影响，在学无止境的漫长道路上照样有为孩子传道、授业、解惑的义务，而且这种教育远比课堂教育来得重要。家长自身不断加压充电是十分必要的。作为家长，学习的过程是再社会化的过程，是自我充实、完善的过程，是沟通、影响、感染孩子的过程。作为孩子，在家长的学习推动下，更加努力地学习。母亲对家庭、对子女的影响尤为重要，但一些母亲往往只关注孩子的成长，忽视母亲自身的需要和发展，把孩子作为生活的全部或生命的延续，从而造成自身的发展和兴趣爱好受到制约，情感体验遭忽视，视野变狭窄。调查情况表明，在家庭中经常管教孩子的是孩子的母亲，而且，孩子在家里与母亲的关系较为亲密，孩子乐意接受母亲的教育，因此，母亲要不断学习，不断充实自己，树立终身学习的意识。

4. 加强家校之间的沟通

从学校教育看，其劣势一是时间、空间、内容、形式的限制，二是由于过分强调统一性与集体性，因而又导致了针对性差，不利于个别教育；家庭教育的劣势一是因家长的政治、文化、道德素质的差别和家庭经济状况、成员结构的不同，家教的有效性无法保证，这是近几年家教存在问题的主要方面；二是家教方法的相对简单化、单一化，直接影响了家教效果。为此，学校教育和家庭教育要扬长补短，整体互补：学校教育要通过参观访问、"榜样"报告、实践操作等方式，充分联系实际，丰富学生社会知识。建立典型后进生的个别教育档案，实行全方位的有效监控。针对家教存在的问题，通过"家长学校""家长会""家长委员会"等方式，集中指导家教方法，促进家长转变教育观念。家长应是儿童的第一任心理辅导老师，要密切关注孩子心理的任何细微变化，从孩子实际出发，因材施教，因势利导，教育才真正有利于孩子的成长，否则只会事倍功半。同时，加强教师与学生家长间的沟通交流，要与家长平等地交流。在方法上相互交流，在知识上取长补短，在教育上形成合力。还可请专家指导，定期请家庭教育专家为家长作报告，让家长了解国内外家庭教育动向，学习现代教育理念，以便更新观念，增长知识，为家庭教育导航。加强对学生深入细致的了解，了解是教育的前提，家长应和孩子多沟通，以便更有针对性地分析研究每个学生的个性特点，发展潜能，制定富有特点的帮教措施，促进所有学生生动活泼、富有个性地发展。在家庭教育研究中贯彻以人为本的科学发展观，把人的作用、人的发展作为家庭教育的首要任务，把培养人的主体精神作为家庭教育的宗旨。

总之，孩子来到这个世上，家庭是孩子的第一所学校，父母是孩子的第一任老师。孩子的本性是善良的，家庭教育对孩子的影响刻骨铭心。家长的一言一行都会影响孩子的心态，家庭教育是否得当对孩子以后的人生是至关重要的。因此，教育好孩子是我们每一位家长义不容辞的责任，要想使孩子成为有用之才，成为国家的栋梁，有效的家庭教育，是每一位家长必须深刻思考的问题。面对当前农村小学家庭教育的现状，我们一起改变它吧！

六、农村家长管理孩子学习的有效方法[①]

长期以来的应试教育，对社会、家庭、学校的影响较大，特别是思想道德教育、心理健康教育、行为习惯养成教育相当薄弱。攀枝花农村学校的家长"读书无用"思想严重，总认为孩子大学毕业后找不到工作，孩子学习好坏也无所谓。不如趁早多给孩子种些果树，也许以后会对孩子有所帮助。更有一些家长，管理孩子方法简单粗暴，靠打骂来维持。表现在：管理孩子的学习方式是询问孩子作业做完没有，孩子的作业本从来不看，就连自己的孩子就读于哪个班级也一无所知，对自己孩子的学习一点也不关心；有的家长想指导孩子做作业，但心有余而力不足；还有一些家长爱到娱乐场地去玩，没有时间去管理孩子的学习。笔者通过多年的教学实践与研究，就农村家长管理孩子学习的有效方法谈以下几点看法。

---

① "农村家长管理孩子学习的有效方法"由陈世会完成。

（一）努力为孩子营造良好的学习环境

孟母的"择邻三迁""断机教子"的故事，成为千百年来我国妇孺皆知的历史佳话，成为天下母亲教育子女的经典故事。可见，环境对于育人的重要性。家庭环境的好坏直接影响着儿童的心理健康。因此，创造良好的家庭环境是儿童身心健康发展、形成良好心理素质和学习习惯的重要保证。学习环境可分为硬环境和软环境。在硬环境的创造上，我们可以给孩子单独辟一间书房，添置书橱书桌，购买一些课外阅读书籍等，让孩子有个学习、活动的自由天地；软环境是看不见、摸不着的，但要做好却是不容易的。千万不要因为家庭的琐事在孩子面前争吵，如果家庭生活充满火药味，孩子哪里还有心思学习？还比如，孩子在家学习时，父母就不该在家与人打牌、打麻将，否则扰得孩子哪里还看得进书？只要孩子在家，就陪着孩子，这种为了孩子的学习而放弃自己爱好的做法值得我们学习。创造好的学习软环境，还包括家庭作风民主、尊重孩子的爱好、孩子在学习生活上碰到困难时对孩子进行鼓励，等等。只有为孩子创造了一个好的学习环境，孩子的学习才能有进步。

（二）注重培养孩子良好的学习习惯

有人说，良好的习惯就是素质。习惯成为自然。如果孩子养成了良好的学习习惯，就会在学习生活中变"要我学"为"我要学"，自觉努力地学习，并提高学习效率，从而取得让人满意的学习效果。要培养孩子专心学习、及时预习、及时做作业、及时复习巩固等良好的学习习惯。家长要从以下几个方面培养孩子良好的学习习惯：

1. 按时完成作业

孩子回到家第一件事，就是完成当天的家庭作业，要让孩子感到完成作业是自己的责任，不要把作业当作负担。做作业的地方应相对稳定，经常变动地方不利于孩子安下心来尽快进入学习状态。

2. 改掉粗心的毛病

粗心是孩子普遍的毛病。为了正面防止，需注意让孩子少用橡皮擦，更不能有撕本子的习惯。做作业时，要像上课一样严格要求。孩子出错一般有两种情况，一是粗心大意造成的，二是存在知识缺陷。由于粗心造成的错误家长要严厉地批评指正，以防再犯。如果是由于知识缺陷而造成的错误，家长要进行耐心的辅导和纠正。

3. 学会整理自己的东西

在家做完作业，要让孩子整理好课本，在学会整理自己学习用具的基础上，还应让孩子学习收拾整理自己的房间。

培养孩子的学习习惯是一个长期的过程，所以家长应循序渐可以受益终身。

（三）激发孩子的学习欲望

孩子年龄小，意志力薄弱，需要家长不断以榜样的力量来强化其学习目的和动机，激发孩子学习的愿望。家长要用身边人现实的事例来感化和激发孩子的学习愿望，在活动中，在潜移默化中让孩子产生发自内心的强烈的学习愿望，知道为什么而学，变要我学为我要学后，一切问题都迎刃而解了。爱因斯坦有句名言："兴趣是最好的老师。"孔子曰："知之者不如好之者，好之者不如乐之者。"学习兴趣是孩子对学习的一种力求认识或趋近的倾向。这种倾向是和一定的情感联系着的。一个学习兴趣浓厚的孩子，对各种现象和问题都会产生好奇感。在学习过程中，他能倾注全部热情，甚至会达到对所学知识痴迷的程度；在学习后，他会产生满足感，觉得书是他的良师益友，自己从中受到了启迪，并由此产生欢快、惬意的心情。因此，有人说："学习兴趣是人才成长的'起点'。"而学习不好的学生的家长对其子女更多是埋怨责备，很少深入到孩子的内心去体验和感受孩子的处境，这会让孩子的学习更糟。我们应耐心地了解孩子的想法、困难，帮助其找到学习不好的原因，努力发现其点滴的进步，鼓舞他的信心，慢慢地培养起他对学习的兴趣，尽最大努力让他们体验到学习成功的快乐。操之过急是今天家长对孩子学习要求的一种普遍毛病，对孩子的学习要防止目标极端化，也就是说不要把目标定得过高，否则就容易使孩子丧失学习信心。只有对孩子学习要求的恰如其分，才能不断让孩子体验到学习成功的快乐，才能更好地激发和培养他们的学习兴趣。

（四）与学校保持一致，共同管理孩子的学习

学生在校表现的情况是很多家长一直都关心的，家长要经常和教师进行沟通，了解其学习动向，家长根据掌握的实际情况，对症采用不同的方法。但是现在很多家长忙于工作并未跟老师进行很好的沟通和配合，导致很多孩子出现了严重的问题，鉴于出现这种情况，家长应从根本上重视起来，定期与老师进行商谈，解决近期出现在孩子身上的问题，彼此之间多对孩子灌输父母和老师的伟大形象，然后互相配合使孩子按他们的要求完成应该完成的事情。家长如何管理好孩子的学习，没有一个标准的答案，也不可能有标准答案，它因人而异，因家庭而不同。因此，只要我们不断学习、不断探索、不断实践，我们一定会走出一条适合自己的管理好孩子学习之路，我们的孩子也一定会成为社会可塑之人和有用之才。

总之，家庭是孩子的第一课堂，家长教育给孩子的影响深远而巨大。因此，家长如果能在家庭生活中鼓励孩子学会自信、正直、欣赏，就能培养孩子健康的兴趣爱好、情趣、品行，就可以让孩子更健康地成长和发展。

七、总　结

（一）研究成效

1. 学生受益

在课题调查和实验过程中，家长不断审视着自身，反思其在教育方面的不足，不断探索着对孩子有利的教育观念和方式，对子女的关心增加了，对孩子学习情况的关注程度加深了，让孩子在正确的观念引导下不断地成长。不仅感受到了来自亲人的关心，同时在认知发展过程中能够得到正确的引导。这对他们未来的成长有着积极的意义。

2. 家长受益

在研究和实验课题的过程中，部分父母开始重视对孩子的教育，对孩子的期望合理，要求适度。明白了望子成龙是每个父母的美好心愿和神圣的责任，画龙需要点睛才能实现龙腾四海的教育理想。画龙是希望，点睛是行动。他们渐渐懂得了仅有爱和期望是不够的，还要有一颗敏感宽厚的心，以及发现问题并解决问题的能力。大多数家长不再是只会发现问题，并把这些问题扩大化，愁在心里，恨在脸上，眼看着孩子的成绩一天天下滑，他们也学会了怎样与学校密切联系解决这些问题。而且，家长再也不会错误地认为教育孩子是学校的事情，与家长没有什么关系。与孩子的交流变多了，对孩子的学习情况的了解也变多了。让孩子不仅在知识学习上得到了很好的辅导，并且在人格的塑造上也得到了良好的引导。

3. 教师受益

课题的研究使教师积累了经验，总结了得失，更密切地关注教学、关注教改，有效提高了个人素质，不仅视野开阔了，理论素养提高了，教学理念更新了，还密切了师生关系。教师和学生共同发现问题，帮助学生不断找到自己的立足点和目标，明确自己的理想，教师的威信在无形中提高了，教师成了新课改的实施者、推动者和创造者，很好地把握了家庭与学校之间的密切联系，不断地促进着学生的成长，发现着利于学校教育发展的路。

4. 学校受益

在课题研究实施过程中，大批教师不同程度地参与，他们或提供资料，或整合资源，或上网查阅相关资料，全校的研究风气为之一新。并且通过了解和掌握家长对学校教育的认识，掌握了家长的心理情况，明确了家长的期待，根据此制定和调整着学校的相关制度和措施，不断加强家庭教育与学校教育之间的联系，达到相辅相成的效果。

5. 教育事业受益

课题研究所获得的经验和优秀案例，以及相关材料给教育制度的完善提供了有利而真实的参考，对教育事业的发展起到了积极的促进作用。

（二）问题思考

课题主要解决的是形式上的问题，而教育不仅仅是形式，形式是为内容服务的，没有鲜活的实践，没有深入认真的实验，形式也就毫无意义和价值，所以家长对教育认识偏颇的修正还需要站在更高的高度去审视，这就需要教师和家长不断地去更新观念，不断地提升自身素养，积极充实储备，去参与，去实施，这样才能游刃有余地驾驭教学，开拓新的途径，不断促进孩子的发展，为家庭与学校教育开创爽朗的新天地。

参考文献

［1］ 义务教育数学课程标准[S]. 北京：北京师范大学出版社，2011.

［2］ 南京师范大学教科院. 农村教育学[M]. 北京：人民教育出版社，1988.

［3］ 黄济. 小学教育学[M]. 北京：人民教育出版社，2001.

[4]　叶澜. 教育概论[M]. 北京：人民教育出版社，1999.

[5]　程晗. 对"减负"的理性解读[J]. 教育理论与实践，2000（5）.

[6]　黄秦安. 数学文化观念下的数学素质教育[J]. 数学教育学报，2001.

[7]　张力. 面对贫困 ——中国贫困地区教育发展的背景·现状·对策[M]. 广西：广西教育出版社，1998.

[8]　王金战. 好孩子是怎样培养的[M]. 江苏：南京大学出版社，2010.

专题 10

城乡小学生学习压力比较分析与对策研究
——以攀枝花米易县垭口镇小学和成都市中育实验小学为例

王晓翠[①]　赵体泉[②]　钟太元[③]　卢仁贵[④]　杨莉[⑤]
导师：童琳[⑥]
（① 攀枝花市米易县第一小学；② 米易县普威中心校；③ 攀枝花市米易县垭口
中心学校；④ 攀枝花市米易县丙谷镇中心学校；
⑤ 攀枝花市米易县草场中心校；⑥ 成都大学师范学院）

一、研究基本概况

1. 研究背景及概念界定

随着社会的进步，教育越来越受到社会、家长的关注。虽然今天仍在大力提倡素质教育，但我们在实践中仍然很难摆脱"应试教育"的阴影。对现代小学生来说，压力是一个很普遍的现象，几乎每位学生都会觉得学习有压力。随着年级的不断升高，他们面临小升初，考试量的增加，这种压力也越来越大，而随着压力产生的种种问题也就成为困扰小学生学习的最主要的心理问题。不同地区各级各类学校的学生都或多或少地因为学习压力大而产生不同程度的厌学现象。小学生过大的学习压力会导致学校教学质量下降，校风学风变差，家长对学校的信任度下降等后果。如果再不想办法对这一现象加以遏制，很难想象以后的教育会面临什么样的局面。因此我们认为，现在提出研究这一课题，是一件很有现实意义、很有价值的事情。我们的研究至少会起到以下作用：一方面可以了解学生厌学的原因，对其进行分析研究，寻找对策，缓解学生的学习压力，提高学生的心理素质；另一方面，对学生学习情况现状的分析与研究，引起学校及教师对学生学习现状的高度关注，让每一位教师在平时的教育教学活动中积极应对学生可能出现的心理问题，提高教师的教育能力和教育的有效率。为构建一种"良性压力状态"的学校生活提供一些依据。

所谓学习压力，是指个体在遭遇挫折情境时，能否经得起打击和压力，有无摆脱和排解困境而使自己避免心理和行为失常时的一种耐受的能力。亦指个体适应挫折、抵抗和应付挫折的一种能力。"承受力"这一概念最先由美国的心理测验专家罗森茨威格提出来的，他给学习压力的定义是"抵抗挫折而没有不良反应的能力"。一般来说，承受力较强的人，往往对挫

* 童琳：1963—，成都人，成都大学师范学院副教授，研究方向：数学教育；王晓翠：1985—，女，小学二级教师；赵体泉：1970—，男，小教一级教师；钟太元：1969—，男，小学二级教师；卢仁贵：1973—，男，小教一级教师；杨莉：1969—，女，小学二级教师。

折的反应小，感受挫折的时间短，挫折的消极影响小；反之，则容易在挫折面前不知所措，被挫折击倒，感受挫折的不良影响大而易受伤害，甚至导致心理和行为的失常。学习压力因人而异，不同的人，在同一情境中受到相等强度的挫折时，会有不同的反应，在能否经受得起挫折打击上表现出明显的不同。这不仅因为各人经受挫折时的心理状态不同，对挫折的认知、评价和理解不同，还在于他们对待挫折的态度和应付挫折的行为方法的差异。能够以积极的态度和合适的方法对待挫折、克服障碍的人，其挫折的承受能力就强，就能更好地获得对挫折的良好适应。现代教育学、心理学的研究也表明，挫折对人产生何种性质的影响与挫折本身无关，起决定作用的是个体对挫折的承受力，而这种承受力又是个体在无数挫折的磨砺中形成的。

2. 研究实施对象、内容和方法

（1）调查研究对象。

① 攀枝花市米易县垭口镇小学中高段部分学生；

② 四川省成都市青羊区中育实验小学中高段部分学生；

③ 攀枝花市米易县垭口镇小学与成都市中育实验小学部分一线教师。

（2）调查研究内容。

① 对城乡小学生学习心理的现状进行调查统计；

② 分析城乡小学生产生学习压力的各种原因；

③ 根据分析的原因进行研究，探索出缓解小学生学习压力的对策；

④ 通过校内外各项活动的开展，减少学生的学习压力。

（3）调查研究方法。

① 文献资料法。

该方法主要用来调查国内外研究现状及相关的理论研究。广泛收集、阅读、研究有关教育理论专著，灵活地运用于课题研究之中，使研究建立在坚实的理论基础上。

② 问卷调查法。

用来调查学生学习的现状，同时也是了解形成小学生学习压力原因的主要方法。科学运用这一方法的关键是科学制作调查问卷。

③ 访谈法。

对学生和老师进行了个别访谈，探寻产生学习压力心理的各方面原因的主要研究方法，同时还是研究缓解压力的对策的重要方法。

④ 对比法。

运用该方法来分析研究取得的各种数据和材料，进行城乡学生压力情况对比，分析原因。

3. 理论依据

（1）教育学中关于"个体身心发展"的"多因素相互作用"理论。我们将运用这一科学理论去研究小学生产生压力的内在心理原因，努力探寻学生心灵深处的真正需要。

（2）马斯洛需要层次理论：一般来说，动机源于需要。需要是个人活动积极性的源泉。学习压力大的学生往往心理缺陷较多，对需要的补偿欲望较为强烈，因此由需要引起的活动也较有力、较有效。

（3）杜威关于"学习离不开兴趣"的教学思想。杜威是很强调学生兴趣的，他关于兴趣与教学的关系集中体现在其1913年出版的著作《教育中的兴趣与努力》中。他当年提出的很多假设在今天依然指导着兴趣的研究，并被作为经典理论反复引用。他强调学习离不开兴趣，虽然兴趣与努力之间存在着一定的相通性，但是因兴趣而产生的学习结果与因努力而产生的学习结果并不完全一样，他强调的是前者而不是后者。

（4）魏书生的教育理论。教师的教学方法直接影响学生的学习兴趣，魏书生常说："良好的教学方法是激发学生兴趣的重要保证。"因此要想调节学生的学习压力，必然要求教师努力做到精心设计传授知识的程序，研究教学方法，用先进的教学理论指导教学，改进教学，让学生能在学习中体验学习的快乐，有成就感，能从做学习的实事中提升自己的修养，达到教育的目的。

4. 研究过程

第一阶段：选题、准备阶段（2014年7月20日到2014年7月30日）

（1）本阶段主要完成对课题的选择，成立课题研究小组。

（2）组织课题组人员进行相关理论培训。

（3）对相关情况进行初步了解。

第二阶段：课题研究阶段（2014年8月1日到2014年10月22日）

（1）对老师和学生进行个别访谈。

（2）查阅资料并制作调查问卷。

（3）对攀枝花市米易县垭口镇小学与成都市青羊区中育实验小学中高段部分学生发放并收回调查问卷，进行现状调查。共发放问卷100份，并对所发问卷全部进行了收回，均为有效问卷。

（4）写现状调查分析报告。

（5）研究分析两校学生产生学习压力的原因：

第三阶段：课题交流总结阶段（2014年10月25日到2014年11月4日）

（1）综合分析学生产生学习压力的原因。

（2）探寻克服学生产生学习压力的对策。

（3）课题小组总结、交流并形成研究报告及研究成果。

二、小学生学习压力调查

本调查以攀枝花米易县垭口镇小学和成都市中育实验小学为乡镇和城市小学代表进行。

（一）学生问卷分析

通过对《小学生学习压力状况》调查问卷的统计分析，我们对该问卷做了以下几类的归纳总结：

1. 学生对学习环境与压力的认识的调查分析

Q1. 你到学校的心情如何？

A. 愉快　B. 一般　C. 有时烦　D. 不愉快

分析：从调查情况来看，学生到校总体感觉是愉快的。城市学校的学生到校感觉愉快的占 72.5%，感觉有时烦的学生占 12.5%；农村学校的学生到校感觉愉快的占 68.2%，感觉有时烦的占 16.7%，少部分学生感觉一般。说明城市学生压力较农村学生稍小一些。

Q2. 你感觉到学习有压力吗？

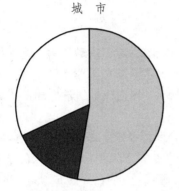

城　市　　　　　　　　　　　农　村

□其他　■压力较大　□一般　　　　　□其他　■压力较大　□一般

图 1　城乡学习压力数据比较图

A. 非常大　　B. 较大　　C. 一般　　D. 不确定　　E. 没有

分析：学习压力方面，城市学校的学生感觉压力一般的占 32.5%，压力较大的占 15%；而农村学校的学生感觉压力一般的占 51.3%，压力较大的占 10%，有部分学生认为不确定。

Q3. 如感受到较大的压力，主要来自于哪些方面？

A. 作业压力　　　　B. 考试压力　　　　C. 升学压力

D. 课外学习压力　　E. 家长压力　　　　F. 老师压力

分析：小学生学习压力主要来源于升学压力、作业压力、考试压力；而课外学习压力和家长、老师给予的压力较小。认为存在升学、考试方面的压力，城市学校的学生占 32.5%，而农村学校的学生占 36.7%，相差不是很大，在这一点上，中段学生想上重点中学的意识较薄弱。

Q4. 你对哪些科目的学习感到压力较大？

A. 语文　　B. 数学　　C. 英语　　D. 社会　　E. 自然　　F. 其他

分析：农村学校的学生认为学科压力主要来源于英语科目，这也许是生在农村的孩子与英语接触的机会较少且英语有一定的难度的原因。

2. 学生对作业难易、多少适当的分析

Q5. 你觉得作业对你来说多吗？

A. 很多　　B. 较多　　C. 一般　　D. 不多

Q6. 你觉得作业对你来说很难吗？

A. 很难　　B. 较难　　C. 一般　　D. 不难

分析：城市学校的学生对作业的难度感觉一般的占 37.5%，不难的占 35%；而农村学校的学生对作业的难度感觉一般的占 20%，作业不多的占 35%。

3. 学生对考试的态度的调查分析

Q7. 你觉得考试、测验的次数多吗？

A. 很多　　B. 较多　　C. 一般　　D. 不多

Q8. 你觉得考试、测验的内容难吗？

A. 很难　　B. 较难　　C. 一般　　D. 不难

Q9. 考试前你感到紧张吗？

A. 很紧张　　B. 有些紧张　　C. 不紧张

分析：城市学校的学生认为考试次数一般的占 47.5%，考试次数不多的占 30%；难度方面，认为考试难度一般的占 52.5%，较难的占 12%；而农村学校的学生认为考试次数一般的占 33.3%，不多的占 48.3%；难度方面，一般的占 52.5%，感觉较难的学生却占了 28.5%之多，这也是受生活环境和家庭条件的影响。

考试的次数及试题难度学生感觉适当，这也符合课标要求。考试前大部分学生感到有些紧张。城市学校的学生感觉紧张的占 55%，很紧张的占 12.5%，而农村学校的学生感觉紧张的占 66.5%，很紧张的占 20%。城市学生学习成绩普遍较好，农村学生成绩较差是主要原因。当然，感觉紧张是对的，保持适度的紧张状态学生才会用心答卷，但太紧张也不行，可能导致他们发挥失常，考得不理想。

表1　城市、农村学校的学生对考试次数多少与难易的判断数据

地域	测验次数一般	测验次数不多	测验难度一般	测验较难	考前紧张	考前很紧张
城市	47.5%	30%	52.5%	12%	55%	12.5%
农村	33.3%	48.3%	52.5%	28.5%	66.5%	20%

4. 学生课堂情况的调查分析

Q10. 对教师的提问你感到紧张吗？

A. 很紧张　　B. 有些紧张　　C. 不紧张

Q11. 你愿意经常举手发言或主动参与小组讨论吗？

A. 愿意　　B. 偶尔　　C. 不愿意

Q12. 你感到老师对你的批评次数多吗？

A. 太多　　B. 较多　　C. 一般　　D. 不多

分析：对课堂上老师的提问，城市有 60%的学生不紧张，27.5%的学生有些紧张；而农村学生感觉不紧张的只占 38%，有些紧张的占 56.7%。心理学家认为，紧张是一种有效的反应方式，是应付外界刺激和困难的一种准备，农村学生见识有限，成绩参差不齐，怕老师提出的问题自己不会答或答得不好，而产生紧张，不敢回答问题。相反，城市的学生见识广，成绩普遍较好，老师提出的问题他们大多能回答，并且会组织语言表达自己的想法；除此之外，还有老师评价方面的原因，有的老师会评价，也是一个原因。所以调查显示城市学生有 55%的愿意主动举手或参加小组讨论，不愿意的只占 10%，而农村愿意主动举手或参加小组讨论的只有 51%，要老师安排或偶尔发言的只占 45%。

176

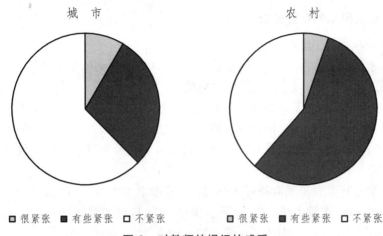

图2 对教师的提问的感受

5. 来自家庭、社会的压力比较分析

Q13. 你知道家长对你的期望吗？

A. 进入高一级重点学校　　B. 成绩有所提高　　C. 成绩进入班级或年级前几名

D. 将来能找到好工作　　　E. 没有期望　　　　F. 其他

Q14. 你觉得家长的期望对你而言：

A. 要求过高　　　B. 要求适中　　　C. 要求过低

Q15. 你对自己的学习前景有自信心吗？

A. 有　　B. 不强　　C. 没有

分析：学生对自己的学习前景有自信心的占80%，自信心不强的占15%，有5%的学生对自己没有信心。针对没有自信心的这部分学生，教师应在思想上多与他们沟通，找出原因，认真分析，并鼓励他们，增强他们的自信心。

在升学方面，中段学生看不出太大的区别，希望进入高一级重点中学的城市学校的学生占47.5%，农村学校的学生占51.7%。在生活方面，大部分学生对自己的前景有信心，城市学校的学生占86.7%，而农村学校的学生占77.5%。大部分学生建议，作业适中，教师要和学生和平相处，老师和家长要多多关心他们的学习成绩。

就家长的期望而言，90%的城市家长认为要求适中，而农村家长认为要求适中的只占55%。

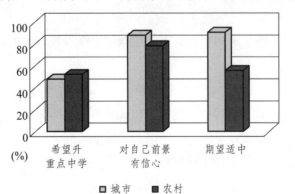

图3 来自家庭、社会的压力比较分析图

6. 对学生解决困难的调查分析

Q16. 当你学习遇到困难时：

A. 能找到老师帮助　　B. 能找到家长帮助　　C. 能找到同学帮助

D. 找不到人帮助　　　E. 自己能独立解决

分析：当遇到困难时，无论农村还是城市中低段学生找家长帮助的较多，而高段学生则找同学帮助的较多，自己能解决的较少。城市学生大部分都能在老师的帮助下解决问题。这可能与他们中午在校就餐有关。就餐后，老师可以有针对性地进行辅导或教育，及时解决学生实际问题。

Q17. 当你学习有了进步或取得好成绩时，你希望怎样？（可多项选择）

A. 家长表扬　B. 老师表扬　C. 让同学知道　D. 自己知道就行了　E. 有物质奖励

分析：希望家长表扬的占 30%，让同学知道的占 5%，自己知道就行了的占 5%，有物质奖励的占 10%。

Q18. 受到委屈时：

A. 为自己辩解　　B. 与人争吵　　C. 独自生闷气

分析：受到委屈时城市学生中 71.7%的学生会为自己辩解，农村 77.5%的学生会为自己辩解。有 10%的学生会独自生闷气，与人争吵的没有。

Q19. 你心中的秘密最想告诉：

A. 老师　　B. 家长　　C. 好朋友　　D. 谁也不说

分析：心中的秘密最想告诉好朋友的占 60%，告诉家长的占 20%，告诉老师的占 10%。原因在于学生认为好朋友是值得信任的，可以相互倾诉。看来不管是老师，还是家长，都应该多与孩子沟通，走进他们的内心，和他们做朋友，这样才能做好转化工作。

（二）访谈分析

A：学生

你对小学生学习压力的情况有什么想法、建议和要求？

在这次访谈中的大多数学生认为学习压力是有的，而他们希望作业能少点、简单点、有趣点，课堂上老师讲慢一点。家长对孩子要求过高，应多给孩子一些自由空间，少让孩子参加一些培训班。

B：教师

此次调查中也访问了多位不同职称、不同地域的一线教师，他们认为学生的学习压力主要来自以下几个方面：

1. 学校因素

有的教师对反应迟钝和学习有困难的学生尊重关爱不够，不能对学困生优先提问、优先辅导、优先评价。学困生很难攻克学习上的困难，感受不到成功的喜悦，从而丧失信心。没有在学生学习困难时给予及时的辅导和诚心的鼓励。

2. 家庭因素

家庭是学生成长的摇篮，父母是孩子第一任老师。不良的家庭教育环境对孩子有不良影响。具体表现为：一是粗暴型家庭。孩子稍不从或不合自己的要求就不问青红皂白地予以指责，甚至打骂体罚，严重损伤了孩子的自尊心和自信心。这种家庭培养出来的孩子大多缺乏礼貌，形成粗野、执拗的性格，智力发展也受到影响。二是过分溺爱型家庭。一些家长对孩子像小皇帝那样服侍，有求必应，百依百顺，孩子不用动手动脑。还有一些家长从安全方面考虑，怕孩子跑出去被人欺负，不让孩子与同伴玩耍交往，长此下去，导致孩子形成懒惰、依赖、怕苦、懦弱等不好的心理品质。三是期望值过高的家庭。一些家长对孩子的期望值不恰当，不考虑孩子的实际情况，孩子没有支配时间的自由，一天到晚生活在书本中，还要参加社会上一个个教育辅导班；每次考试又提过高要求，使孩子望而生畏。这样就给孩子造成过大的心理压力，一旦期望落空，成就低于期望，孩子就会灰心丧气，自卑，产生厌学情绪。四是放任型家庭，家长疏于对孩子的管教，只管自己，不管孩子学习，"读书无用论"还在滋生蔓延。

3. 自身因素

厌学的学生在思想上不是把学习当成求知的途径，而是把它看成一种烦恼、负担和精神压力，缺乏学习动机。他们学习心不在焉，不听老师讲课，注意力容易分散，不爱学习，一提学习就讨价还价；行为冲动，玩劲足，玩得满头大汗还不肯进教室。厌学者在行动上则体现为"懒惰"二字，老师布置的作业，能推诿和拖延的就尽量推诿拖延，实在推诿不了的就敷衍一下或抄袭别人的。做事总是无精打采、懒懒散散、拖拖拉拉，即使是弯弯腰这样的动作也懒得去做。在学习上体验不到成功的快乐，导致学习无兴趣，成绩不理想。

三、城乡小学生压力成因分析[①]

小学生所受到的压力主要是学习压力。调查显示，小学生普遍肩负着不堪重负的学习压力，常常感觉紧张、焦虑、惶恐。专家表示，青少年承受挫折的能力较差是造成心理问题的主要原因。在回答"遇到困难怎么办"时，九成多的小学生想到的是找家长或教师，而不是自己想办法解决。城市与农村相比，农村中出现厌学的情况比城市多。这可能是由于受生活环境的影响。城市学校的学生家长大多有稳定的工作，学生的学习和生活有一定的保障，且很多家长具备一定的文化素质，孩子见多识广，受家长的影响较深；当他们遇到困难时，得到家长疏导的机会相对也要多些。而农村的学生，家长大部分外出务工，自己一般由爷爷奶奶带养或者寄放在亲戚家里，由于父母长期不在自己身边，得不到关注和正确的引导，以致出现厌学、逃学的现象，致使他们感到"读书无用"。

小学生压力形成的原因主要有以下几个方面：

1. 心理因素

（1）部分学生在经历了一两次考试不好的情况后，开始觉得自己比别人笨，只会失败而不会成功，自己被自己的非理性认知压抑，不相信自己，怀疑自己是否还有能力继续学习，为一次次的失败而担忧、焦虑。据调查显示，小学生对自己的学习前景有自信心的占80%，自信心不强的占15%，有5%的学生对自己没有信心。针对没有自信心的这部分学生，教师

① "城乡小学生压力成因分析"由钟太元完成。

应及时在思想上多与他们沟通，找出原因，认真分析，并鼓励他们，增强他们的自信心。

（2）学生不愿意失败，教师和家长更不允许孩子失败。部分学生认为失败后会被批评、责怪，对不起父母，抬不起头。长期的内疚、自责导致对学习和考试产生恐惧，给自己加上心理压力，背上心理包袱。就小学生个人而言，内心本身就比较脆弱，性格比较内向，因而一遇到不顺心的挫折就会难以承受。

（3）不能正视挫折。一些学生在某次学习失败后，严重损伤自信。在以后类似情景下，马上诱发出紧张恐惧心理，无法正常学习。学生因内心压力而产生的焦虑易使学生感到学习压力大，甚至难以承受。

2. 学校原因

当前，由于不少学校还未真正实行从"应试教育"到"素质教育"的转轨，忽视了对学生心理素质的培养。有的教师对反应迟钝和学习有困难的学生，尊重关爱不够，不能对学习有困难的学生优先提问、优先辅导、优先评价，学困生很难攻克学习上的困难，感受不到成功的喜悦，从而丧失信心。此外，沉重的课业负担直接影响到学生的身心健康，增加了学生的学习压力和心理压力。

3. 家庭原因

家庭是学生成长的摇篮，父母是孩子第一任老师。

（1）父母期望值过高，过分看重分数，无形中给小学生造成一种压力。研究表明适度的压力对学生的学习有促进作用。但过多的压力，反而容易造成学生过度的紧张，不利于学习任务的完成。

（2）另外一种情况是，身处单亲家庭或父母不和的家庭中的孩子，由于长时间无人照顾，缺乏沟通，心理本来就比较脆弱，因而一旦学习上遇到一点困难也会对其造成很大的压力。

（3）形成对比的是粗暴型家庭，孩子稍不从或不合自己的要求就不问青红皂白地予以指责，甚至打骂体罚，严重损伤了孩子的自尊心和自信心。

4. 社会原因

社会的无形竞争有时会对小学生产生一定的影响。

四、缓解小学生学习压力的对策与建议[①]

（一）缓解压力是促其快乐学习的手段

探究缓解小学生学习压力的对策与建议，帮助他们快乐地面对学习，在学习中找到乐趣。

1. 自身方面

要培养小学生自身控制和调节情绪的能力。保持愉快的情绪有益于健康，能使人感到轻松，产生满足感，对外界产生亲切感。学生在愉快的情绪状态下学习，会感到思维活跃，记忆敏捷，学习效率高。要自信，多与人交流，这样才能给自己带来快乐。同时，在遇到不愉

---

① "缓解小学生学习压力的对策与建议"由卢仁贵和杨莉完成。

快的事情而产生消极情绪时，要学会释放。可以痛哭一声或把心中不平事向好友、家长或老师说出来，请他们开导。也可以做一些别的事情来转移注意力而使消极情绪得到缓解。

2. 社交方面

要响应"减负"的号召。"减负"不仅仅是减轻作业负担、课业负担、考试负担，而必须在探明学生学习压力的来源、类型、差异程度、现状的基础上，站在素质教育的高度，以学生为本，改变陈旧的学校教育评价体系，重建令人向往的学校生活。"减负"的要义是使学习发展成为一种乐趣。使学生充实、生动、活泼地成长，健康、主动、和谐地发展。

3. 学校方面

学校要营造良好的学习共同体，大力开展合作学习。学生之间的合作氛围既有利于减少因竞争造成的压力，又有助于对学习困难的学生提供帮助，增强其学习能力与信心。让学习成为乐趣，并使之形成一种风气，一种氛围，一种促使学生主动学习、自由发展的人文环境。在当前的学校生活中，学生消化学校课程知识的时间逐渐增多，自由地游戏、学习并且按照自己兴趣做事的时间越来越少。因此，学校要努力让学生从受管制的生活转向自主的、创造的生活，给每个学生自主发展的空间和机会。

4. 家庭方面

家庭应该转变观念，为孩子创造宽松的学习环境。孩子良好的个性品质离不开家庭教育。家长应该意识到培养孩子具有健康的心理、健全的人格、良好的个性远比单纯的智力教育重要得多，也复杂得多。不能整天把青少年禁锢在屋子里，要让他们参加一些社会实践，开阔他们的视野，增加他们参与社会实践的机会。同时，也要注意与孩子沟通。孩子正处于成长阶段，特别是六年级的孩子，有时会出现叛逆的状态，家长不知道他们在想什么，从而使家长和孩子之间产生矛盾。因此家长要注意和孩子的沟通，帮助他们应对可能出现的问题，从而快乐地学习，快乐地面对生活。

（二）如何减轻小学生的学业和心理负担

1. 小学生负担过重表现在课业负担、经济负担、心理负担三个方面

（1）课业负担、经济负担为显性负担。学生在校时间长，有的学生甚至不能回家，节假日还要补课；特别是小学布置形式单一的作业或惩罚性的作业的情况屡见不鲜；新课程改革后，教材内容编写简单灵活，要求学生知道的却较多，一些教师在没有深刻领会其实质的情况下，片面地认为教师教学时只需把内容机械地重复，并为适应考试讲一些过难、过深的知识点，占时多且考试频繁；学生休息时间和自由支配时间少，体力透支严重，体质越来越差，课外资料越来越多，书包越背越重；由于学习超时，睡眠不足，加之长期伏案读书、写字、过度疲劳，许多小学生年纪轻轻就患有颈椎病、驼背、近视眼。而部分学校变相地收取资料费等行为使大多数家庭经济负担过重，尤其是农村家庭更是不堪重负。

（2）隐形负担主要指心理负担，这是小学生最大的心理压力。主要表现为厌学，在学习上无快乐感，在教室里坐着好似一种煎熬，对学校和学习感到恐惧；人际关系紧张，主要表现为与同学的关系、教师的关系、与父母的关系紧张，自我意识强，逆反心理强。但社会意

识、责任意识淡漠，只关心自己，社会适应能力弱。据中科院心理研究所的一项权威调查显示：我国小学生有不同程度心理异常表现。一些小学生因为心理健康问题而休学、逃学，甚至出走、自杀，这种心理负担和副作用绝不亚于课业负担和经济负担。究其原因，一方面来自学校过重的课业负担和不科学的管理，如有的教师打骂、侮辱学生，按成绩排分排位等，另一方面来自家庭，源自家庭的过高的期望和不恰当的教育方式。家长家教知识的缺乏导致小学生心理压力过大，部分学生选择以逃学、厌学、撒谎、攻击、自杀或违法犯罪等方式来解脱。除此之外，一些不良的社会风气也是造成学生心理负担过重的一个因素。

2. 减轻小学生学业和心理负担的对策

（1）减压首要方法就是减少学生课业负担，重点应减轻学生的无效或低效负担。布置作业要有针对性、典型性、训练的层次性。作为教师应在提高课堂教学效率上下功夫，认真备课——备教材、备学生，在教法上精益求精，充分利用现代教学手段，增强教学直观性，激发学生学习兴趣，让学生好学、乐学。

（2）家长应该转变观念，从孩子的实际出发，尊重孩子的兴趣，适当安排其学一些技能。那种施加压力、拔苗助长的方法不可取。同时要明白孩子成长健康是第一位，快乐是第二位，学习是第三位。为孩子创造宽松的学习环境。孩子良好的个性品质离不开家庭教育。家长应该认识到，培养孩子具有健康的心理、健全的人格、良好的个性远比单纯的智力教育重要得多，也复杂得多。不能整天把他们禁锢在屋子里，要让他们参加一些社会实践，开阔他们的视野，尽量为他们提供社会实践的机会。

（3）教育要适应儿童身心发展规律，学校要真正减轻学生负担，营造青少年"心的乐园"。体育活动是非常好的减压方法，它能够消耗由压力所产生的肾上腺素，调节体内的神经内分泌状态，让身体处于比较轻松的状态。体育活动还有助于改善抑郁、焦虑等不良情绪。当你专心活动时，就不太可能去想苦恼的事情，运动过后，苦恼的症状明显减轻。丰富学生的课余生活，鼓励其多参加集体活动和户外活动，释放情绪，减轻压力。学生的业余生活应该丰富多彩，充满活力，这样才能减少压力，并消除压力。建议儿童多参加集体活动，增强集体荣誉感，也可以更加合群。同时多参加户外活动，亲近大自然，呼吸新鲜空气，这些都不失为缓解压力的好办法。

（4）减轻学生的心理负担。学校减轻学生课业负担的同时，更应该重视减轻学生的心理负担。学校可以开设心理健康教育课，设立专门的小学生心理咨询机构。指导学生面临压力，或者遇到不开心的事，应找合适的机会向好友和家人表达内心的感受，发发牢骚，诉诉委屈。即使不能得到有效的启迪和帮助，但只要把话吐出来，心情自然会平静下来。教育学生勇敢面对压力，压力是催人奋进的力量，我们需要的不是没有压力，而是学会化解过重的学习压力，化学习压力为学习动力，快乐生活，快乐学习。我们要随时保持心理平衡，处变不惊，快乐地生活、学习。

（5）学校加强与社会、家庭的密切配合，使三者形成合力，对学生进行有效教育。

在家校结合方面，可以采取以下三条措施：第一，摸清学生的家庭情况，并对独生子女、父母离异子女、留守儿童等进行专门的调查研究，建立档案。第二，建立班级家教小组，沟通家校联系，听取家长的建议和要求。可通过建立互访制度，通过家访，传递书信等形式进行联络。第三，定期举办家长学校，定期向家长介绍当前家教的形式、特点及对策，普及心理卫生知识，提高家长的心理素质。

在社校结合方面，可以采取"教育走向社会，社会参与教育"的做法。聘请儿童心理学专家，派出所、交警支队、医院等单位先进工作者，优秀指战员，离退休干部等担任校外辅导员，提高学生的心理素质。希望家长和老师们本着一颗热爱儿童之心，共同努力营造孩子们健康成长的乐园，让孩子们不再压抑，不再彷徨，拥有一个健康而快乐的七彩童年。

（三）课堂教学中减轻小学生学习压力的策略

1. 培养学生积极参与课堂学习，缓解学习压力

（1）创造宽松的环境。教师要民主、宽容、随和，以欣赏的眼光评价学生的发言，不管说得是否正确，能站起来发言就是好样的，应为自己敢于发言而自豪。这样，学生在课堂上发言就会心情愉快，没有什么顾忌。假如一个教师专断、心胸狭窄，评价学生多用挑剔和责备的字眼，则势必导致学生在其课堂上因心理压抑而失去发言的勇气。要教育其他学生学会倾听和尊重，不能在别人发言时随意起哄或打断别人的发言，更不能讥笑和嘲讽，从而在班上营造一种良好的发言氛围。教师对学生的回答都应给予鼓励，让他们产生自信心。

（2）破除发言的羞怯感。教师要时常找那些具有羞怯感的同学谈心，帮助他们树立信心，战胜自卑。如果教师希望这些同学在课堂上回答问题的话，不妨在课下提前跟他们交代一下要提哪方面的问题，鼓励他们放下包袱，大胆发言；如果这些同学因没有回答好问题而在课堂上受了委屈的话，教师要及时地给予安慰。

（3）突破心理障碍的临界点。很多老师都会发现这样一种现象，有时候让学生举手回答问题，不少学生的脸上已明显地流露出想发言的表情，同时伴随着各种有趣的动作：搓手、挠头、挪动屁股，正所谓坐立不安，跃跃欲试。但奇怪的是很难有一个学生主动站出来讲话。这是因为，有的学生不发言，是怕鼓足了勇气举了手，却不一定被挑选到；如果教师不要求举手，学生站起来就可以回答，从而减少犹豫的时间，有利于冲破心理堤坝。

（4）要让学生学会表达。这就要求我们经常性地对学生进行口语训练，让学生掌握一些口头表达的技巧。学生在不断实践的基础上逐渐掌握了发言的要领和技巧，就会更多地体会到发言的成功带来的愉悦，以后在发言时就会更积极更主动。

（5）要防止发言权的垄断现象。在课堂上，有的学生胆大，思维敏捷，老师一提出问题，抢着发言的总是这些同学。如果教师不注意调控，就会在无形中造成这些同学对话语权的垄断。假如其他同学很难得到发言的机会，久而久之也就失去了发言的积极性。

2. 具体教学环节减轻小学生学习压力的策略

（1）尝试策略。

从心理学角度来说，学生学习的过程有时就是运用迁移规律，发挥已有的旧知识和生活经验在新知识学习中的作用，使先前的知识结构改组，结合新学得的知识，形成更高一级的新知识结构的过程。因此，尝试是学生在解决问题时常用的一种策略。学生在解决问题的过程中，通过仔细观察，不断地试误、调整，无关的错误的内容逐渐减少，而正确的答案最终形成，最终解决了问题。

（2）猜测—验证策略。

猜测与验证是科学探索的方法，是培养学生用数学的眼光、科学的方法解决问题的重要策略。猜测是学生根据已有的学习、生活经验，借助直觉思维，非逻辑地对问题作出判断。猜测往往可以提高解决问题的速度，但由于只是一种基于经验的反应，所以，这种结果也是概括的、不准确的，需要进行科学的验证。

（3）画图策略。

小学生的数学学习，正处在以形象思维为主，向抽象思维过渡的阶段，在解决问题的过程中，他们对符号、运算性质的推理可能会发生一些困难，根据其年龄特点，让学生自己动手涂一涂、摸一摸、描一描、画一画，可以拓展学生解决问题的思路，帮助他们找到解决问题的关键，画图策略就是把问题呈现的信息通过图画的方式表示出来，通过直观形象的符号信息展示寻找问题答案的一种基本的解决问题的策略。一般来说，画图有平面图、立体图、线段图、集合图、示意图等几种。

（4）列表策略。

学生在解决问题的过程当中，当问题中呈现的信息相对多时，需要根据问题将信息进行适当的整理，而信息整理最简洁的表示形式就是用表格的形式把它列举出来。我们将问题的条件信息和问题所有可能出现的情况用表格的形式一一列举出来，通过列表使问题中的各要素条理化，这样对表征问题，寻求解决问题的方法，得出问题的答案，将起到事半功倍的效果。

（5）简化策略。

所谓简化就是把复杂的问题简单化，我们在解决问题的过程中可能会发现有些结合实际的问题，不管在语言的表述还是信息的传递上可能要说一大堆有关情境的事，我们怎么样把这个生活中的实际问题抽象成数学问题呢？简化策略就是指在解决问题的过程中，先抛开问题的细节，直接抓住问题的关键信息，将抽象的问题简化成简单的形式，解决简化了的问题，再解决复杂的问题，这就是一个简化的过程。运用简化策略除了可以将复杂的问题明了、简单化，还可以运用简化策略将陌生的问题转化为熟悉的问题，使我们便于抓住问题的关键部分进行思考从而解决问题。

（6）倒推策略。

在解决问题的实际过程中，有些问题用顺向推理的方法很难解答，如果从问题的结果出发，从后往前逐步推理，问题很容易就解决了。这种从问题出发推理寻求解题途径的方法就是逆推法。在解决实际问题的过程中让学生了解适合用这个策略来解决问题的特点，学会用"逆推"的策略解决问题的思考方法，增强解决问题的策略的意识，获得解决问题的成功体验，增强学好数学的信心。

（7）类比推理策略。

当学生面临新问题时，教师及时启发学生用他们所熟悉的知识经验对新问题进行分析、比较，发现其内在联系，从而获得新问题的解决方法。引导学生类比，进行推测和引申，串联了知识点，拓宽了知识面，强化了解决问题的能力。

（8）转化策略。

转化是小学生在学习和解决问题时常用的一种策略。所谓转化就是一个人运用已有的知识、已经习得的经验，将一些新问题转化成旧有问题进而解答的过程，也就是人的思维方式转变的过程。学生运用转化策略，不仅可以熟练运用旧有知识，又可将新问题的解决方式纳入到旧有的策略中，以形成更完整的知识体系。

（9）观察—实验策略。

观察不仅是一种有目的、有计划、有组织的知觉，更是一个积极的思维过程。所以，观察有时也被称为"思维的知觉"。在解决问题的过程中，一定要精细地观察，这是发现规律、获得解题方法的第一步。实验（试验）通常是指一种研究客观事物和现象的方法，即根据这些事物和现象的自然状态和发展，人为地创设条件，人为地将它们分成许多部分，而且将他们同其他事物和现象联系起来以深入了解所研究的事物和现象的自然状态和发展情况。任何实验都和观察相联系，实验者必须观察实验的进程和结果。在数学研究中，通过观察与实验不仅可以收集所需要的信息，获得必要的知识，而且观察与实验往往还会产生新的发现。

（10）一般—特殊化策略。

在数学研究中，一般化与特殊化是两种非常重要的思维方法。当我们得到一个定理后，希望把它推广，得出可以在更大范围应用的定理，这就是一般化。一般化，也称为普遍化，我们可以通过一般化，发现一些特殊化的问题。反之，通过特殊化能够使我们很快捷地找到解决问题的有效途径。特殊化的思维方法可以直接导入问题的要害，使问题得以快速解决。

（11）联想策略。

联想指由某事某物而想起其他相关的事物，客观事物之间是通过各种方式相互联系的，这种联系正是联想的桥梁，通过联想，能激活头脑中的经验和表象，丰富的联想能力是解决问题能力的基础。通过联想，拓宽知识的网络结构和解决问题的方向与途径，可以使学生的思维得到扩展，让学生更容易找到解决问题的具体策略，同时，也能使解决问题的策略通过联想的方式，在更大的范围内得到应用。

事实上，当一个数学问题呈现在人们面前时，其思维的触须是多端的。以上所述的几种解决问题的策略只是平时常用的导引途径，为了能够更有效地提高数学研究中解决问题的能力，教师还要引导学生在数学解决问题的实践中注意不断思索探求、逐步积累解题经验，以掌握更多、更具体的解题方法和思维策略。

（四）站在心理健康的角度给学生减压

学生的心理健康问题已经越来越多地受到教育工作者和家长们的重视，但是如何正确地维护小学生的心理健康，确实是一个复杂的问题。要保证学生的心理健康，教师当然不能等出了问题再忙于应付，而关键在于日常生活中的引导和调适。

首先，为学生提供一个民主、宽松的班级环境。在学校中，教师为学生制定各种条条框框，导致学生要么感到自己无能、羞怯、退缩，形成过分服从与依赖的不良心理品质，要么形成反抗、仇视、不信任、不合作等不良行为特征。在小学阶段，特别是小学高年级以后，随着学生年龄的增长，其生活适应能力越来越强，已经具备了一定的活动能力，如果教师过分强调自己的意志，哪怕是为学生好，也容易造成缺乏民主、呆板拘束的气氛，结果使学生失去健康成长的机会。因此，能否为学生提供一个民主、宽松的环境，对学生的心理健康具有根本性的意义。教师是营造班级气氛的关键，以民主、活泼的风格来组织班级生活，开展集体活动，无疑将有利于学生的心理健康。

其次，引导学生形成正确的人生观。正确的人生观是个人心理健康的真正保证。只有具备了正确的人生观与世界观，一个人才能对社会、对人生、对世界上的各种事物有正确的认识和了解，才能采取适当的态度与行为反应，保持一种开阔的心境和乐观主义的精神，提高对心理冲突和挫折的耐受能力，从而防止心理障碍，维护心理健康。小学生正处在人生观、世界观形成的奠基阶段，如果在中小学阶段不能学会正确地对待人生和环境，以后要形成正确的人生观和世界观是很困难的。

最后，教育学生确立正确的奋斗目标，不要苛求自己。教师也必须正确估计学生的能力水平和能力优势，不要在班上对学生提出过高的要求，以免学生产生过大的压力。帮助学生学会控制自己的情绪，教师要注意培养学生的精神自控能力，促进学生形成良好的情绪状态。鼓励学生多交往，形成良好的人际关系。学生并不是生来就会的，教师可以通过组织有特色的课外活动，教给学生寻找朋友、建立友谊的方法，有了亲密的朋友，可以避免学生形成孤僻的心理特点。教育学生正确地处理竞争与合作的关系，不要盲目地与别人竞争，以避免过分紧张。

学习压力过大对孩子成长的影响

王晓翠

（米易县第一小学）

摘　要　学生学习压力大的问题日益普遍和严重，特别是对于中小学生来讲，是不可忽视的，压力过大危害小学生的身体健康和心理健康，也影响政府和教育的形象。

关键词　学习压力；成长；影响

一、压力过大危害小学生的身体健康

1. 过重的学习负担严重影响小学生的视力

沉重的学习负担使学生近距离写作业，使眼肌疲劳，得不到放松和正常调节。据了解，全国学生体质健康调研最新数据表明，我国小学生近视眼发生率为22.78%，中学生为55.25%，高中生为70.34%，更令人震惊的是，我国近视发病率在全世界的排名，已经从1998年的第四位上升到第二位。目前，近视上升的态势，高居小学常见病之首。这将影响我国高素质人才对职业的选择，缩小不少特殊职业人才的选取范围。

2. 过重的学习负担影响小学生睡眠时间和睡眠质量

睡眠对孩子的成长发育起着关键的作用。青少年的生长发育除了与遗传、营养、锻炼等因素相关外，还与生长素的分泌有一定关系，生长素的分泌与睡眠密切相关，所以青少年要发育好，长得高，睡眠必须充足，而这种激素主要在夜间分泌，孩子只有睡眠良好，才能长高长壮。然而，我国小学生睡眠情况却不容乐观。"首先是家庭作业过多。不仅老师留作业，家长也要布置作业。小学高段学生10点以后睡觉很普遍，其次是学校要求到校早读时间太早，孩子们天刚蒙蒙亮就得起床上学。在学校，考试及考试成绩压倒一切。社会、家庭评价一所学校、一个教师，用的主要甚至唯一的指标就是学生分数和升学率。这种片面的升学导向使学校教育陷入了误区，学校用分数压教师，教师用分数压学生。更可怕的是把分数作为衡量学生的唯一标准，成绩好即一切好，成绩差就被冷落、歧视、孤立，甚至被排除在集体之外。在这种情况下，小学生背上了沉重的学习负担，睡眠时间大大减少，重压之下，不少学生体质下降，患神经衰弱、脊柱弯曲等疾病的小学生人数不断增加，由于睡眠时间不足和质量不高，很多学生出现了精神恍惚、记忆力下降等问题。

二、压力过大危害小学生的心理健康

繁重的学习负担，使学生们喘不过气来，进而产生厌烦乃至逆反心理，这就挫伤了学生学习的积极性，影响了学习心理的形成，降低了学习效果。随着网络的普及，不少厌学的青少年开始从网络上获得快乐和满足，以上网来逃避现实生活中的烦恼与情绪，而过度上网则会导致青少年出现情绪障碍和引发一系列社会问题。

三、压力过大影响教育形象

一些部门、单位、社会团体和个人仍然不断地向小学生推销各种教辅材料、专题教育读本、音像制品和学生用品等是造成小学负担过重和乱收费的重要原因，有的还以此作为评比和奖励的条件。有些新华书店在向学校征订教科书时，夹带推销各种非教科书类书籍。不仅加重了学生学习压力、家长的经济负担，更为严重的是还会助长不正之风，损害政府和教育的形象。

四、研究建议：还孩子快乐的童年

1. 给社会、教育管理部门的建议

加大素质教育的宣传力度，营造素质教育的舆论氛围。逐步转变用教科书里的知识传播的学习来衡量教学质量的传统教学质量观；转变学生是被动接受知识的容器的传统学生观念。树立科学的素质教育的新型人才观。素质教育是一种可持续发展的教育，从心理学的角度讲，要求培养的学生是身心健康，德、智、体全面发展，具有创新精神、创新能力、创新水平的开拓型人才。为此，21世纪的人才，不仅要掌握"双基"，更重要的要学会怎样学习，养成良好的学习习惯，掌握科学的学习方法，为以后的终身学习和解决未来生活中的新问题打下基础。实现这个目标，就要求教育工作者必须解放思想，更新观念，改进教师、家长三方面积极性的新型教育评价制度。充分发挥教育评价制度的导向激励功能。同时，学生在"减负"之后，课余活动时间增多，作为学校乃至整个社会应为学生提供健康有益的活动场所，开展丰富多彩的课余文体活动，调动和培养学生多方面的兴趣，促进学生身心健康和全面发展。

2. 给父母的建议

家庭对一个人人格的塑造和个性的发展起着相当重要的作用。与人类本身的需求相比较，父母的期待是孩子行为产生的动力，会对孩子的成长和发展产生重要的影响。适中的期待是一种积极的力量，会更好地协助孩子开发自己的潜能，追求自己的理想。家庭应该为孩子创造宽松的学习环境，孩子良好的个性品质离不开家庭教育。家长应该认识到，培养孩子具有健康的心理、健全的人格、良好的个性远比单纯的智力教育重要得多，也复杂得多。雨果说过，苛求等于毁灭。在教育子女方面，做家长的切忌一味高标准、严要求，而应该多一点平常心，使孩子能正确面对学习上的挫折与失败。

3. 给教育从业人员的建议

提高小学以及中学教师的能力，使每个学校基本无差别，这样就避免了小学生家长为了让孩子上个好中学而盲目地给孩子报辅导班。学校要真正减轻学生的负担，让孩子有时间自由地游戏、学习并且按照自己的兴趣做事。此外，学校应优化课程结构，提高课程教学效率，减轻小学生的学习负担。优化课程结构包含两个方面：一是根据一定的经济与社会发展对人

的基本素质的要求，充实并丰富选修课和活动课的内容；二是删减目前基础教育教材的某些内容，降低某些要求。这有利于拓宽小学生的知识面，培养小学生的能力，其中选修课、活动课的设置，可提高学生的学习兴趣，让其在比较放松的氛围中吸纳知识与技艺，不会有过重的负担。

如何让中小学生正确面对学习压力

赵体泉

（四川省攀枝花市米易县普威镇中心学校）

摘　要　在提倡素质教育的今天，应试教育的影子依然存在。学习压力大是当今各年龄阶层的学生共同面临的问题，这个问题日益普遍和严重，特别是对于中小学生来讲，是个不容忽视的问题。本文从中小学生学习压力的现状，年级对比情况以及如何采取措施缓解压力进行探讨和分析。

关键词　学习压力；中小学生；现状；成因；对策

一、中小学生学习压力大的现状

来自中国心理学会第八届理事会上的消息说，我国有 3 000 万青少年处于心理亚健康状态，每年至少有 25 万人因心理问题而丧失生命，自杀成为青少年人群的头号死因。专家表示，青少年承受挫折的能力较差是造成心理问题的主要原因。2005 年北京大学儿童青少年卫生研究所最新公布了一项全国性的调查结果：中学生 5 个人中就有一个人曾经考虑过自杀，占样本总数的 20.4%，而为自杀做过计划的占 6.5%。这项调查从 2004 年开始启动，全国 18 个省市参加。专家分析，很多中小学生由于学习压力和成绩问题造成不良情绪、心理和行为问题，更有甚者轻易地放弃了年轻的生命。中学生中近三成的人具有心理异常表现，如厌学、单相思和离家出走等。在回答"遇到困难怎么办"时，九成多的中小学生想到的是找家长或教师，而不是自己想办法解决。

很多新闻和调查结果都表明了这么一个现状：中小学生承受学习压力的能力整体偏弱，心理承受能力较差，心理素质不佳。很多中小学生因为学习压力、成绩问题，或因一点小挫折小打击，便郁郁寡欢，一蹶不振，甚至走向不归路，了却自己花样的青春。未成年人是祖国未来的建设者，是中国特色社会主义事业的接班人。目前，我国未成年人约有 3.67 亿，其能力和素质如何，直接关系到中华民族的整体素质，关系到国家前途和民族命运。

二、中小学生学习压力的成因

导致学生压力的成因较为复杂，总的来说可以分为外部因素和内部因素。

1. 内部因素

内部因素主要表现在以下几个方面：

（1）缺乏自信，害怕失败。部分学生由于学习成绩不够优秀，长期遭受父母、老师的责备，长期处于自卑、压抑的情绪状态，因而给自己添加心理包袱，严重者甚至会产生厌学情绪。

（2）心理不成熟，认识水平有限。中小学生由于涉世未深，没有太多的社会积累和经验，知识水平低，因而他们对挫折的认识比较片面，对挫折的反应比较消极，对挫折的体验比较肤浅，而淡化挫折的能力不强。

2. 外部因素

外部因素主要包括学校因素、家庭因素和社会因素。

（1）学校因素。

基于我国是人口大国这一国情，应试教育仍然有它的市场，虽然各界呼吁实行素质教育，教育部也进行了教育改革，但是在升学率面前，很多学校和老师、家长依然将成绩作为衡量学生的唯一标准，成绩成了中小学生、家长和教师最重视的东西。学校教育仅仅围绕着提高学生智育成绩而忽略了对学生进行人际交往和社会适应的锻炼，导致学生在面临挫折时变得不知所措。值得一提的是，应试教育所带来的一个负面影响就是教育者仅仅以学习成绩来评价优劣，并以此作为对学生态度的标准，缺乏"以人为本"的教育理念，从而使学生更容易产生挫折心理。

（2）家庭因素。

当前社会竞争如此激烈，每位父母都希望自己的子女成才，因此，给予孩子过高的期望，同时也给孩子带来了很重的压力，若他们没有达到父母所期望的理想状态，就会招致成人的不满和谴责。中小学生面对着父母的高期望和高压力，非常容易产生挫折感，而中小学生受他们自身不成熟的心理、较低的认知水平以及薄弱的意志水平所限，又不容易抵抗这些挫折，他们的学习压力感就会越来越明显。

（3）社会因素。

随着市场经济的发展，社会转型、观念转变，社会风气、治安状况下降，这些大的背景也可能导致中小学生的学习压力加重。不良的教育导向和社会影响使学生不能正确认识自己。再加上社会的发展和城市化进程的加快，高楼大厦鳞次栉比，居住的单元化和高层化，邻里之间关系淡漠，很少交往和接触，加之目前很多学生都是独生子女，使得中小学生很少有同他人和社会接触、交流的机会。另外，因为社会竞争激烈，个人的奋斗目标难以实现，理想和现实有较大的差距等，都有可能在中小学生中造成各种挫折情绪等。

三、对策分析

1. 普及心理健康知识，提高中小学生自身的心理素质

普及心理健康知识，提高中小学生自身的心理素质，需要国家教育部门和学校积极地配合。应在中小学开设有关心理健康教育课程，对学生进行心理素质教育。心理知识的普及可以帮助学生自身建立内在的调节机制，帮助建立自我防御机制，学会合理的挫折归因，使中小学生在遭遇挫折时，能够依靠良好的自我防御机制摆脱痛苦，减轻不安，稳定情绪，达到心理平衡的适应性倾向。

学校应建立心理健康服务体系。目前在学校开展心理健康服务，缺少专业人员是一大问题。在近期内还很难配备专业的心理医生，但教育行政部门应考虑尽快培养和培训专业的心理辅导教师，在上级专业人员的指导下，开展心理健康服务。在学校开设心理咨询室，心理阅览室、心理活动室，开设心理咨询电话热线。定期为师生举办心理健康、心理保健等专题

讲座。积极开展心理健康教育活动，对学生进行学习指导、生活辅导、前途职业指导等，并建立健全学生心理档案，以此作为班主任、任课教师教育教学工作的依据，使心理健康工作落到实处。

2. 进行挫折教育，增强抗压能力

目前许多学生都存在着自我认识不够，抗压能力较弱的现象，那么挫折教育就成了一个必不可少的方式。教师应指导学生正确认识挫折，加强受挫折的心理准备教育。很多的中小学生不能正确地认识挫折，只是一味地害怕和避免挫折，这就需要老师对学生进行指导，让他们明白挫折并不可怕，一味退缩只会让结果变得更糟糕。

3. 营造良好的家庭氛围

父母是孩子最好的老师。孩子的成长离不开家长的关爱。特别是学习刻苦努力的学生，经常要受到肯定、赞赏和鼓励等积极强化，引发他们积极的情绪体验。这部分学生在受挫后，必将采取积极有效的行动，去抵抗挫折，战胜脆弱。家长也可以运用榜样法，即运用领袖或名人的先进事迹去教育培养青少年耐挫抗挫的心理品质。

4. 保护学生，减少社会负面的影响，帮助学生树立正确的人生观和价值观

为了减少学生产生挫折心理的机会，学校和政府应该加大措施，尽量排除、减弱或改善社会环境中的不利因素，减少挫折源，使学生置身于健康、有利、和谐的氛围之中。当然，这也需要全社会的关注。

四、结 论

教师工作是进行心理健康教育的重要一环，为学生优化环境，教学生自我调整，做到防患于未然，是教师开展学生心理健康调试的要诀。但是小学生的心理健康又是一个很复杂的课题，我们每位教育工作者都应正确地认识。加强学生的心理健康教育，才能使他们尽快地朝着全面发展的方向健康成长。

参考文献

[1] 杨春华. 教育期望中的社会阶层差异：父母的社会地位和子女教育期望的关系[J]. 清华大学教育研究，2006.

[2] 张瀚文. 小学生学习压力现状及原因分析报告[J]. 读与写，2012（8）.

[3] 赵丽霞，袁琳. 中学生学习压力的现状调查[J]. 天津市教科院学报，2006（2）.

[4] 谷方爱. 对孩子的挫折教育刻不容缓[J]. 商业文化，2007（1）：147.

[5] 黄浩威. 当代中学生挫折教育的生命哲学审视[D]. 广州：广州大学，2011.

[6] 魏莉. 城市小学生挫折教育现状及对策研究[D]. 成都：四川师范大学，2012.

[7] 孔锴. 当代教育新理念[M]. 北京：北京出版社，2005.

[8] 王景英. 教育评价[M]. 北京：中央广播电视大学出版社，2004.

[9] 张德伟，何晓芳. 新课程与教学改革[M]. 北京：北京出版社，2005.

[10] 朱慕菊. 走进新课程[M]. 北京：北京师范大学出版社，2002.

[11] 李彦军. 李洪珍. 中国当代教学流派[M]. 济南：山东教育出版社，2002.

[12] 张翰文. 小学生学习压力现状及原因分析报告[J]. 读与写，2012（8）.

[13] 刘永林. 城市小学生学习压力状况及其相关因素调查研究[J]. 教学与管理：理论版，2006（2）：31-33.

[14] 陈增娟. 中学生学习倦怠与学习压力、心理弹性的关系研究[D]. 长春：东北师范大学，2012.

[15] 曹树. 中学生学习压力及其调适[J]. 江苏教育学院学报：社会科学版，1998（4）.

[16] 孙战. 学会运用期望心理效应[J]. 贵州教育，1998（12）.

如何培养小学生学习数学的兴趣

杨开付

（攀枝花市盐边县共和乡中小学校）

摘 要 小学数学教学中学生学习兴趣的培养是一个永恒的研究课题，在实际教学中，广大数学教师积累和贡献了许许多多行之有效的做法。本文结合自身的教学实践和国培学习中的理论收获与实践体验，通过对数学教师的人格魅力、数学课的游戏情境设计、直观教具的有效利用、简单易记的口诀、评语的激励功能等诸多方面，讨论如何培养小学生学习数学的兴趣，以期对同行们有所借鉴。

关键词 培养；激发；兴趣

兴趣，是点燃智慧的火花，是探索知识的动力。在小学数学教学中必须培养学生学习的兴趣，有了兴趣，学生才能积极地畅游数学知识的海洋，才能品味学习数学的情趣，才会有展示自我数学能力的欲望。微软公司总裁比尔·盖茨成功轨迹的起点是他永恒的兴趣——对电脑网络的痴迷。杨振宁博士在总结科学家成功之道时说："成功的秘诀在于兴趣。"可见兴趣是学习的动力，成功的先导。那么，如何培养学生学习数学的兴趣呢？如何激发小学生的数学学习兴趣？如何使小学生产生一种强大的内趋力去主动探索数学的奥秘，感受数学的魅力，体验数学学习过程中成功的喜悦？

一、让学生喜欢数学，首先要让其喜欢数学老师

教师要培养学生学习的兴趣，除了有恰当的教学方法、高超的语言表达艺术外，微笑往往起着不可估量的作用。每当我们面带微笑地走进教室上课时，学生也以同样的微笑回报我们，我们和学生之间的距离在瞬间拉近了，学生紧张的情绪减少了，和蔼的语言打动了学生，大家都乐意和我们交流、研究和讨论。从而消除了教师在学生心目中高高在上的权威压力，教师的微笑，能感染学生，能使课堂气氛轻松愉快，能打开学生的心扉。微笑可给学生一种亲切感，可增加师生的情谊，可使学生"爱屋及乌"，产生对数学学习的兴趣。在课余老师也要积极主动地和学生聊天，走进学生的生活，与学生成为好朋友，学生喜欢上了老师就会喜欢上其所教的学科。

二、通过游戏活动激发学生的学习兴趣

课堂教学设计游戏要因势利导，尽量发挥学生好动好玩的特点。在数学教学中适时、适度、适当地组织一些竞赛性的小游戏，有利于激发学生兴趣，增加教学效果。例如：在教学"元、角、分"的练习中，我设计了"小熊卖文具"的游戏。请一个小朋友戴上头饰扮演小熊，大家当顾客，到文具店买东西。这一场景，真实地再现了孩子们的生活，他们顿时喜形于色，

迫不及待地加入游戏行列，望着商店里想买的东西，快乐之情溢于言表。此时此刻，我及时地把商店里要买的东西的价格变成简单的元、角、分换算，看着价格单上的价钱就能买到你想买的东西。在游戏中学习，学生学而不厌，取得了事半功倍的效果。所以在教学中，根据内容尽量设计数学游戏帮助学生学习。

三、利用直观教具激发学生的学习兴趣

直观教学把要解决的问题通过教具或实物形象地展现给学生，能帮助学生丰富想象，架起由感性认识到理性认识的桥梁，可以达到理解掌握新知识，培养学习兴趣的目的。我在教学中充分利用教具，让学生亲自动手做一做。例如，在教学长方体时，我组织学生一起撕面粘叠，证明长方体对应面的面积相等，拆框架比较验证长方体对应棱长度相等，再将拆散的长方体框架还其原貌。通过"撕—拆—装"一系列操作活动，使学生在动态的教学中，个个学得既有兴趣，又能够很自然地认识和掌握长方体的特征。由动手操作，引发思考问题，符合学生的思维特点，特别是在学习几何形体知识方面显得尤为重要。操作开拓了学生的认识领域，培养了学生探索新知识的学习兴趣。同时，也培养了学生思维的准确性、敏捷性、灵活性

四、采用自编口诀激发学生的学习兴趣

小学生对顺口溜学得快，记得牢。在教学中，我根据教学内容的特点自编口诀，让学生轻松愉快地学习掌握数学知识。在讲被减数中间、末尾有零的退位减法时，我在学生学完新课的基础上，引导学生找规律，总结出：被减数中间、末尾有零的退位减，"零头有点就是九，零头无点就是十"。使学生对数学知识能够牢固准确地记忆，有利于学生克服学习中的困难，培养其学习兴趣，使"苦学"变"乐学"。这样使学生积极性调动起来，由抽象变为形象，化难为易，从而激发学生的兴趣。

五、设置陷阱法激发学生的学习兴趣

所谓设"陷阱"，是针对学生由于对某些数学知识不够理解而表现在判断、推理及处理问题的方法失误等现象，有的放矢地编出一些有迷惑性的题目，布设"陷阱"，借以考查学生对部分知识的理解和掌握程度，学生在"落入"和"走出"误区的过程中吃一堑长一智，得以提高。在数学实践中我发现设"陷"有助于学生学习兴趣的培养。经努力学生跳出"陷阱"获得成功，从成功的喜悦中看到自己的力量，对数学学习的信心倍增。他们在欣赏自己成功的过程中无形地进行了兴趣的自我培养。

六、利用作业评语激发学生的学习兴趣

恰当的评语，不仅能很好地指导学生，而且还能激发学生的学习兴趣，强化学习动机。如在一些作业完成得较好的学生的作业本上写上"方法太好了，可要细心！""真聪明！你肯

定还有高招，因为你是老师的骄傲！"表扬优等生但也不能责骂后进学生，相反，应抓住其闪光点，适时给予鼓励。如"好样的，有进步，继续努力！""看到你在进步，老师真为你高兴，因为你付出了劳动""你准行，老师相信你！"这样带感情色彩的评语，使学生感到了老师对他的关心，对他充满了希望，从而逐步产生浓厚的兴趣。

七、家庭生活中激发小学生学习数学的兴趣

（一）培养孩子用数学的眼光观察周围的事物

数学，在我们的生活中无处不在，在家庭生活中，家长应该让学生从自己的身边找出答案。如：孩子知道了长方形和正方形后，让孩子自己去理解，家长可问孩子："家里有哪些东西的形状是长方形的？哪些东西的形状是正方形的？""地板砖是正方形的……""那怎么样确定地板砖是正方形呢？""用尺子量。"……在家长和孩子的讨论下，再对新发现的正方形进行测量。再如：孩子知道了米、厘米等长度单位后，家长列举牙刷、铅笔盒、床、裤子、冰箱等日常生活中常见的物品，让他先估计出每种物品的实际长度是几厘米、几米或几米几厘米，然后再用尺子进行实际测量，看实际测量的结果与估计的结果差距有多大。这样，不仅可以逐渐培养孩子估算、估计的能力和测量能力，巩固在学校中所学的数学知识，还可以使孩子感受到数学就在我身边，产生浓厚的数学学习兴趣。

（二）充分利用生活中的数学，激发孩子学习数学的兴趣

1. 以生活中的普通常识为起点

孩子们的兴趣有一个共同的趋向，那就是倾向于与自己关系密切或熟悉的事物。因此，可以充分利用生活中的数学，激发孩子的数学学习兴趣。例如，家长应该常带孩子一起购物，在购物中，问孩子：你对人民币有哪些了解？孩子们会很感兴趣，学习热情就被调动起来。家长可再告诉孩子一些关于钱的知识，如：各国的钱是不同的，钱的产生及其发展，如何辨认真假等。

可见，生活中的数学问题具有形象性和启发性，使孩子在不知不觉中学到数学知识。这不仅使孩子想学、乐学、会学，感受到我们生活的世界是一个充满数学的世界，从而更加热爱生活，热爱数学。

2. 寻找生活中的数学问题

数学离不开生活，生活离不开数学。引导孩子寻找生活中的数学问题，既可积累数学知识，更是培养孩子学习数学兴趣的最佳途径。比如：生活中每时每刻都要用到估算，如天天上学要估算一下到校需多少时间，以免迟到；或外出旅游得估算一下要带多少钱，才够花销，等等。孩子参与处理家务事，不但能发展智力，还能激发其解决问题的兴趣和能力。如：大扫除，先干什么，后干什么；一起计算水费、电费等家庭账目。让孩子从生活中找数学的素材，感受生活中处处有数学。学习数学如身临其境，就会产生亲切感，有利于形成似曾相识的接纳心理，如：家长布置给孩子"观察家中的物品，找出几道乘法算式"；"家里一天生活费用是多少，记录下来，制成表格，再进行计算"。有意识地寻找生活中的数学问题，把抽象

的知识形象化，有助于孩子理解，同时能用所学的知识解释生活中的现象，也培养孩子收集处理信息的能力、观察能力和实践能力。

培养学生学习数学的兴趣的方法是多种多样的，教师作为学生的引导者，要因材施教，灵活多变，把握学生的最佳心理状态，有意识地给教学注入一些兴奋剂，不失时机地激发学生的学习兴趣，调动他们的学习热情，变"要我学"为"我要学"。

参考文献

[1]　张庆武. 如何培养小学生学习数学的兴趣[J]. 教育教学论坛，2014（14）：260-260.

[2]　张粉格. 浅谈培养小学生学习数学的兴趣[J]. 学周刊 B 版，2014（3）：153-153.

[3]　马静. 浅谈课堂教学如何培养小学生学习数学的兴趣[J]. 读写算：教育教学研究，2013（47）：195-195，196.

[4]　贾晓林，杨俊渊. 浅谈培养小学生学习数学的兴趣的策略[J]. 关爱明天，2014（6）：245-245.

[5]　孙怀海. 如何培养小学生学习数学的兴趣[J]. 课程教育研究：新教师教学，2014（10）：103-103.

[6]　杜存. 例谈培养小学生学习数学的兴趣[J]. 关爱明天，2014（7）：53-53.

专题 11

农村与城市学前教育差距的对比性研究

朱健[①]　贺林[②]　沙宏[③]　聂晓刚[④]　黄明云[⑤]

导师：龙艳华[⑥]

（① 攀枝花市盐边县鳡鱼学校；② 攀枝花市盐边县格萨拉小学；③ 攀枝花市盐边县格萨拉小学；④ 攀枝花市盐边县红宝小学；⑤ 攀枝花市盐边县惠民小学；⑥ 成都大学师范学院）

一、研究背景

随着我国经济的日趋发展，不少农村人口开始向城市聚集，然而迄今为止，我国农村人口仍占据相当大的比例，同时对于农村一词的解释也不胜枚举。"农村"一词在《现代汉语词典》中解释为"以从事农业为主的人聚居的地方"。1999 年，高耀明认为，农村是指行政区划意义上的县（市）、乡（镇）和村。2001 年，阮爱民提出，农村主要是一个地域概念，与城市概念相对应。王萍萍在《农民收入与农业生产结构调整》一文中提出"农村居民是指居住在农村地区的人口，而不仅仅指从事农业劳动人口"。国家统计局对市镇人口的定义是："① 设区的市的区人口和不设区的市的街道人口；②市或县的镇所辖居委会人口。上述以外的人口被定义为乡村人口"。本课题在研究中采用国家统计局对农村的定义，将农村界定为广大的乡（镇）和村等行政区域。

百年大计，教育为本；教育大计，教师为本。在教育高速发展的今天，作为一线教师，我们肩负的担子越来越重，同时作为一名农村小学教师，呈现在我们面前的是：农村教育与城市教育发展的差距日趋增大，面对这些现状和来自各方面的压力，我们已经感到有些力不从心了。国家提倡教育均衡发展已有多年，然而收效甚微，反而城市教育的差距颇有增大的趋势，这不得不令人反思：农村教育与城市教育的差距增大的根本原因是什么？介于此类问提，我们将从以下四个方面入手分析与研究，以便为农村、城市教育均衡发展提供必要的理论依据。

教育均衡发展既是现代教育的本质要求，也是社会主义教育制度的必然要求，关系到千家万户人民的切身利益，关系到社会的安定，亦关系到整个国家教育经济的统一协调发展。因此，要根据各地区经济、社会发展的实际情况，制定出切合实际的政策和保障措施，优化农村教育模式，逐步究因索果，才能促进我国教育均衡稳定的发展。

本课题研究主要以攀枝花和成都地区的教育研究为主，通过农村教育和城市教育的现状

＊ 朱健，课题组组长，负责课题研究报告的撰写和研究的总体规划；贺林、沙宏负责课题中资料的统计、收集整理及相关数据的研究与比较分析等；聂晓刚、黄明云负责理清课题中学校、家长、政府三者之间的协调关系，研究与比较分析三者促使农村教育与城市教育的差距增大的内在原因和外在动力，并负责搜集相关资料，统计、收集、整理研究报告。

对比研究，从而找到农村、城市教育发展不均衡的根本原因。由于攀枝花地处川南山区，农村基础教育相对落后，对于农村教育而言，针对其教育发展进行研究将更具有代表性。相反，作为四川的省会城市——成都，有着"一座来了就不想走的城市"的美名，该地方不仅仅物产丰富、历史悠久，更是人才济济，其教育实力在我国西南地区亦是首屈一指，作为城市教育的代表一点也不为过。本课题对这样的两个地区的教育进行研究对比，将更有助于我们找到农村、城市教育发展不均衡的问题的所在，以便提供有效的改善意见与建议。

二、农村、城市学前教育对比

（一）农村与城市的学前教育对比

2006年，十六届五中全会通过的《中共中央关于制定国民经济和社会发展第十一个五年规划的建议》中提出了建设社会主义新农村的重大历史任务。农村教育成为促进农村公共事业发展的重要内容。作为农村基础教育的第一阶段，也是基础阶段的农村学前教育的发展不容乐观，甚至出现了滑坡的现象。这些类似问题值得我们关注，不能掉以轻心，如不采取有效措施加以解决，将严重影响我国农村基础教育的发展，进而影响我国社会主义新农村的建设速度。

为了全面真实地反映农村和城市学前教育的现状，我们对四川省攀枝花市盐边县整个县的城市学前教育状况进行摸底调查，调查发现城市学前教育差距较大，农村学前幼儿入学教育发展问题严重。这些问题主要表现在：幼教机构数量少、办园条件差；教育教学"小学化"倾向严重；幼儿教师生存环境差，队伍不稳定；幼儿教育经费分配不公平；幼儿教育政策和法规在农村地区得不到落实；家长对学前教育价值的认识存在误区，这些都严重影响了农村学前教育的发展与进步。

以攀枝花市盐边县为例：经调查有95%的农村小孩所接受的学前教育只有1~2年，并大部分都以"小学化"教学形式为主，没有进行正规化的幼儿教育。条件稍好一点的有5%的农村孩子进入城市，享受正规的学前教育；而90%的城市学前幼儿接受了3年的入学教育（小班、中班、大班），有10%的读了4年（再加一个大班），并都以正规的幼教模式为主；同时兼顾幼教办园机构数量多，办园环境好；幼儿教师生存环境好，教师队伍基本稳定；幼儿教育经费分配充足、有优越的条件。这些优势都将促使幼儿教育政策和法规得到有效落实；家长重视学前教育，学前幼儿入学率达到100%。所以，当务之急，就是尽快缩短城市学前幼儿入学的差距。要缩短农村与城市的学前教育的差距，首先要做到以下几点：

1. 进一步科学规划并合理布局学前教育资源

（1）根据当地人口出生率，人口流动趋势，城市化发展进程、进度等，科学规划，合理配置学前教育资源；

（2）继续将学前教育作为城市建设总体规划中的重要规划项目来实施。通过扶持民办幼儿园，鼓励家长重视学前教育，充分利用有限的学前教育资源；

（3）学校、家长、政府三方齐心协力，共同提高幼儿入园率，基本满足适龄幼儿入园需求。

2. 加大学前教育经费投入力度

（1）落实政府财政性教育经费。把学前教育经费列入同级财政性教育经费预算，做到新增教育经费偏向农村学前教育倾斜度最大化，财政性学前教育经费在同级财政性教育经费中所占比例合理，并能逐年提高。

（2）积极引进和吸纳社会资金。积极改善办园条件，进一步优化办园环境，执政部门要制定相应的优惠政策，引进和吸引社会资金用于开办学前教育学校。

（3）继续实施农村学前教育推进工程试点项目，积极落实国家困难家庭幼儿生活补助政策，帮助经济困难儿童、孤儿和残疾儿童等弱势群体，接受普惠性学前教育。

（4）继续引导民办幼儿园，为其办学提供普惠性服务。可采取购买服务、减免租金、以奖代补、派助公办教师定期支援民办幼儿园等方式，引导和支持民办幼儿园，为其能够长期发展提供依据。

（5）制定幼儿园收费管理办法。按照各省和国家相关规定，制定并规范各级各类幼儿园的收费标准，约束其办学行为。

3. 提高学前教育师资队伍整体素质

（1）继续加强幼儿教师配备，按照我省确定的生师比列，核定公办幼儿园教职工编制，并按标准配齐幼儿园教职工。严格执行幼儿园园长、教师资格准入制度。

（2）创新幼儿教师培养和培训机制。将幼儿教师培训纳入中小学教师培训体系，重点实施农村幼儿教师素质提升工程。启动"名园长""名教师"工程，加强农村幼儿骨干教师队伍建设。

（3）加强幼儿教师管理。实施幼儿园园长责任制和教师聘任制，实行绩效分配，做到人尽其才，才尽其用。

（4）建立和完善农村、民办幼儿教师社会保障制度，确保幼儿教师合法权益，稳定教师队伍。

4. 继续加大规范管理力度，全面提高学前教育质量

（1）加大对民办园的全面清查工作力度，进一步规范管理。严格执行民办幼儿园的准入制度，完善年检制度。对未达到基本办园标准和年检不合格的民办学前教育机构，将加强指导，限期整改，逐步规范。对卫生条件差、存在严重安全隐患等问题的无证园所，通过联合执法予以关停撤销。

（2）继续加强学前教育管理辅导力量，健全学前教育管理网络。配齐各级学前教育专职管理干部和教研员，促进富有管理职责的乡（镇）中心幼儿园至少配备1至2名学前教育管理辅导人员，分别承担本辖区学前教育管理、指导方面的职责。鼓励学前教育专业毕业生和公办骨干教师到乡（镇）中心幼儿园、民办幼儿园支教，担任教学副园长、学前教育辅导员等相关工作。

（3）充分发挥示范辐射作用，提高幼儿园保教质量。继续创建示范性幼儿园，切实发挥其在教育理念、队伍建设、家庭指导、科研引领、社区早期教育等方面的示范和辐射作用，形成以示范性幼儿园为中心，覆盖各级各类幼儿园的指导和服务网络。促进地区学前教育工作朝着规范化、科学化的方向前进。

5. 提高农村学前幼儿入学率

加大政策宣传力度，提高农村家长对学前教育意义的认识和重视性。以各种减免、扶持等形式，鼓励农村孩子接受学前幼儿教育，从而进一步提升农村学前幼儿的入学率。

（二）农村家庭与城市家庭对学前幼儿入学教育的经济投入对比

由于家庭经济收入的差距，农村与城市学前教育的经济投入也形成了鲜明的对比。以攀枝花市盐边县为例，经调查农村家庭与城市家庭在学前幼儿阶段的入学情况与经济投入作了如下统计对比（见表1、表2）：

表1　学前幼儿入学情况对比

班级	对比项	地 域	
		农村	城市
小班	年龄	3～4 岁	3～4 岁
	入学率	无	100%
中班	年龄	4～5 岁	4～5 岁
	入学率	5%（到城市入学）	100%
大班	年龄	6～7 岁	5～6 岁
	入学率	95%（小学化）	100%

表2　经济投入对比

年限	对比项	地域		
		农村	城市	
每月	生活费	200 元	600～1 000 元不等	
	幼儿书籍费	0 元	150 元	
	学费	88-60（政府补贴）=28 元	公办	328 元
			民办	413 元
	合计	228 元	公办	150+328=478 元
			民办	150+413=563 元
一年		228×9=2052 元（一年按9个月算）	公办	478×9=4302 元
			民办	563×9=5067 元
二年		2052×2=4104 元	公办	4302×2=8604 元
			民办	5067×2=10134 元
三年		无上学率	公办	4302×3=12906 元
			民办	5067×3=15201 元
四年		无上学率	公办	4302×4=17208 元
			民办	5067×4=20268 元

由以上两表可知，农村学前教育入学率、教育水平以及教育投资都远远低于城市水平。这也是导致农村基础教育落后于城市的根本原因之一。

三、农村、城市教育差距的现状对比

1. 农村、城市学校设施配备存在明显差距

受教育政策导向的影响，多年来教育经费的投入明显偏向于城市。即使有投资，也投资

在硬件方面，如修建、巩固设施等方面，而教学器材方面几乎没有什么投入。目前农村教育资金的筹备能力极其有限，在教育设施配备上与城市差距日益加大。国家教育经费的不足是众所周知的现实，关键是这些有限的教育投资大部分被投放在基础较好的城市学校，尤其是其中的重点中小学。这些学校凭借着优越的办学条件，又可以吸引更多的生源和择校赞助款，从而进一步完善学校设施，使学校的条件更加丰富；而办学条件原本就薄弱的乡村小学，特别是偏远地区的学校，却得不到必要的资金投入。就拿电脑来说吧，虽然它已经很普及，而在农村，学生人均占有电脑的概率远远低于城市学生。教师几人才能合用一台电脑，但大多是摆设，没有网络，而城市教师大多是人手一台。

农村教师不能很好地实现资源共享，资源封闭、信息封闭，势必会影响学校的教育教学质量。另外，体育设施条件差。农村学校虽然也很重视体育教育，农村教师不只教学生读书，还经常鼓励学生锻炼身体。但因为他们根本没有像样的体育器材，所以就很难培养出出类拔萃的体育人才，很多体育人才被埋没。更重要的是，农村学校没有城市学校那样的教学资源，不得不每天拿着书本看，而忽视了实践能力的提高。很大程度上，农村教育又落后于城市教育。我认为应该充实农村学校的图书馆资源、体育器材资源等，农村孩子基本没有什么课外阅读书籍，而城市孩子基本人手 3~4 本课外阅读书籍。只有不断完善农村小学的教学设施、学习环境、信息开发、资源配置等必要的因素，才能更好地提高农村孩子的综合素质，发展好农村小学的教育，缩小城市教育的差距。

2. 农村、城市学校师资力量存在明显差距

一方面，城区学校学科教师配套，基本上是专长有专教，专业水平普遍较高，教师进修和交流的机会也多于农村学校，福利待遇更是明显好于农村学校。而农村学校普遍存在经费短缺，进修提高的机会不多，福利待遇不高等问题。所以，城市优越的条件吸引了大批农村骨干教师向城区集中。

另一方面，通过对攀枝花市的部分农村小学的 331 名教师进行问卷调查，结果显示教师的第一学历中：中专毕业的有 179 人、大专毕业的有 77 人、本科毕业的有 55 人，初中、职中、高中毕业的有 20 人。相比较于成都市成华小学、双林小学而言，其教师第一学历为本科的占 50%以上，教师学历差距甚大。过去 20 年里，攀枝花市针对教师学历这一指标开展了中专学历的教师提升学历工作，深造大专或大专以上，攀枝花市在近些年中，从教师学历这一指标来看，教师的学历得到了相应的提高，尤其是最终学历提高比较明显，教师的质量也呈现明显的上升趋势。

最后，在教师流动上，呈现出农村学校向城区学校、薄弱学校向优秀学校流动的趋势。而教师的流动在一定程度上又往往带动着学生流动，"人往高处走，水往低处流"，导致教师和学生过于集中到某所学校，其结果是更加剧了农村、城市学校教育间的不平衡发展。

四、缩小农村、城市教育差距的对策

（一）缩小城乡教育差距势在必行

近几年，随着教育的快速发展，国家提倡教育均衡发展，在农村教育上做了许多有效的

工作，但教育资源分配不合理，师资力量不均衡、不稳定，农村家长教育认识程度不够，对子女的教育不够重视，农村学校的教育教学整体水平不高等问题依然不同程度地存在。因此，要缩小城乡教育差距，提高农村小学教育教学的质量，首先要改善老百姓的思想，发展以人为本的新型农村学校教育。

1. 农村学生素质的提高需要通过提高学生家长的认识水平来实现

农村学生对学习重视的程度主要取决于家庭的重视程度。而学生素质的提高尤其是新一代学生素质的提高，更要依赖于家长对教育认识水平的提高。然而目前的现状是，我国农村家长平均受教育年限不足 7 年，整体文化水平偏低，与城市家长文化水平相差甚远，其家长的认识水平不在同一起点上。农村学生家长对学生学习的重视程度不但不高，有的家长甚至让学生辍学打工赚钱，他们认为有了钱就有了一切。如 2014 年秋季开学，因为师资力量不足，为了便于教师的管理和集中教学，中心校想将我所在的村小的三至四年级合并到中心校去，有利于提高教育教学质量。9 月 1 日下午，乡政府领导和学校领导到村小，准备开家长动员会，可还没有组织开会，有些家长就"火冒三丈"了，有些家长说："如果撤走高年级，他们孩子就不读书了，或者转学，集体到县政府闹。"由此可见，农村孩子家长的教育意识，重视子女的培养意识的确不强。因此，要提高农村小学的教育教学质量，必须从家长的意识入手。必须大力提高农村家长的认识水平，切实将农村教育落到实处，只有提高了他们的思想道德素质，才能更好地推动农村学校教育工作的实施。

2. 农村学生家长的传统思想根深蒂固，需要教育来引导转变

当今很多的农村家长为了追求更好的生活都进城务工，很多务工的农民来到城市，被那里的物质生活所吸引不再甘于生活在农村。有能力的能把家人接到城里来，而没有能力的就在城市里过着打拼的生活，留下的大都是老弱妇孺。把子女托付给老人，就出现了越来越多的"留守儿童"，而农村"留守儿童"则成为教育的一大难题。面对本来思想道德素质就不高的农村老年人，要改变他们世代遗留下来的传统思想很难，让他们重视孩子的教育更是难上加难。为此，只有通过加强对农村学生家长的思想道德教育，增强家长的教育意识，才能有效地转变他们固有的思想，也才能真正地培养出优秀的下一代，才能有效缩小城乡教育的差距。

（二）缩小城乡教育差距的应急对策

教育是发展了，但城乡教育的差距却在进一步加大，解决城乡教育差距的问题已迫在眉睫。只有缩小城乡教育的差距，才能推动农村学生享有更好的教育，也才能使农村学生实现追求的梦想，进入像城市学生一样理想的殿堂。因此，我们必须采取必要的措施，来解决城乡教育差距的难题，从根本上缩小城乡教育的差距。缩小城乡教育差距需要从以下几方面入手：

1. 提高教学硬件设施，缩小城乡教学设备差距

要促进学生综合素质的全面发展，必要的硬件设施是必不可少的。生活在信息快速发展的时代，学生没有一定的科技知识是很难在这个快速发展的社会上立足的。因此，要大力完善学校的硬件设施，国家的拨款和社会的资助要合理地分配利用，不能盲目地用于修建教学

楼或扩建教学楼等，相关的硬件设施建设应保质保量地完成。同时，应加快农村学校教育信息化的建设步伐，大力发展中小学现代远程教育。加大教育资源的开发和整合力度，促进义务教育优质资源共享共用，全面提高农村学校和城乡薄弱学校的教育教学质量。

2. 吸引优秀人才，缩小城乡师资的差距

受农村教育条件的限制，很多优秀的大学生大都不愿到农村学校教学，农村教师队伍的老龄化问题日益严重。教师工资过低、标准不统一，资源短缺，信息封闭，是制约农村教育发展的重要原因。因此，必须采取措施吸引人才，留住人才。从2013年起，我县实施了农村边远山区艰苦补贴，但最终还是实行了绩效考核，没有体现"艰苦补贴"的意义。

但值得一提的是，在招聘老师制度方面政府部门还是作了相应的调整：

（1）加大人事制度的改革。在核定教职工编制时要向农村学校倾斜，新增教师要优先满足农村学校的需求。如英语、计算机、音乐等学科教师配备，重点向农村学校倾斜。

（2）适当提高农村中小学中、高级教师职务岗位比例，实行有利于农村学校教师稳定的补贴政策，为农村教师解决生活问题，争取为农村小学教师创造安心教育、服务农村的工作环境和生活条件。同时，针对农村小学教师实际，进一步加强思想政治工作，引导他们自觉发扬教书育人、为人师表、献身教育的优良传统作风，争做"太阳底下最光辉的人"。

（3）加大农村小学教师的培训力度。

3. 创建优越的农村教育教学模式和制度，缩小城乡教育的差距

由于教育资金投入的不均衡，家长的教育意识差，一些农村学生输在了起跑线上，高等教育阶段的门槛更是让农村的孩子望尘莫及。加之高等教育学费标准较基础教育有所提高，导致部分贫困地区的农村学生无法接受高等教育。这种局面更是淡化了农民对教育的重视，误以为读不读书无所谓，读了也上不了大学，即使上了大学，出来了工作难找。那么，如何来改变农民的这种意识误差呢？

（1）引导家长明确教育孩子读书不仅仅是为了一份工作，为了光宗耀祖，也是为了改善贫穷落后的面貌，为了整体民族素质的提升。

（2）在小学和中学阶段，可以适当调整农村孩子的课程，争取让学生德、智、体全面发展。

（3）应改革现行的分配名额、划线录取制度。努力建立起以高校为主，政府宏观调控为辅的新型高校自主招生、独立录取的新体制，名额适度偏向农村学生。

（4）在高校收费方面应采取灵活多样的收费方式。例如，可根据学生家庭经济来源状况来确定收取学费的时间和每次收取的数额；也可按学生的经济条件收取学费，让优秀的农村学生少交钱就能上好学校。同时应适当减免那些来自城市贫困家庭和农村家庭学生的部分学费，完善助学贷款、奖学金、勤工俭学等制度。

五、农村教育与城市教育差距研究概况

在2014年四川省"国培计划"中，参与此次研究课题的成都学院小学数学班5名成员，经过组内分工，分别对成都双林小学、成华小学以及攀枝花部分农村小学进行抽样调查。5名成员均来自攀枝花农村小学，又同时在成都市成华小学、双林小学、茶店子小学等学校进

行教师培训，对农村和城市教育差异感悟深刻，从而选择此类研究课题。

（一）研究目的

（1）调查研究并确定攀枝花市农村教育存在的若干问题；

（2）通过本课题的研究，分析农村教育存在问题的原因，提出相应策略，为攀枝花市农村教育的发展提供可行性意见和建议，为农村教育发展尽绵薄之力。

（3）希望以此能促进四川省攀枝花市教育制度的完善，加快四川省攀枝花市农村和城市教育的发展，并缩小农村、城市教育差距，使得农村教育紧跟城市教育步伐，达到教育均衡协调发展。

（二）研究内容

在教育快速发展的今天，本课题立足于教育实际，从大家重视的农村教育出发，探讨农村、城市教育的差距。百年大计，教育为本；教育大计，教师为本。作为农村小学教师，呈现在我们面前的是：农村教育与城市教育发展的差距日趋增大，来自各方面的压力亦日趋加大。国家提倡教育均衡发展已有多年，但由于各种原因的影响，效果不明显。农村教育与城市教育的差距增大的根本原因是什么？针对此类问题，本课题研究主要以攀枝花和成都地区的教育研究为主，通过农村教育和城市教育的现状对比研究，并从政府、学校、家长等方面出发，找到农村、城市教育发展不均衡的根本原因。通过研究分析提出有效的改善意见与建议，从而为四川省攀枝花市农村教育的发展提供可行性意见与建议。

（三）研究方法

本课题主要采用文献检索法、访谈法、统计分析法、比较法。

1. 文献检索法

在研究初期，大量搜集相关文献，并对收集到的文献、相关理论和相关数据进行多次整理归类。了解国内外的研究进展，为本课题的研究提供理论依据。

2. 访谈法

在对已有文献进行分析后，主要针对四川省攀枝花市内的不同地区的小学教师进行访谈调查，试图了解目前城市与农村家长对教育的投入情况、对教育的重视程度、学校和政府部门对教育的投入分配情况等。同时，对一线教师做进一步的访谈，以确保收集的数据真实、可靠、全面。

3. 统计分析法

要对相关数据进行统计分析处理，从而得到切实可靠的分析数据。

4. 比较法

针对不同学校不同地区的教育投入情况进行比较分析，找出问题症结所在，分析教育差异性、教育投入不均衡等方面的原因，从而为攀枝花农村教育提出切实可用的意见及建议。

（四）结　论

　　研究人员通过文献检索、访谈、切身经历等方式了解了四川省攀枝花市农村教育存在的不足，让我们明确了一点：只有缩小城市、农村教育差距，实现城乡教育均衡发展，才能满足农村广大群众及其子女接受良好教育的需要，才有利于实现教育均衡、教育公平，也才能更好地提高农村教育教学质量。因此，我们必须充分认识城乡教育的差距，从现在做起，从我做起，抓住机遇，全力以赴，为实现缩小城乡教育差距和农村教育的快速发展而努力奋斗！

参考文献

[1]　国家教育发展研究中心专题组.实现基础教育均衡发展的现状分析及对策选择[J].人民教育，2002.

[2]　吴廷熙.教育资源建设之思考[J].教学与管理，1999.

[3]　李小红，邓友超.论基础教育阶段教育资源的均衡配置[J].教育科学，2003.

[4]　毕正宇.基础教育师资配置均衡化：教育公平的必然要求[J].安阳工学院学报，2005（3）：140-143.

[5]　于友发.县域义务教育均衡发展研究[D].济南：山东师范大学，2005.

[6]　阮爱民.WTO对农村教育的影响及回应策略[J].高等农业教育，2001（10）：11.

[7]　王萍萍.农民收入与农业生产结构调整[J].战略与管理，2001（1）：87.